基于上市公司财务报告分析研究
——以山东省为例

李翠玉 张 宏 著

北京理工大学出版社
BEIJING INSTITUTE OF TECHNOLOGY PRESS

内容简介

本文在梳理国内外公司财务分析理论的基础上,利用山东省上市公司财务报告等相关资料,分别从财务能力和财务质量的角度进行分析与评价,探讨山东省上市公司及各地区经济发展的途径。首先,本文选取了山东省上市公司 2012—2014 年的财务报告数据,从财务能力的角度分别对山东省沿海城市、非沿海城市和欠发达城市的上市公司进行偿债能力、运营能力、盈利能力和发展能力的分析,并结合各地区的特色对上述三个地区的上市公司财务能力进行对比分析,揭示各地区发展中的优势和劣势,为未来发展提出合理的建议。其次分别从财务能力、财务质量(资产质量、利润质量、资本结构质量、现金流量质量)和综合水平的角度对山东省上市公司财务报告数据进行分析,进一步深入揭示山东省上市公司发展潜力和制约因素。最后针对上述分析与评价,为山东省全面发展及区域发展提出建议。

版权专有　侵权必究

图书在版编目(CIP)数据

基于上市公司财务报告分析研究:以山东省为例 / 李翠玉,张宏著. —北京:北京理工大学出版社,2018.9
ISBN 978-7-5682-6314-6

Ⅰ. ①基… Ⅱ. ①李… ②张… Ⅲ. ①上市公司－会计报表－研究－山东 Ⅳ. ①F279.246

中国版本图书馆 CIP 数据核字(2018)第 207540 号

出版发行 /	北京理工大学出版社有限责任公司
社　　址 /	北京市海淀区中关村南大街 5 号
邮　　编 /	100081
电　　话 /	(010)68914775(总编室)
	(010)82562903(教材售后服务热线)
	(010)68948351(其他图书服务热线)
网　　址 /	http://www.bitpress.com.cn
经　　销 /	全国各地新华书店
印　　刷 /	三河市天利华印刷装订有限公司
开　　本 /	787 毫米×1092 毫米　1/16
印　　张 /	11
字　　数 /	260 千字
版　　次 /	2018 年 9 月第 1 版　2018 年 9 月第 1 次印刷
定　　价 /	55.00 元

责任编辑 / 李志敏
文案编辑 / 赵　轩
责任校对 / 周瑞红
责任印制 / 李志强

图书出现印装质量问题,请拨打售后服务热线,本社负责调换

序 言

　　财务报告分析是对企业过去和现在的财务报告进行的分析。通过对财务报告的分析可以对企业的经营状况、盈利水平和资产运用情况进行深入地了解,有利于对企业进行监督和管理,同时还能够根据财务报告分析的结果预测企业的发展趋势和发展能力。财务报告分析是为满足不同信息使用者的需求而进行的。科学合理的财务报告分析,有助于财务报表的使用者能够全面地了解企业的经营情况和财务状况,并在此基础上为财务报表的使用者做出决策提供科学的依据。

　　近年来山东省的经济发展迅速,综合实力逐步增强,经济总量在全国名列前茅。虽然山东省的经济发展形势非常可观,但也面临着停滞不前和东西部发展不均衡的问题,这些问题成为山东省经济发展的瓶颈,制约整个山东省经济的发展。所以,缩小区域之间经济发展不平衡的差距成为山东省实现经济持续发展所面临的最迫切的问题。上市公司作为推动经济增长强有效的助推剂,在我国经济增长中发挥着重要的作用。上市公司数量和规模的发展能够带动区域经济的发展,提高本地区的综合实力,并对该地区起到模范带头作用,对该地区经济模式的优化和技术的进步都有积极的影响。

　　山东省上市公司的财务报告是经营企业向外部的财务报告信息使用者提供企业信息的途径和载体,财务报告使用者和管理者之间可以通过财务报告进行信息的传递。山东省上市公司的财务报告分析是山东省上市公司经营业绩、财务状况和发展趋势的综合反映。山东省上市公司对于财务会计确认与计量的最终结果通过财务报告予以反映,外部使用者以财务报告为依托掌握企业的整体情况,从而分析和预测企业的发展趋势,对其进行决策判断。基于山东省经济发展现状,通过对其上市公司的财务报告数据进行分析,从财务能力与财务质量的角度揭示上市公司经营业绩、财务状况、发展趋势和综合实力,找出未来发展的优势与劣势,进而提出改进的建议,成为本书研究探讨的重点。希冀通过上市公司财务能力与财务质量的提高,进而带动山东省经济整体水平的提高。

前　言

　　财务报告分析主要是指利用财务相关的数据和财务资料，运用科学的分析方法对企业的财务活动和财务关系进行分析，为相关的决策者进行财务决策提供一定的依据，从而使企业更好地调整未来财务政策，使得它们更加适应企业未来发展。因此，财务报告分析已经成为了解企业财务状况和发展潜力的主要途径。

　　本文围绕山东省上市公司财务报告数据分析，在财务报告分析的基本理论指导下，从财务能力与财务质量两大方面对山东省上市公司的财务报告开展具体的分析与评价，揭示山东省上市公司财务现状以及优势与劣势，进而为山东省经济发展决策提供依据。

　　本书的内容主要包括四部分。

　　第一部分主要介绍了财务报告分析的基本理论。本部分主要梳理了财务报告分析的基本理论，国内外有关财务报告分析的研究现状，为具体的财务数据分析提供理论支撑。

　　第二部分基于山东省上市公司的财务报告数据，主要从财务能力的角度，针对山东省的三个区域（沿海城市、非沿海城市、欠发达城市）上市公司的特点进行分析与评价，找出各地区上市公司发展的优势和劣势。

　　第三部分针对山东省上市公司的综合数据，从财务能力和财务质量两个角度进行分析，在此基础上，采用综合分析方法对山东省上市公司的财务报告进行综合分析，并对其优势与劣势进行评价。

　　第四部分基于上面的分析与评价，对山东省全面发展及区域发展提出更加合理、优化的建议。

　　这本书是对整个省份（山东省）财务分析的初步探索，目前专家学者主要是对个别公司或者选取行业内的几个代表公司进行财务分析，而对整个市乃至整个省份的上市公司财务分析较少，相关分析理论和分析方法尚不成熟。

　　本书由潍坊工程职业学院李翠玉、山东财经大学金融学院张宏统稿。具体编写分工如下：绪论、第1章、第2章、第3章、第4章由李翠玉编写；第5章、第6章、第7章、第8章、第9章由张宏编写。

　　由于著者水平有限，书中论述难免存在分析不当的地方，敬请读者惠予指正。

目 录

第1章　绪论 ·· 1
　1.1　研究背景与研究意义 ·· 1
　　　1.1.1　研究背景 ··· 1
　　　1.1.2　研究意义 ··· 1
　1.2　国内外研究现状 ·· 2
　　　1.2.1　国外研究现状 ·· 2
　　　1.2.2　国内研究现状 ·· 3
　1.3　研究方法 ··· 4
　1.4　研究思路与内容 ·· 5
　　　1.4.1　研究的思路 ·· 5
　　　1.4.2　研究的主要内容 ·· 5
第2章　财务报告分析的基本理论 ·· 7
　2.1　财务报告的含义 ·· 7
　2.2　财务报告分析的含义 ·· 7
　2.3　财务报告分析的目的 ·· 8
　　　2.3.1　经营者进行财务报告分析的目的 ·· 8
　　　2.3.2　投资者进行财务报告分析的目的 ·· 8
　　　2.3.3　企业的债权人进行财务报告分析的目的 ···································· 9
　　　2.3.4　其他有关方面进行财务报告分析的目的 ···································· 9
　2.4　财务报告分析的原则和要求 ·· 9
　　　2.4.1　财务报告分析的原则 ·· 9
　　　2.4.2　财务报告分析的要求 ·· 10
　2.5　财务报告分析的方法 ·· 11
　　　2.5.1　财务报告分析常用方法 ·· 11
　　　2.5.2　财务报告综合分析方法 ·· 12
　2.6　财务报告分析的主要内容 ·· 13

  2.6.1 财务能力分析 ··· 13
  2.6.2 财务质量分析 ··· 13
 2.7 财务报告分析的作用 ··· 14

第3章 山东省上市公司概况 ··· 15
 3.1 山东省上市公司总体规模 ··· 15
 3.2 山东省经济发展现状 ··· 19
 3.3 山东省上市公司分布 ··· 22
  3.3.1 山东省上市公司区域分布 ··· 23
  3.3.2 山东省上市公司行业分布 ··· 25

第4章 山东省各地区上市公司财务报告数据分析——基于财务能力 ········ 28
 4.1 山东省沿海城市上市公司财务报告数据分析 ································ 29
  4.1.1 山东省沿海城市上市公司偿债能力分析 ································ 30
  4.1.2 山东省沿海城市上市公司营运能力分析 ································ 37
  4.1.3 山东省沿海城市上市公司盈利能力分析 ································ 42
  4.1.4 山东省沿海城市上市公司发展能力分析 ································ 46
 4.2 山东省非沿海城市的上市公司财务报告数据分析 ································ 50
  4.2.1 山东省非沿海城市上市公司偿债能力分析 ································ 51
  4.2.2 山东省非沿海城市上市公司营运能力分析 ································ 57
  4.2.3 山东省非沿海城市上市公司盈利能力分析 ································ 62
  4.2.4 山东省非沿海城市上市公司发展能力分析 ································ 66
 4.3 山东省欠发达城市的上市公司财务报告数据分析 ································ 69
  4.3.1 山东省欠发达城市上市公司偿债能力分析 ································ 70
  4.3.2 山东省欠发达城市上市公司营运能力分析 ································ 76
  4.3.3 山东省欠发达城市上市公司盈利能力分析 ································ 81
  4.3.4 山东省欠发达城市上市公司发展能力分析 ································ 85

第5章 山东省各地区上市公司财务报告数据对比分析与评价 ················ 89
 5.1 山东省各地区上市公司财务报告数据对比分析 ································ 89
  5.1.1 山东省各地区上市公司偿债能力对比分析 ································ 89
  5.1.2 山东省各地区上市公司运营能力对比分析 ································ 96
  5.1.3 山东省各地区上市公司盈利能力对比分析 ································ 101
  5.1.4 山东省各地区上市公司发展能力对比分析 ································ 106
 5.2 山东省各地区上市公司财务报告数据及财务能力评价 ··················· 111
  5.2.1 山东省各地区上市公司财务报告数据的评价 ··················· 111
  5.2.2 山东省各地区上市公司财务能力的评价 ··················· 113

第6章 山东省上市公司的综合数据分析——基于财务能力 ········ 115
 6.1 山东省上市公司综合偿债能力分析 ································ 115
  6.1.1 山东省上市公司短期偿债能力分析 ································ 115
  6.1.2 山东省上市公司长期偿债能力分析 ································ 117

6.2 山东省上市公司综合运营能力分析 ………………………………………… 120
6.3 山东省上市公司综合盈利能力分析 ………………………………………… 123
6.4 山东省上市公司综合发展能力分析 ………………………………………… 126

第7章 山东省上市公司的综合数据分析——基于财务质量 …………………… 130
7.1 山东省上市公司资产质量分析 ……………………………………………… 130
　　7.1.1 山东省上市公司资产结构分析 ……………………………………… 130
　　7.1.2 山东省上市公司资产获现能力分析 ………………………………… 134
　　7.1.3 山东省上市公司资产获利能力分析 ………………………………… 135
　　7.1.4 山东省上市公司资产价值分析 ……………………………………… 135
7.2 山东省上市公司利润质量分析 ……………………………………………… 136
　　7.2.1 山东省上市公司利润构成分析 ……………………………………… 137
　　7.2.2 山东省上市公司利润获现性分析 …………………………………… 138
　　7.2.3 山东省上市公司利润稳定性分析 …………………………………… 139
　　7.2.4 山东省上市公司利润持续性分析 …………………………………… 139
7.3 山东省上市公司资本结构质量分析 ………………………………………… 142
　　7.3.1 山东省上市公司负债与权益的对比关系分析 ……………………… 142
　　7.3.2 山东省上市公司财务杠杆分析 ……………………………………… 143
　　7.3.3 山东省上市公司所有者权益内部构成分析 ………………………… 144
7.4 山东省上市公司现金流量质量分析 ………………………………………… 145
　　7.4.1 山东省上市公司现金流量构成分析 ………………………………… 146
　　7.4.2 山东省上市公司的经营活动现金流量质量分析 …………………… 146
　　7.4.3 山东省上市公司投资活动现金流量质量分析 ……………………… 148
　　7.4.4 山东省上市公司筹资活动现金流量质量分析 ……………………… 149

第8章 山东省上市公司的综合财务分析与评价 …………………………………… 150
8.1 山东省上市公司的综合财务分析 …………………………………………… 150
8.2 山东省上市公司综合财务评价 ……………………………………………… 152
　　8.2.1 山东省上市公司财务优势 …………………………………………… 152
　　8.2.2 山东省上市公司财务劣势 …………………………………………… 153

第9章 对山东省上市公司发展的建议 ……………………………………………… 154
9.1 统筹区域经济发展，提高上市公司的质和量 ……………………………… 154
9.2 优化产业结构，开发新型高附加值产业 …………………………………… 154
9.3 改进经营管理，提高盈利水平 ……………………………………………… 155
9.4 优化股权结构，拓展融资方式 ……………………………………………… 156

附表　山东省各地区上市公司行业分布 ……………………………………………… 157
参考文献 ………………………………………………………………………………… 162

第 1 章

绪论

1.1 研究背景与研究意义

1.1.1 研究背景

近几年山东省经济发展迅速,综合实力逐步增强,经济总量在全国已经名列前茅。虽然山东省的经济发展形势非常可观,但是仍存在发展不均衡的问题,尤其是东西部地区之间的发展仍然存在较大差距,并且可能会逐步扩大。这一问题将会对山东省的经济发展产生不利的影响。

上市公司作为地区内的稀缺资源能够在某些方面反映该地区经济增长的潜能与核心竞争力的大小。上市公司数量和规模的发展能够带动区域经济的发展,提高本地区的综合实力,并对该地区起到模范带头作用,对该地区经济模式的优化和技术的进步都有积极影响,从而带动区域内居民生活水平的提高。所以说,区域内上市公司的发展水平和规模是一个地区经济发展水平的标尺。

伴随着资本市场和市场经济的迅猛发展,西方各发达国家在财务报告分析领域取得了重大的突破,并逐渐形成了目前世界上最先进的财务报告分析系统。我国社会主义市场经济的逐步完善与发展,大大改变了我国宏观经济环境和微观经济的体制。在现代公司制度下,公司的投资人、债权人和经营者站在各自的立场上关心财务状况、经营状况和经济效益,国家也在政策上为各方了解财务状况提供条件。

上市公司作为推动经济增长一剂强有效的助推剂,在我国经济增长中发挥着重要的作用。上市公司的财务报告分析是公司经营业绩、财务状况和发展趋势的综合反映。经营者可以从财务报告分析中了解公司经营存在的问题,从而提高经济效益,增强公司实力。同时,也为投资者了解公司提供了最全面、可靠的资料。

1.1.2 研究意义

在改革开放的大背景下,山东省遵循党中央的领导指示,开拓进取,不断创新,山东省的经济总量在全国名列前茅。但是,与东南沿海的发达城市相比,山东省仍然面临较多的问题,其中最为明显的就是东西地区发展不均衡问题,这一问题如果持续存在并逐步加深的话,必将不利于整个山东省经济的发展。所以,如何解决区域之间经济发展不平衡的问题成为山东省实现经济全面发展的首要任务。在梳理了财务报告分析基本理论的基础上,以山东省上市公司为样本，首先从财务能力的角度分别对山东省沿海城市（青岛、烟台、威海、日照等）、非沿海城市（济南、潍坊、淄博、东营、泰安、莱芜等）和欠发达城市（临沂、济宁、菏泽、德州、聊城、滨州、枣庄等）的上市公司财务报告数据进行偿债能力、运营能力、盈利能力和发展能力分析，并结合各地区的特色对上述三个区域的上市公司财务分析对比，找出各自发展存在的优势和劣势，并对未来发展提出合理的建议。其次从财务质量的角度利用山东省所有上市公司的财务报告数据对资产质量、利润质量等方面进行分析，为提出更加适合发展的建议提供依据。通过科学合理的财务报告分析，可以帮助公司的投资者、债权人以及政府相关部门等相关者了解上市公司的整体财务状况，能够清晰全面地了解公司的财务状况，为相关决策的制定提供依据，同时分区域的财务报告分析，可以通过上市公司来揭示该区域经济发展的问题。因此本研究将对促进山东区域经济协调发展，具有重要的学术价值和现实意义。

1.2 国内外研究现状

财务分析活动在很早之前就已经出现，随着现代会计制度和公司制度的确立与发展，财务分析也适应经济和市场的需要逐步发展完善。

1.2.1 国外研究现状

19 世纪初，美国铁路公司的发展推动了最初期的财务分析。1910 年杜邦公司发明的杜邦体系，并建立财务分析的综合模型，从投资者的需求出发，通过财务比率指标之间的关系对企业的财务状况进行分析，最终得出企业影响财务目标的各个因素。1919 年，美国人 Alexander Wole 提出比率分析体系，为企业外部提供了一个完整的财务分析指标体系。

比率分析是最早出现的财务报表分析方法，也是目前使用最多的方法。在早期的财务报表分析中，人们仅是利用单项的财务比率来了解企业的经营和财务状况，后来他们发现综合多项财务比率能够更加全面地了解到企业的整体情况，于是比率分析开始朝着综合全面的方向发展，目前在全球范围内被广泛应用的综合分析方法有沃尔比重评分法和杜邦财务分析方法两种。哈佛大学的教授 Krishna Palepu 在杜邦财务分析体系的基础上进行补充和修正，最终形成了帕利普财务分析体系。

19 世纪 80 年代，人们逐渐开始对经营分析有所关注。学者们也逐渐认识到了传统财务分析体系的弊端，纷纷将非财务因素引入到分析框架中。Salmi，Viranen 和 Pavo（1996）提出：企业的财务指标与其未来发展的稳定性密切相关，并且资产增值性的指标更加能够体现未来资产的安全性。劳伦斯·雷夫辛（2002）的观点认为进行财务分析时，应将时间处理分析法和横截面分析法运用到财务分析中，这样才能够更好地利用这些财务信息进行分析和考核，从而能够更好地对财务报表的使用者进行服务。史蒂文·M·布拉格（2006）认为财务分析通过 EXCEL 表格的运用能够对期间费用的变化趋势有更好的了解，对财务报表分析、项目分析、投资分析和风险分析都将会有很大的帮助。2003 年，Duarte Trigueiros 提出在报表分析的过程中，人们一般只会使用比例分析法，但是所能够得到的信息数量较少，同时，随着信息时代的到来，可以使我们得到更多的信息，使分析的结果更加准确可靠。美国南加州大学教授沃尔特·B·格斯等则认为，财务分析应该更加注重各个阶段之间的逻辑关系和因果联系，因而需要分步进行，并且对财务报表中隐含的信息应该剖析得更加透彻。

1.2.2 国内研究现状

我国之前将财务分析统称为经济活动分析。但是随着经济的发展，财务分析的主体也逐渐多元化，投资者、债权人等需要掌握企业的运营能力、偿债能力、盈利能力等情况，从而制定相关决策并实施。这一需求带动了我国财务分析的发展。

（1）有关财务报告分析的基础理论

张金昌（1994）对于是否应该将财务分析设置为一门单独的科学以及财务分析学的设立应当致力于解决哪方面的问题进行了讨论。杨有红（1994）的观点认为财务分析学应当作为一门独立的学科予以研究，其重点应该放在财务分析学的框架、研究方法和财务分析学的内容方面。张先治（1995）对财务分析的内涵予以剖析，并解析了财务分析与会计学、财务管理学、经济学等学科之间的关系。张先治（2002）认为：财务分析的关键是财务分析程序和分析方法，以财务分析的基本目标为出发点，以目前经济背景为依托，构建新型的财务分析方法和程序。李心合（2006）认为：在新的经济形势背景下财务分析学科框架和定义已经不能满足日益激烈的市场竞争需要。只有全面地考虑财务分析将所包含的各个方面，如价值创造、战略、生态化等纳入财务分析体系，才能使财务分析框架更加饱满。张先治（2007）认为，财务分析能够实现财务信息供给者与需求者之间的沟通与交流，财务分析能够实现将简单的会计信息转换成对不同信息需求者来说更有价值的信息，从而帮助不同的信息使用者做出相应决策。

（2）有关财务报告分析的局限性

陈共荣、龚慧云（1996）认为我国之前的财务分析在相应的经济体制背景下起到了积极的作用，是我国企业经济活动分析的重要组成部分。但是，随着我国经济的迅速发展，传统的财务分析由于其方法单一、模式陈旧、重点模糊等缺点，并不能够满足企业和利益相关者的共同需要。林洪梅、林惠（2000）认为财务报表采用原始成本计量、资产负债表和损益表所反映的并不是同期内容等原因严重制约了财务分析的范围。朱学义、王建华（2009）认为财务分析体系仍然存在很多的问题，如：财务分析并不能够充分体现企业发展的财务战略，忽视了"现金流"所起到的作用，忽略了企业智力投资的情况等内容。

综合相关的文献，财务分析主要的局限性有：方法和指标的局限性，理论的局限性，分析主体自身的局限性等。对于财务分析局限性的认识，有助于财务分析体系的改善和发展，使其向着更符合企业和市场需要的新模式方向发展。

（3）有关财务报告分析的改进与创新

桑士俊、吕斐适（2002）认为：财务报告分析者越来越重视分部报告的分析，他们分析和研究了企业分布的划分标准、报告分布的测试标准等，对分部报告中主要财务指标对财务报告使用者做出决策提供指导意义。李秉成、田笑丰、曹芳（2003）研究了企业现金流量表的分析目标，采用调查问卷的方法将现金流量表分析目标的重要性排序，并得出重要性排序为获利能力、偿债能力、盈利质量和财务弹性分析目标，并将这些目标与现金流量表分析指标体系相结合并进行设计，从而实现与其他报表的有机结合。

马良渝、潘维斯（2004）认为：杜邦体系在财务分析中处于非常重要的地位，因为它第一次体现了财务比率之间的内在联系。但是，杜邦体系由于指标选择的原因并不能够对融资决策进行指导。他们着重考虑净资产收益率，以杜邦分析体系为基础，考虑经营（含投资）活动和融资活动的状况，分析对 ROE 的影响，形成创新的综合分析体系，该体系能够更好地体现企业的经营业绩，为融资活动的相关决策提供依据。林祥友、宋浩（2004）对传统的杜邦分析体系进行了改进，增加了经济增加值（EVA），构建权益资本经济增加值率（EVAOE）核心指标，从管理会计的视角对一些财务指标进行重新的认识，使传统的杜邦体系能够更加完善。付华、肖丹凤（2008）认为：企业的分类和量化界定存在缺点，他们运用财务分析雷达图特点，对其进行改进，使其能够更加直观、形象，并且设计出更加全面，针对性更强的财务比率指标，从而能够提高结论的可靠性。刘薇（2003）的硕士论文研究了信息技术对财务分析所作出的积极作用，对我国财务分析信息化做出了总结，比较了我国现行的财务分析工具，对财务分析软件进行了比较和技术经济评价。陈继红（2010）认为财务分析的方法与评价并不绝对，并且财务分析所基于的数据和资料都存在滞后性。所以，财务分析要增强报表分析的可比性，综合全面地对各项财务指标进行分析权衡，并考虑到企业经营目标和市场经营活动的变化，更好地运用"例外原则"对各种特殊的情况进行系统的分析，这样才能更加全面系统地进行财务分析。

综合以上国内外研究，对于财务分析的研究和实践的特点主要有：从财务分析使用者的角度出发，符合财务分析使用者的需要；关注财务分析环境的变化；改进财务分析方法和理论；改良传统的财务分析体系；利用信息时代的新特点，强调及时性。但是，人们对原有的结构框架依然有习惯性和依赖性，并没有关注到传统框架对新型经济形势和经营环境的适应情况，所以对于总体框架的突破少之又少。在当前各种环境背景都发生着重大变化的情况下，财务报告的改革需要逐步推进，财务分析理论研究还要适应会计环境、财务报告使用主体的需求。现行的财务分析还需要进行改进，还需要转换财务分析的视角，扩展财务分析的框架。

1.3 研究方法

根据研究对象的性质和特点以及研究目的的要求选择适应的研究方法，可以从经济学、社会学以及管理学的角度对会计环境视角的财务报告分析进行研究。本文的研究方法主要是以实证研究与规范研究相结合的方法进行，定量与定性方法相统一，在已有成果的基础上理论与实际相结合。

（1）规范研究

规范研究主要是通过查阅之前的文献和比较研究方法对其进行定性的研究。通过文献查阅法是指通过对国内外已有的文献和成果进行归纳、分类和总结，找到其优点和缺点，对本文的写作提供基础和思路。通过比较研究法，对现金流量相关理论进行充分分析和比较，为后续的实证研究提供基础和支撑。

（2）实证研究

在规范研究的基础上，本文主要利用山东省上市公司年报中的财务数据和非财务数据进行收集、分类整理、分析，探究财务能力和财务质量，从财务角度提示其发展的优势与不足，为其未来的发展提出建议。

1.4 研究思路与内容

1.4.1 研究的思路

详见图 1-1。

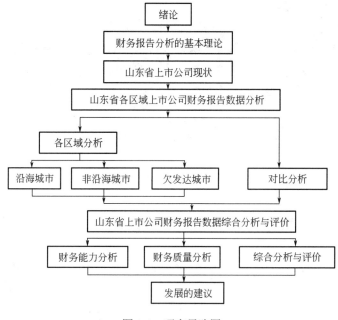

图 1-1 研究思路图

1.4.2 研究的主要内容

本文围绕山东省上市公司财务报告分析主题展开,在财务报告分析基本理论的指导下,从财务能力与财务质量两大方面对山东省财务报告展开具体分析与评价,揭示山东省上市公司财务现状以及优势与劣势,进而为山东省经济发展决策提供依据。具体分为九章。

第1章绪论。主要介绍本文研究背景与研究的意义,在国内外有关财务报告分析研究的基础上提出本文的研究思路、内容和所采用的方法。

第2章财务报告分析的基本理论。本章主要梳理了财务报告分析的基本理论,包括财务报告分析的含义、目的、原则、要求以及分析的内容与方法等,为下面进行具体的山东省财务报告分析提供理论支撑。

第3章山东省上市公司概况。重点介绍山东省上市公司的规模及分布状况,从中可以对山东省上市公司现状有全面的了解。

第4章山东省各地区上市公司财务报告数据分析——基于财务能力。本章主要以制造业上市公司为主要对象,从偿债能力、运营能力、盈利能力、发展能力等财务能力分析的角度分别对山东省的三个区域(沿海城市、非沿海城市、欠发达城市)的上市公司财务报告展开分析。

第5章山东省各地区上市公司财务报告数据对比分析与评价。在上一章分析的基础上，仍然从财务能力分析的角度对上述三个区域的上市公司财务报表进行对比分析，并对其财务数据进行简要评价，找出各类城市上市公司发展的优势和劣势。

第6章山东省上市公司的综合数据进行分析——基于财务能力。从财务能力的角度综合分析山东省上市公司财务报告。

第7章山东省上市公司的综合数据进行分析——基于财务质量。从财务质量的角度综合分析山东省上市公司财务报告。

第8章山东省上市公司综合财务分析与评价。在第6、7章分析的基础上，采用杜邦分析体系对山东省上市公司的财务报告进行综合分析，并对其优势与劣势进行评价。

第9章山东省上市公司发展的建议。基于上面的分析与评价，对山东省全面发展及区域发展提出更加合理、优化的建议。

第 2 章 财务报告分析的基本理论

2.1 财务报告的含义

财务报告是企业提供给企业外部使用的,能够反映企业某一特定日期的财务状况和某一会计期间企业的经营成果、现金流量等会计信息的文件。

由财务报告的定义可知,财务报告包含几层意义:①企业外部的使用者,为满足企业内部管理和特定需求所提供的报告,并不属于财务报告的范围。②财务报告是一个综合的报告,是企业某一时间点和时期对于资产情况、经营情况和现金流量情况的综合反映,是企业整体的财务和经营状况全貌的体现。③财务报告是一个系统而完整的文件,而不是零散的、缺失的信息。

企业对于财务会计确认与计量的最终结果通过财务报告予以确认,外部使用者以财务报告为依托掌握企业的整体情况,分析和预测企业的发展趋势,从而对其进行决策判断。所以,财务报告是经营企业向外部的财务报告信息使用者提供企业信息的途径和载体,财务报告使用者和管理者之间可以通过财务报告进行信息的传递。

2.2 财务报告分析的含义

企业的财务报告反映了企业经营活动的成果,但是由于通过财务报告反映的这一结果较为专业和抽象,具有很高的概括程度,需要掌握专业的技能和方法才能够分析和了解企业真实的经营状况。所以,财务报告分析是综合了会计学、财务管理学、行为学和金融学等多种学科的新型科学。

关于财务报告分析的概念国际上通常表述有广义和狭义之分。狭义的财务报告分析是仅指对财务报表的分析,也就是运用科学的分析方法,对企业财务报表的一些数据质量进行重点的分析和评价,了解企业在一定会计期间内的经营情况、财务状况、资产情况,并对企业的未来发展趋势进行分析和预测,为财务报告的外部使用者在做出决策判断时提供依据。广义的财务报告分析的定义是在狭义的财务报告分析定义的基础上增加了公司经营分析、战略分析、未来发展前景预测以及证券投资分析等。

财务报告分析是指运用科学的方法,以企业的财务报告和相关信息为依据,系统全面地对企业过去和现在的经营情况、财务状况、资产情况和变动情况进行分析和评价,有利于财务报告的使用者能够在对过去和现在分析评价的基础上,提出对未来的预测,做出决策的判断。财务报告分析就是将纸面上的,看起来毫无意义的报告数据转换为能够帮助财务报告使用者进行分析决策有用的信息,减少决策的不确定性。这也是财务报告分析最基本的功能。财务报告分析所运用的数据均来源于财务报告,所以,保证财务报告的正确理解是财务报告分析顺利进行的第一步。企业的偿债能力、盈利能力和风险抵抗能力可以通过企业财务报告分析的结果进行分析和判断,并发现和解决企业所面临的一些不足和问题。财务报告分析是一个过程,"分析"是指将研究的对象分成若干个比较小的部分,通过对这些小的组成部分的研究得出这些部分的本质属性和相互之间的联系,从而了解分析对象的本质。财务报告分析是将财务报告的数据分为不同的部分和指标,通过对这些指标的计算从而得出指标之间的相互关系,衡量企业偿债能力、盈利能力和抗风险能力等水平,这一过程是分析和综合的统一。综合即将分析内容的各个部分的各种属性,联合在一起成为一个有机的整体,综合也是财务报告分析的一个重要的组成部分,在分析的基础上对企业的各项能力进行整体的掌握。通过对财务报告的设计能够满足全体财务报告使用者,但是并不能满足特定报告使用者的要求。财务报告的使用者要根据自身情况,选择对自身重要的信息,并进行重新整理,分析研究其相互之间的关系,使其能够满足特定决策者的需要。进行财务报告分析一般有三个目的,分别为:对过去经营业绩进行评价;对目前的财务状况进行衡量;对未来的发展趋势进行预测。

2.3 财务报告分析的目的

财务报告分析从其主体看,包括经营者进行财务报告分析、投资者进行财务报告分析、企业的债权人进行财务报告分析、其他有关方面进行财务报告分析;财务报告分析从其服务对象看,包括经营者、投资者、债权人等。

2.3.1 经营者进行财务报告分析的目的

企业的所有者将会委托企业的经营者对企业的资产进行经营管理。作为合格的企业经营管理者,为了更好地履行自己的职责,更好地完成自己的使命,他们必须对企业的资金运用情况、债务偿还能力及盈利能力密切地关注。企业的经营管理者会对财务报告进行全面、系统、综合的分析以确保能够对企业的经营情况进行真实可靠的了解。企业的经营管理者作为财务报表的分析主体,其对企业的经营业务和财务状况了解得最为清楚,他们会通过各种渠道掌握与企业经营管理相关的资料。企业的经营管理者通过对企业财务报告的分析和综合能够做出对企业未来经营更加有利的决策,并及时调整适合企业发展方向的财务措施。

2.3.2 投资者进行财务报告分析的目的

企业的投资者主要包括投资给企业的投资者和市场中潜在的投资者。企业的经营财务状况直接关系到投资者的切身利益,所以,投资者十分注重对财务报告的分析。投资者更加关注投资的报酬,因此投资者进行财务报告分析的目的主要是考量企业的盈利状况,因为企业盈利才是保证企业保值增值以及分配红利的基础。因此投资者通过财务报告分析,侧重于对于企业盈利性和成长性的分析,同时客观地评价管理者履行受托责任的情况,确定企业薪酬水平。

2.3.3 企业的债权人进行财务报告分析的目的

债权人与企业之间存在着利害关系，债权人更加关注的是债权的风险和收益，因此他们重点关注企业的偿债能力以及能够保证偿债能力的盈利能力。但是企业管理者为了自身的利益最大化，一般情况下会对债权人隐藏实际的风险，正因为这其中错综复杂的关系，债权人对财务报告分析更加重视。

2.3.4 其他有关方面进行财务报告分析的目的

企业的财务报告分析关系着许多部门的利益，其中包括企业的业务关联企业、政府有关部门、市场中介组织、企业的员工等，这些利益相关者对财务报告的分析能够更加准确地掌握企业的经营和财务状况，从而进一步进行自己的决策判断。其中企业的供应商主要关注企业的信用、风险和偿债能力；企业的客户更关心的是企业连续提供商品和劳务能力，即销售能力和发展能力；政府有关部门包括司法及监管部门、财政部门、税务部门等，他们进行财务报告分析的侧重点有较大的差异，司法及监管部门主要通过财务报告分析了解社会财富的分配情况、检查法制的建设与执行情况、是否存在违法违纪现象，财政部门需要对宏观经济形势和经济发展趋势作出判断，税务部门主要检查税法的执行情况及时掌握税源；企业员工通过财务报告分析了解权益是否得到保障、利益分配是否公平、企业社会责任是否履行，投资者更加关注的是企业的经营状况，更加侧重于企业发展能力和稳定性的评估。

2.4 财务报告分析的原则和要求

2.4.1 财务报告分析的原则

（1）客观性原则

客观性原则要求凡事从实际出发，以事实为依据，实事求是，分析人员不能够为了得到特定结果而乱用数字说话。财务报告的分析结论应客观地遵循实事求是的原则，结论的得出建立在分析的基础之上。

（2）全面性原则

全面性原则要求全面地、多角度、多层次看问题，坚持一分为二，反对片面地看问题。财务报告分析人员在分析评价时，既要考虑财务指标，又要考虑非财务指标；既要考虑有利因素，又要考虑不利因素；既要考虑主观因素，又要考虑客观因素；既要考虑内部问题，又要考虑外部问题。只有对企业进行全面的考虑分析，才能够准确全面地反映企业的真实情况。

（3）相关性原则

相关性原则要求注重事物的联系，坚持相互联系地看问题。财务报告分析时要注重事物过去、现在和未来的关联性，用发展的眼光看待问题，要注意各项目之间的直接或间接的联系，把各个问题连贯起来分析，防止孤立、片面地分析。

（4）可比性原则

财务报告分析也要注意分析对象之间可比性原则。其中既要注意不同时期之间的可比性也要注意不同企业之间的可比性。

(5) 稳健谨慎原则

稳健谨慎原则要求在进行财务报告分析时，需要保守地估计企业的盈利能力、偿债能力、营运能力等，对于企业的财务风险和经营风险要估计最大值而不可低估企业所面临的风险。谨慎性原则进行财务报告分析有两点基本要求：一是会计处理上的谨慎；二是财务指标计算上的谨慎。但是，谨慎性是以科学性的指导为前提的，不得为了过高地评估企业的风险而随意更改其衡量指标的算法，另外，谨慎性原则也并不表示企业能够随意地更改事实或者刻意隐瞒利润。

(6) 动态分析原则

动态分析原则是要求以运动、动态的眼光进行财务报告分析，而仅以静止的方式思考问题是不行的。企业生产经营是一个动态的发展的过程，而财务分析所运用的财务报告数据都是企业过去某一时期的财务状况的反映，当前的财务状况和经营情况与之前相比可能发生了一些变化，可能会导致在新的情况下，投入与产出的比例并不相同。所以，应该更加关注数值的时间性，以过去的数值为依据，了解过去的经营管理情况，并以此分析出当前情况可能产生的结果，使财务报告分析能够实现评价过去、衡量现在和预测未来的目的。

(7) 定量分析与定性分析相结合的原则

对财务报告进行分析需要坚持定量分析与定性分析相结合的原则。定性分析是进行财务报告分析的基础和前提，进行定性分析的目的是为了了解财务报告的本质、趋势和事物之间的相互关系；定量分析是财务报告分析的工具和手段，如果不进行定量分析就无法弄清数量界限、阶段性和特殊性。一切事物都是质与量的相互统一，在财务报告分析中，只有将定性分析与定量分析相结合，才能够掌握财务报告通过数字所表达的财务信息。

2.4.2 财务报告分析的要求

为了使财务报告分析能够达到其目的，保证其质量，财务报告分析应按以下要求进行：

(1) 财务报告提供的信息要真实、可靠

财务分析是以财务报告为基础和依据，分析企业的生产经营和财务等情况，所以，只有保证财务报告的准确性才能对财务分析提供保障，如果财务报告并不能够真实、准确、恰当地反映企业的实际情况，那么，财务分析也就没有任何意义。所以，财务报告的准确、真实、可靠是进行财务分析的基本前提。因此，原始单据真实、数据准确、程序规范、不同会计期间的核算方法保持一致才能够保证财务报告的真实准确；财务报告的种类和格式要保持统一，不同会计期间财务报告的编制方法保持一致，当有明显变动的时候需要对相关数据进行调整以保证财务分析的准确性。

(2) 根据财务分析的目的正确选择财务分析的方法

在实际工作中，财务报告分析的目的是不尽相同的。根据分析目的的不同，需要采用不同的分析方法。所以，应该针对不同财务分析的目的而采取不尽相同的分析方法，这样才能够实现财务分析的目的。对于投资者来说更加关心投资收益，所以更加关注企业对于短期运营能力的分析；对债权人来说更加注重企业还款的能力，所以债权人分析时应更加注重企业长短期的偿债能力和资金结构；政府部门如税务机关等关心国家的税收收入和经济的发展，所以政府部门分析时应更加注重企业的运营能力、获利能力和发展能力。而企业的管理者需要对企业整体情况进行全面的了解，才能够对企业的经营管理决策做出更好的判断。所以企业的管理者往往需要通过多种方法全面地解释企业的偿债能力、运营能力和发展趋势。分析人员在进行分析之前需要了解各个分析主体所要达到的不同目的，这样才能够采用适合的分析方法，从而达到分析的目的。

（3）根据多项财务指标的变化全面评价企业的财务状况和经营成果

财务指标的影响有很多，其中既包括宏观的也包括微观的；既包括内部的也包括外部的；既包括主观的也包括客观的，因此，在诸多因素的影响下，很难以某项指标的变化而推测出企业整体的变化情况。所以，要根据诸多指标的变化情况来综合分析和判断企业经营和财务状况的变化情况。这就不仅仅需要对指标进行绝对的、横向的分析，也需要对相关指标进行相对的、纵向的分析。

2.5 财务报告分析的方法

财务报告分析具有很强的技术性，根据分析目标的不同而采用不同的分析方法，最常用分析方法包括比较分析法、比率分析法、因素分析法还包括回归分析法、层次分析法等数理统计的分析方法。

2.5.1 财务报告分析常用方法

我国的财务报告分析随着会计理论和实务的积累和发展已经形成了一套科学、成熟、完整的分析方法。在这些方法中，都是以比较为基础进行的，通过比较来对企业的经营管理和财务状况进行了解和分析。

（1）比较分析法

比较分析法是同一企业不同时期进行财务状况比较或者是不同企业之间财务状况进行比较，根据其间的差异来体现企业财务不同状况的分析方法。比较分析法能够体现企业经营活动和财务指标之间的数量关系，发现其存在的差异并找出其产生的原因。比较分析方法是其他分析方法的基础，在财务报告的分析中使用的最广。

比较分析法由于标的的不同有两种分类：绝对数比较是直观的以财务报表为依据进行比较，从而体现其数量之间的差异。相对数比较是根据财务报表中的数值计算出相对数进行比较，从而体现出其之间的差异，例如百分比，结构比等。

通过比较分析法能够发现其之间的差异，从而找到造成之间差异的原因，并对企业的生产经营成果和财务状况有进一步的了解和判断，从而确定企业的运营能力和资金的安全性。

使用比较分析的必要条件是要对分析指标之间的可比性进行分析，如果指标之间不存在可比性，那么比较分析就没有任何的意义，相反还可能误导决策者的判断。比较指标之间的可比性是指相比较指标之间指标内容、计价基础等方面具有一致性，如果是不同企业之间进行的比较还应该考虑不同企业之间的可比性。

（2）比率分析法

比率分析法也是财务报告分析中一种常用的分析方法。比率分析法是指将同期的企业财务报表中的相关项目根据专门的计算方法，体现出不同方面能力的财务比率，通过这些比率体现的意义，反映和体现出企业经营管理和财务状况。在使用比率分析时，必须符合两个条件：一是比率必须具有财务上的含义；二是比率的分子分母在逻辑上必须相互配合。

需要强调的是，财务指标并不是单独存在的个体，当根据这些比率进行具体判断时还需要与其他各项指标的结果相综合进行分析和评价，这样才能够保证分析的准确性和可信赖程度。

（3）因素分析法

因素分析法是将整体划分为若干的部分，分析各个部分对整体的影响程度的方法，将分解的各个影响因素的实际数值与基值相替换，从而得出之间差异确定各个因素对整体的影响程度。

因素分析法的步骤大体可分为四步：①确定分析对象，第一步就是要确定财务分析的指标，将实际数与基期数相比较。②了解这一财务指标的形成过程，也就是这一指标的驱动因素，将财务指标各个驱动因素之间建立数学模型，确定函数关系。③确定各个驱动因素之间的重要性关系，将其进行排列，确定替代的顺序。④按照各驱动因素重要性关系排列的顺序计算其脱离标准差异对财务指标的影响。

2.5.2 财务报告综合分析方法

比较法、比率法和因素分析法是比较孤立的，不具有全面性和具体性，这些方法只能够分析企业在某一方面的财务状况，但是对于企业整体经营能力、财务状况、现金流量等的分析却是很困难的。随着企业所面临的内外部环境的日益复杂多变、竞争不断激烈，财务报告的分析也就日益全面复杂，所以，财务报告综合分析方法随之产生。综合的分析方法填补了前三种方法片面性的不足，将多个侧面分析综合起来，统一独立的财务指标，以财务报告等会计资料为基础，完整、全面、综合地对企业的经营和财务状况进行分析。传统的综合分析方法有沃尔比重评分法与杜邦财务分析体系。

（1）沃尔比重评分法

沃尔比重评分法是一种横向比较企业间财务指标的综合评价方法，1928 年由美国 Alexander Wole 提出。这种方法是通过线性关系将确定的没有关联的财务指标联系起来，确定财务指标在总体评价中的比重并规定比率，分别计算整体指标和各项指标分数。将计算结果与实际比率相比较，从而得出结果进行分析和判断企业的整体情况。

沃尔比重分析法在实际应用中也存在一些缺点和不足，在使用沃尔比重进行分析时，选择各个指标并确定各个指标所占的权重是十分重要的，但是，在对于指标的选择和权重的分配上并没有一套科学的理论进行指导；同时，正是因为这种特殊的计算方法，当某一项指标出现严重的反常时，会对整体产生十分重大的影响。

（2）杜邦分析法

20 世纪 20 年代，由美国杜邦公司首创的杜邦分析法是一种财务报告综合分析方法，杜邦分析法采用对综合性较强的财务比率——股东权益报酬率进行逐步分解，通过几种主要的财务比率指标之间的内在联系，分析指标发生变化的因素和变动的趋势，将一个关系体系用不同的多个比率和数据联系在一起，综合全面地分析和评价企业的经营成果和财务状况，从而得出真实、全面、综合的结果。

总的来说，销售净利率和总资产周转率是反映企业经营战略的重要指标，经营管理者可以以自身的需求和经营情况，分析企业内外部经营环境，结合企业发展目标做出适合自己企业经营发展的战略决策。这两个指标之间一般都是往相反方向变化的，在进行决策判断时应该予以综合的考虑。如果仅仅考虑较高的销售净利率是无法得出企业业绩是好是坏的结论，而是应该同总资产周转率相结合。二者共同作用得到的总资产净利率才能够准确地反映企业经营管理的业绩和真实的盈利能力。

权益乘数能够体现企业的财务杠杆高低，并且对企业的财务政策有直观的反应。当总资产净利率恒定，财务杠杆能够通过增加企业财务风险从而提高股东权益报酬率。财务杠杆的确定是企业非常重要的财务政策。

2.6 财务报告分析的主要内容

财务报告分析最早产生于19世纪末20世纪初，最开始的财务报告分析主要是针对银行的信用分析，主要是银行对用户进行信用调查和分析，以确定客户偿还债务的能力。资本市场形成之后，财务报告分析为满足各种不同投资人的需求而发展为对盈利能力、筹资结构、利润分配进行分析；随着公司的发展，财务报告分析又扩展为对于内部管理服务的分析。

企业的财务报告分析以企业的财务报告为依据，主要包括资产负债表、利润表、现金流量表和所有者权益变动表。资产负债表反映企业某一特定时点的财务状况；利润表反映一段时期经营状况；现金流量表反映一定时期的流入流出；所有者权益变动表反映所有者权益的变动状况。

2.6.1 财务能力分析

（1）盈利能力分析

财务报告重点分析企业的盈利能力，盈利能力用来衡量的是企业获得利润的能力。主要分析指标有：净资产收益率、总资产报酬率、销售毛利率、销售净利率、成本费用利润率等。

（2）营运能力分析

运营能力体现企业的运营风险和经营情况，通过生产经营资金的周转速度反应资金的利用效率和资产运行的协调性。主要分析指标有：总资产周转率、流动资产周转率、存货周转率、应收账款周转率、固定资产周转率等。

（3）偿债能力

偿债能力表示企业偿还债务的能力，对债权人等利益相关者有十分重要的影响。主要分析指标有：资产负债率、流动比率、速动比率、现金即付比率、利息支付倍数等。

（4）发展能力

发展能力是企业扩大自身规模实现发展的潜能。分析的主要指标有：销售（营业）增长率、利润增长率、资产增长率、资本积累率等。

2.6.2 财务质量分析

（1）利润质量分析

利润质量就是指公司利润表上的利润数据能真实反映公司实际盈利情况的程度，以及根据公司历史和当期利润表上的利润数据预测公司未来盈利情况的有用性。因此良好的利润质量应该具备如下特征：①具有良好的获现性，表现在企业盈利的增长伴随着现金流量相应比例的增加；②具有良好的稳定性，表现在企业盈利情况在一段期间内比较稳定，受外界经济环境变化的影响不太大；③具有良好的持续性，表现在企业盈利无论出现什么样的变化都保持一个良好的财务状况、经营成果和现金流量。利润质量分析主要考查企业获得现金收益所依靠的途径和经营利润转化为现金净流量的能力。

（2）资产质量分析

资产质量是指资产的变现能力、单独增值能力、被企业在未来进一步利用的质量以及与其他资产组合增值的质量，它可以衡量企业的各项能力。资产质量可分为不贬不增资产、贬值资产、增值资产。资产质量分析主要依靠资产的获利能力、资产运营能力等内容进行。

（3）资本结构质量分析

资本结构质量是指企业资本结构与企业当前以及未来经营和发展活动相适应的程度。资本结构质量分析的主要内容包括负债与权益的对比关系分析、资本成本与资产报酬的对比关系分析、资金来源期限与资产结构的配比关系分析以及所有者权益内部构成状况分析等。

（4）现金流量质量分析

现金流量质量是指能够按照企业预期目标进行运转的现金流量的质量。经营活动现金流量质量分析主要包括：充足性分析，也就是企业的现金流量是否能够支持企业的运转和扩张的需要。投资活动现金流量质量分析是比较企业投资所产生的现金流出量和流出量的多少进行对比分析。筹资活动现金流量质量分析是比较企业筹资所产生的现金流出量和流出量的多少进行对比分析。

2.7 财务报告分析的作用

财务报告分析是为满足不同信息使用者的需求而进行的，克服了财务报告的一般局限性，充分发挥了财务报告的作用。科学合理的财务报告分析，有助于财务报表的使用者能够全面整体的了解企业的经营情况和财务状况，并在此基础上为财务报表的使用者做出决策提供科学的依据。

通过财务报告分析可以了解企业的过去以及现在。财务报告分析是对企业的过去和现在财务报告的分析，体现企业目前的财务状况；预测企业未来财务的发展情况。通过对财务报告的分析可以对企业的经营状况、盈利水平和资产运用情况进行深入的了解，有利于对企业进行监督和管理，同时还能够根据财务报告分析的结果预测企业的发展趋势和发展能力。

总的来说财务报告分析有以下几方面的作用：财务报告的分析能够了解企业的生产经营状况，体现企业各部门的绩效考核和相关指标的完成状况，并且能够发现企业在生产经营管理中存在的不足和缺陷，能够帮助企业的经营管理者加强公司治理。通过财务报告的分析，财务报告的使用者，如债权人、投资者等能够全面、准确地掌握企业的财务信息，以便于外部利益相关者能够做出相应的决策。

第 3 章

山东省上市公司概况

3.1 山东省上市公司总体规模

山东省既是人口大省也是经济大省,2015 年 GDP 为 63 002.3 亿元,仅次于广东和江苏成为全国第三,占全国 GDP 的 8%。自 1993 年只有 4 家上市公司以来,到 2014 年 12 月份山东省上市公司的总数量为 151 家,在全国上市公司总数排名第六,占全国的 5.92%;截至 2015 年年底又增加了 11 家,山东省上市公司的总数达到 162 家(其中山东省辖区内上市公司共计 142 家,青岛市上市公司 20 家),山东省上市公司的数量在中国排名仍为第六,仅次于浙江省、江苏省、北京市、广东省、上海市,占全国的 5.70%。其中,主板上市公司 80 家,占省内上市公司总数的 49.38%;中小板上市公司 60 家,占省内上市公司总数的 37.04%,创业板上市公司 22 家,占省内上市公司总数的 13.58%,如图 3-1 所示。

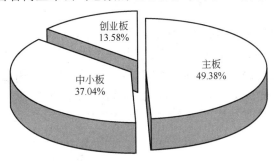

图 3-1 山东省上市公司规模分布饼状图

山东省上市公司的规模可以从总资产、总股本、总市值几个指标来体现。从总量指标来看,2015 年山东省上市公司总资产、总股本、总市值分别占全国上市公司的 0.72%、2.80%、3.50%。山东省上市公司总数仅占全国的 5.70%,这表明山东省上市公司规模依然较少,处于较低水平。通过纵向比较分析可知,2013 年年底山东省上市公司的总资产、总股本、总市值分别占全国上市公司的 0.95%、2.56%、3.71%;2014 年年底在全国上市公司总资产总额中,山东省上市公司的总资产所占比例仍然较少,仅为 0.65%;在全国上市公司的总股本中,山东省上市公司总股本占 2.84%;在全国上市公司总市价中,山东省上市公司总市值占 2.91%。从 2013 年、2014 年和 2015 年山东省上市公司总资产、总股本、总市值来看,山东省上市公司的总资产变化水平是先降后升的,但是 2015 年山东省上市公司的总资产没有超过 2013 年山东省上市公司的总资产;2013—2014 年,山东省上市公司的总股本呈小幅上升趋势，到 2015 年，山东省总股本在全国上市公司总股本中所占的比例有所降低。山东省上市公司的总市值增幅比较大，尤其是 2015 年，2013 年总市值为 10 056.95 亿元，到 2015 年，增加到了 18 755.7 亿元；2013—2015 年，山东省上市公司的总市值增长了 38.16 个百分点，如表 3-1 所示。

表 3-1　山东省 2013—2015 年上市公司规模比较

2013 年 12 月 31 日						
指标	总资产（亿元）	比例	总股本（亿股）	比例	总市值（亿元）	比例
山东省	12 695.05	0.95%	1 032.42	2.56%	10 056.95	3.71%
全国	1 337 354.70		40 255.47		271 319.50	
2014 年 12 月 31 日						
指标	总资产（亿元）	比例	总股本（亿股）	比例	总市值（亿元）	比例
山东省	9 547.45	0.65%	1 234.02	2.84%	11 948.58	2.91%
全国	1 464 339.48		43 516.43		410 054.26	
2015 年 12 月 31 日						
指标	总资产（亿元）	比例	总股本（亿股）	比例	总市值（亿元）	比例
山东省	9 948.04	0.72%	1 396.52	2.80%	18 755.70	3.50%
全国	1 381 655.58		49 970.58		531 735.60	

数据来源：根据国泰安数据库相关财务数据处理所得

2015 年山东省上市公司的总产值低于浙江省、江苏省、上海市，与广东省、北京市相比相差更大，其中广东省上市公司的总产值和北京上市公司的总产值分别是山东省上市公司总产值的 9.74 倍、7.11 倍；数据显示，山东省 GDP 与江苏省、广东省相比，还是有一定差距，虽然山东省 GDP 的增长速度不及广东省但仍有较快增长，如图 3-2、表 3-2、表 3-3 所示。

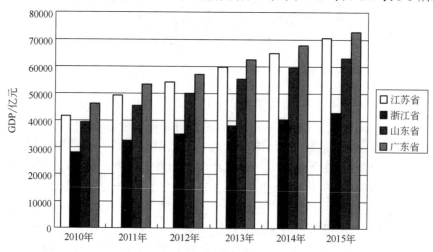

图 3-2　2010—2015 年江苏、浙江、山东、广东四省的 GDP 情况

表 3-2 2010—2015 年江苏、浙江、山东、广东四省的 GDP 情况　　单位：亿元

年度 地区	2010 年	2011 年	2012 年	2013 年	2014 年	2015 年
江苏省	41 425.48	49 110.27	54 058.22	59 753.37	65 088.32	70 600.00
浙江省	27 722.31	32 318.85	34 665.33	37 756.58	40 173.03	42 886.00
山东省	39 169.92	45 361.85	50 013.24	55 230.32	59 426.59	63 002.30
广东省	46 013.06	53 210.28	57 067.92	62 474.79	67 809.85	72 800.00
全国	154 330.77	180 001.25	195 804.71	215 215.06	232 497.79	676 708.00

数据来源：根据国泰安数据库相关财务数据处理所得

表 3-3 2015 年年末各省境内上市公司数量及总产值情况表

省　市	上市公司数量			上市公司境内总产值		
	数量（家）	比　例	排　名	金额（亿元）	比　例	排　名
广东省	424	15.00%	1	182 608.7	15.50%	1
浙江省	299	10.60%	2	41 231.8	7.80%	4
江苏省	276	9.80%	3	36 277.5	6.80%	5
北京市	265	9.40%	4	133 371.1	25.10%	2
上海市	224	7.90%	5	57 925.9	10.90%	3
山东省	162	5.70%	6	18 755.7	3.50%	6
四川省	103	3.60%	7	13 787.1	2.60%	8
福建省	99	3.50%	8	15 561.3	2.90%	7
安徽省	88	3.10%	9	10 956.0	2.10%	10
湖北省	87	3.10%	10	10 990.5	2.10%	9
湖南省	82	2.90%	11	10 151.6	1.90%	11
辽宁省	76	2.70%	12	9 427.2	1.80%	12
河南省	73	2.60%	13	8 681.5	1.60%	13
河北省	53	1.90%	14	8 027.2	1.50%	14
陕西省	43	1.50%	15	6 946.3	1.30%	15
新疆维吾尔自治区	43	1.50%	16	6 078.6	1.10%	18
重庆市	43	1.50%	17	6 495.9	1.20%	16
天津市	42	1.50%	18	6 221.4	1.20%	17
吉林省	40	1.40%	19	4 948.6	0.90%	22
山西省	37	1.30%	20	5 863.7	1.10%	19
广西壮族自治区	35	1.20%	21	4 074.5	0.80%	24
黑龙江省	35	1.20%	22	4 910.7	0.90%	23
江西省	35	1.20%	23	3 897.8	0.70%	25
云南省	30	1.10%	24	3 876.0	0.70%	26
甘肃省	27	1.00%	25	2 846.6	0.50%	28
海南省	27	1.00%	26	3 551.4	0.70%	27
内蒙古自治区	26	0.90%	27	5 357.5	1.00%	20

续表

省 市	上市公司数量			上市公司境内总产值		
	数量（家）	比 例	排 名	金额（亿元）	比 例	排 名
贵州省	20	0.70%	28	5 279.3	1.00%	21
宁夏回族自治区	12	0.40%	29	817.3	0.20%	31
西藏自治区	11	0.40%	30	1 407.5	0.30%	30
青海省	10	0.40%	31	1 409.8	0.30%	29
合计	2 827	100%		531 735.6	100%	

数据来源：根据国泰安数据库相关财务数据处理所得

从融资范围和方式看，1993年山东青岛啤酒率先在上海证券交易所上市，历年来山东省上市公司通过发行股票、公司债券、可转换债券等多种渠道筹集资金。截至2014年底，山东省公开发行股票2 620.76亿股，占总股本的23.53%，成交金额为21 123.75亿元，发行的股票是2013年发行股票的6倍多；山东省上市公司包括股票和债券的直接融资总额达到3 812.2亿元，比2013年同期增加了95.5%，山东省境内上市公司的总市值总额为1.2万亿元，比2013年年末提高了2.3%，占同期GDP的20.3%。山东省上市公司发行各种债券总额为364只，募资资金达到497.1亿元，各种债券以100%增长率的速度增长，融资总额与2013年相比，增长了85.3%，从债券的发行量和规模来看在全国排名第三。

山东省上市公司随着社会经济的不断发展，上市公司的数量不断地增加，增长速度比较快，2010年上市公司的数量为121家，到2014年年底上市公司的数量为151家，增长了24.79%。相对于2010年，2011年、2012年、2013年山东省上市公司数量分别增长了14.88%、23.14%、23.14%。

山东省是一个大省，人口众多，相对于广东省、浙江省、江苏省三省来说，山东省上市公司数量还是比较少的，经济发展水平仍不及广东省。山东省各市人口分布不均经济发展不平衡。表3-4为山东省各市自然状况及GDP情况表，靠近沿海地区的四大市（青岛市、威海市、日照市、烟台市）相对其他市来说，经济比较发达，GDP分别为4 900亿、2 034亿、803亿、3 868亿，山东省各市GDP排名前三名分别是青岛市、烟台市、济南市；山东省西部经济发展水平较低，尤其是菏泽市、莱芜市这两个市，GDP分别为918亿、521亿。

表3-4 2014年山东省各市自然状况及GDP情况表

序号	地级市	面积（平方公里）	人口（万人）	市辖区	县级市	县	GDP（亿）	备 注
1	青岛市	10 654	720	7	5		4 900	GDP，国内生产总值。指在一定时期内（一个季度或一年），一个国家或地区的经济中所生产出的全部最终产品和劳务的价值是衡量国家经济状况的最佳指标。它不但可反映一个国家的经济表现，更可以反映一国的国力与财富。一般来说，国内生产总值共有四个不同的组成部分，其中包括消费、私人投资、政府支出和净出口额。用公式表示为：GDP = CA + I + CB + X，式中：CA为消费、I为私人投资、CB为政府支出、X为净出口额。
2	烟台市	13 745	646	4	7	1	3 868	
3	济南市	8 177	651	6	1	3	3 331	
4	潍坊市	15 860	853	4	6	2	2 974	
5	淄博市	5 939	417	5		3	2 539	
6	济宁市	11 286	805	2	3	7	2 387	
7	临沂市	17 200	1 033	3		9	2 110	
8	东营市	7 923	180	2		3	2 257	

续表

序号	地级市	面积（平方公里）	人口（万人）	市辖区	县级市	县	GDP（亿）	备注
9	威海市	5 436	247	1	3		2 034	
10	泰安市	7 761	550	2	2	2	1 664	
11	德州市	10 356	552	1	2	8	1 650	
12	聊城市	8 714	570	1	1	6	1 380	
13	滨州市	9 454	372	1		6	1 388	
14	枣庄市	4 550	374	5	1		1 236	
15	菏泽市	12 238	888	1		8	918	
16	日照市	5 310	278	2		2	803	
17	莱芜市	2 268	124	2			521	
	合计	158 671	9 260	49	31	60	35 963	

数据来源：山东统计信息网（http://www.stats-sd.gov.cn）

3.2 山东省经济发展现状

近年来山东省经济发展迅速，综合实力不断提高。2015 年，山东省的地区生产总值总数为 63 002 亿元，与上年相比，增长了 8.0%，全国排名第三，仅次于广东省、江苏省。2011 年山东省 GDP 增幅最快，增长速度为 10.9%；2012 年山东省的 GDP 增长率为 9.8%，与 2011 年相比，降低了 1.1%；2015 年，山东省生产总值增长速度最慢，为 8.0%，比 2014 年降低了 0.7%；2014 年山东省生产总值以 8.7% 的速度增长，与 2013 年相比，降低了 0.9%；2013 年山东省生产总值增长速度比 2012 年降低了 0.2%。其中，2015 年的产业结构中，第一产业占 7.9%，与上年相比有所增加，增加了 7%，增长值达到 4 979.1 亿元；第二产业所占比例为 46.8%，与上年相比下降了 1.1%，下降值为 29 485.9 亿元；第三产业所占比例为 45.3%，与上年相比下降了 6.1%，下降值为 28 537.4 亿元。山东省人均生产总值总额为 64 168 元，与上年相比，增长了 7.3%，按照年均汇率折算的金额为 10 305 美元，如图 3-3 和图 3-4 所示。

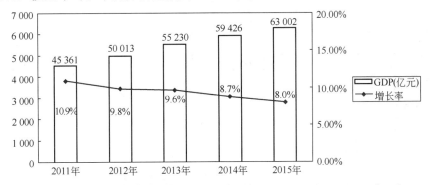

图 3-3　2011—2015 年山东省生产总值及增长速度

数据来源：山东统计信息网（http://www.stats-sd.gov.cn）

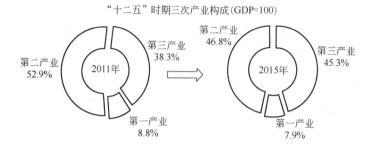

图 3-4 山东省产业结构变动图

数据来源：山东统计信息网（http://www.stats-sd.gov.cn）

2015 年山东省居民消费价格指数（CPI）同比上涨 1.2%。其中，农村上涨 0.9%，城市上涨 1.4%；蔬菜的 CPI 指数涨幅最快，上涨了 10.1%，其中，农村上涨 10.2%，城市上涨 10.1%；居民住房消费价格指数与上年相比，上涨了 0.8%，其中，城市住房上涨 1.4%，而农村住房下降 0.6%；全省食品、粮食、烟酒和肉禽及其制品消费价格指数分别为 101.2、101.7、101.8 和 104.1，分别上升了 1.2%、1.7%、1.8% 和 4.1%；居民的交通和通讯、医疗保健和个人用品、家庭设备用品及维修服务和娱乐教育文化用品及服务分别为 98.4、101.6、101.7 和 101.9。总体上物价水平处于低位运行，如表 3-5 所示。

表 3-5　2015 年山东省居民消费价格指数（以上年为 100）

指标	全省	其中	
		城市	农村
居民消费价格指数（CPI）	101.2	101.4	100.9
食品	101.2	101.3	101
粮食	101.7	102.3	100.5
油脂	98.4	98.7	98
肉禽及其制品	104.1	103.8	104.5
蛋	90.4	89.9	91.2
鲜菜	110.1	110.1	110.2
烟酒	101.8	101.6	101.9
衣着	103.5	103.4	104.1
家庭设备用品及维修服务	101.7	101.2	102.9
医疗保健和个人用品	101.6	101.8	101.2
交通和通信	98.4	98.2	99
娱乐教育文化用品及服务	101.9	102.1	101.4
居住	100.8	101.4	99.4

数据来源：山东统计信息网（http://www.stats-sd.gov.cn）

2015 年，山东半岛蓝色经济区和省会城市群经济圈分别实现生产总值为 29 447.3 亿元和 21 824.6 亿元，与上年相比，分别增长 8.0% 和 7.7%。黄河三角洲高效生态经济区和西部经济隆起带公共财政预算收入分别为 671.2 亿元和 1 364.5 亿元，与上年相比，分别增长 9.2%和 10.4%。从有关数据显示可知，山东省各县级的经济条件在不断改善。其中，有 5 个县（市、区）的公共财政预算收入突破 100 亿元大关，而另一方面，有 25 个县（市、区）达到 50 亿元，53 个县（市、区）达到 30 亿元，此外，超过 70 亿元的有 15 个。

2015 年山东省人均可支配收入达到 22 703 元，与 2014 年相比提高了 8.8%，将价格因素排除在外，实际提高了 7.5%。其中，城镇地区人均可支配收入总额达到 31 545 元，与 2014 年相比，提高了 8.0%，将价格因素排除在外，实际提高了 6.5%；农村地区人均可支配收入总额是 12 930 元，与上年相比，提高了 8.8%，将价格因素排除在外，实际提高了 7.8%。山东省人均消费支出总额达到 14 578 元，与 2014 年相比，提高了 9.4%。其中，城镇地区人均消费支出总额达到 19 854 元，与上年相比提高了 8.4%；农村地区人均消费支出只有 8 748 元，与上年相比，提高了 9.9%，如图 3-5、图 3-6、表 3-6 和表 3-7 所示。

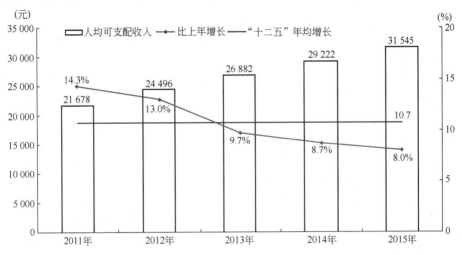

图 3-5　2011—2015 年山东省城镇居民可支配收入及增长情况

图 3-6　2011—2015 年山东省农村居民人均可支配收入变动图

表 3-6 2015 年居民人均可支配收入及增长速度

指　标	全 体 居 民		城 镇 居 民		农 村 居 民	
	绝对值（元）	比上年增长（%）	绝对值（元）	比上年增长（%）	绝对值（元）	比上年增长（%）
可支配收入	22 703	8.8	31 545	8	12 930	8.8
工资性收入	13 144	9.1	20 386	8.1	5 139	9
经营净收入	5 079	7.9	4 375	8.4	5 857	7.8
财产净收入	1 454	10.6	2 475	9	326	13.6
转移收入	3 026	8.2	4 309	6.4	1 608	10.8

数据来源：山东统计信息网（http://www.stats-sd.gov.cn）

表 3-7 2015 年居民人均消费支出及增长速度表

指　标	全 体 居 民		城 镇 居 民		农 村 居 民	
	绝对值（元）	比上年增长（%）	绝对值（元）	比上年增长（%）	绝对值（元）	比上年增长（%）
消费支出	14 578	9.4	19 854	8.4	8 748	9.9
食品烟酒	4 166	5.9	5 527	4.3	2 662	8.0
衣着	1 277	9.2	1 943	7.9	540	10.4
居住	2 903	2.7	4 059	1.1	1 627	5.1
生活用品及服务	1 038	4.5	1 477	3.2	553	5.6
交通通信	2 104	15.5	2 748	15.6	1 393	13.6
教育文化娱乐	1 557	19.5	2 141	21.0	912	13.8
医疗保健	1 180	19.2	1 416	19.2	919	18.4
其他用品及服务	353	20.1	543	22.8	142	5.9

数据来源：山东统计信息网（http://www.stats-sd.gov.cn）

3.3　山东省上市公司分布

1993 年 8 月 27 日，青岛啤酒有限公司作为齐鲁大地第一家上市公司宣布上市，这是我国在山东第一个不是沪深地区的上市公司。随着青岛啤酒有限公司的上市，山东的青岛海尔公司（600690）、济南轻骑集团（600698）也顺利上市。2010 年 1 月 6 日，通过得利斯集团（002330）的成功上市，山东上市企业的数量达到 100 家，这表明山东省上市公司已经进入"百时代"。截至 2010 年第四季度初，在 2000 余家 A 股上市公司中，进入前十的公司股价中有三家来自齐鲁大地，这充分说明了山东省拥有市场运作很强大的上市企业。

在 2015 年的前两个季度，山东省增加了 8 家上市公司，融资 21 余亿元；另外有 8 家上市公司实现了再融资，融资将近 9 亿元。截至 2015 年年底，山东省已经有了 162 家上市公司，其中中小板上市公司不到一半，只有 60 家，而主板上市公司则有 80 家，数量最少的创业板上市公司只有 22 家。全省所有的上市公司总股本达到了 1 396.52 亿股，总市值已经达到 18 755.7 亿元，如表 3-8 所示。

表 3-8 2012—2015 年山东省辖区内上市公司基本情况

项目		行次	单位	2015 年 10 月	2014 年 12 月	2013 年 12 月	2012 年 12 月
上市公司		1	家	142	135	133	133
其中：发行 A 股公司		2	家	140	133	131	129
发行 B 股公司		3	家	5	5	5	6
A、B 股均发行公司		4	家	3	3	3	4
境内、外均发行公司		5	家	6	6	6	6
ST 公司数		6	家	1	5	4	8
其中：*ST 公司		7	家	1	4	4	7
暂停上市公司		8	家	0	0	1	1
退市公司		9	家	0	0	0	0
拟上市公司		10	家	49	51	61	79
上市公司总股本		11	亿股	1 170.65	994.49	918.40	876.91
其中：流通股本	A 股	12	亿股	795.59	734.59	618.40	436.36
	B 股	13	亿股	12.57	12.56	16.22	15.68
境内上市公司境外股		14	亿股	54.05	46.20	46.73	46.73
上市公司总市值（境内）		15	亿元	13 704.01	10 154.65	7 556.54	7 628.32
上市公司流通市值（境内）		16	亿元	13 594.52	8 552.44	6 218.54	5 346.25

注：山东省辖区内上市公司不包括青岛市上市公司。数据来源：根据国泰安数据库相关行业数据处理所得

山东省上市公司增长数量最快的是 2010 年，增长了 13 家，这一年是山东省上市公司最辉煌的时期。从 2011 年起，山东省上市公司的数量基本没变，到 2015 年山东省上市公司的数量又大幅度增长了。到 2015 年底，上市公司的数量达到 162 家。其中发行 A 股公司数量最多，B 股公司很少，流通 A 股最多，2012 年流通 A 股占山东省总股本的 49.76%，2013 年流通 A 股占山东省总股本的 67.33%，2014 年流通 A 股占山东省总股本的 73.87%。从 1993 年到 2014 年 12 月底的 20 多年中，山东省内上市公司经过不断发展由最初的 4 家增加到 151 家。在所有的山东省内上市公司中 45 家企业选择了在上海证券交易所上市，106 家企业选择了在深圳证券交易所上市。其中在深圳证券交易所上市的所有山东省上市公司中，深市 A 股有 28 家，B 股有 2 家，深市中小板有 58 家，创业板有 18 家。

3.3.1 山东省上市公司区域分布

一个区域的上市公司是带动这个地方经济发展的主力，上市公司的数量和规模的发展将会带动区域经济的发展，提高该地区的综合实力，优化该地区的经济模式。上市公司作为区域内的龙头企业，自身规模不断发展的同时不仅将会对区域经济的发展带来积极的影响力，而且还将会对地区技术水平的进步起到推动作用，并将提高当地居民的收入和生活水平。

经济的快速发展不断增加了山东省上市公司的数量，加快了山东省经济发展水平。山东省分为东部、西部、中部这三个区域。东部地区（也称沿海城市）包括青岛市、烟台市、威海市、日照市四个城市，截至 2015 年 10 月份，东部地区上市公司的数量为 57 家，2015 年东部地区上市公司的数量是 2010 年上市公司的数量的 1.43 倍。中部地区（也称非沿海城市）上市公司的数量占整个山东省上市公司总数的一半左右，具体包括济南市、潍坊市、淄博市、东营市、泰安市、莱芜市等，截至 2015 年 10 月底，中部地区上市公司达到 76 家，占全部山东省上市公司的 48.34%。西部地区（也称欠发达城市）相对东部地区、中部地区来说，

经济相对比较落后，上市公司的数量相对较少，截至 2015 年 10 月份才有 26 家，西部地区包括临沂市、济宁市、菏泽市、德州市、聊城市、滨州市、枣庄市等，如表 3-9、图 3-7 所示。

表 3-9　山东省各地区 2010—2015 年上市公司数量统计表

地　区	单位	2015 年 10 月	2014 年 12 月	2013 年 12 月	2012 年 12 月	2011 年 12 月	2010 年 12 月
东部地区	家	57	52	51	51	48	40
中部地区	家	76	73	72	72	65	60
西部地区	家	26	26	26	26	26	21
合计	家	159	151	149	149	139	121

数据来源：根据国泰安数据库相关行业数据处理所得

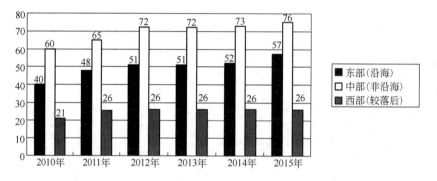

图 3-7　山东省各地区 2010—2015 年上市公司数量对比图

山东省上市公司地域分布不平衡。截至 2014 年底，山东省 151 家境内上市公司分布在省内的 15 个城市。这种发展的不均衡情况反映了山东省各地区经济发展水平的不均衡。从数量上来看，山东省上市公司主要分布在济南、潍坊、烟台、淄博和青岛 5 市，这五个城市上市公司共有 108 家，占到了整个山东省上市公司数量的 71.52%；威海、滨州、泰安、济宁 4 个市拥有山东省上市公司总数的 16.56%，日照仅有 1 家上市公司，莱芜在 2010 年有一家上市公司，但 2011 年该上市公司被摘牌，而菏泽和枣庄至今没有一家境内上市公司。到 2015 年 10 月底，烟台增加了 11 家，潍坊增加了 6 家，青岛增加了 5 家，淄博增加了 4 家，济南增加了 3 家，德州、东营增加了 2 家，临沂、滨州、济宁增加了 1 家，其他市都没有发生变化；到 2015 年 10 月，山东省上市公司的数量达到 159 家，年底时增至 162 家，如表 3-10、图 3-8 和图 3-9 所示。

表 3-10　山东省各市上市公司地区分布

地　区	行次	单位	2015 年 10 月	2014 年 12 月	2013 年 12 月	2012 年 12 月	2011 年 12 月	2010 年 12 月
济南	1	家	24	23	23	23	21	21
淄博	2	家	21	21	21	21	19	16
枣庄	3	家	0	0	0	0	0	0
东营	4	家	5	4	4	4	3	3
烟台	5	家	31	28	27	27	24	20
潍坊	6	家	20	20	19	19	17	14
济宁	7	家	6	6	6	6	6	5
泰安	8	家	5	5	5	5	5	5
威海	9	家	8	7	7	7	7	7
日照	10	家	1	1	1	1	1	1

续表

地区	行次	单位	2015年10月	2014年12月	2013年12月	2012年12月	2011年12月	2010年12月
滨州	11	家	7	7	7	7	7	6
德州	12	家	5	5	5	5	5	3
聊城	13	家	4	4	4	4	4	4
临沂	14	家	4	4	4	4	4	3
菏泽	15	家	0	0	0	0	0	0
莱芜	16	家	1	0	0	0	0	1
青岛	17	家	17	16	16	16	16	12
合计		家	159	151	149	149	138	121

数据来源：根据国泰安数据库相关行业数据处理所得

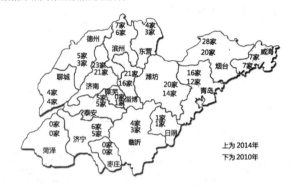

图3-8　2014年和2010年山东省各市上市公司分布图

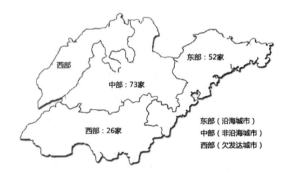

图3-9　2014年山东省各地区上市公司分布图

3.3.2　山东省上市公司行业分布

上市公司一般被当作各行业企业的龙头，它的数量规模反映了每个行业在该地区的地位。根据我国最新颁布实施的产业划分，上市公司进一步细分为12大行业，分别为金融业，房地产业，综合，采矿业，制造业，建筑业，批发和零售业，交通运输、仓储和邮政业，信息传输、软件和信息技术服务业，科学研究和技术服务业，电力、热力、燃气及水生产和供应业，农、林、牧、渔业。行业经过划分后，山东省上市公司在不同的行业中的数量分布情况也不尽相同。上市公司作为山东省企业的杰出代表，其行业分布状况也一定程度上代表了山东省所有企业的行业分布状况。

截至 2014 年末，在山东省上市企业中属于第一产业的公司只有 6 家，这占到全部上市公司总数的 3.97%；属于第二产业的公司则达到了 126 家,这占到山东省上市公司总数的 82.12%。分行业考察山东省内所有上市公司后发现，一共有 8 家公司从事采矿业，占从事第二产业的山东省上市公司的 5.30%；属于制造业的上市企业是 114 家，占第二产业的山东省上市企业的 75.50%；从事建筑业的上市公司有 2 家，占从事第二产业的山东省上市公司的 1.32%；余下的 2 家上市公司则是从事电力、热力、燃气和供应业等行业，占从事第二产业的山东省上市公司的 1.32%。从山东省上市公司在第二产业的分布格局来看，制造业占了 50%以上，制造业上市公司是山东省上市公司的最主要的行业。在全省的上市公司中，从事第三产业的上市公司一共只有 19 家，占山东省全部上市公司总数的 12.59%，如表 3-11、图 3-10 所示。

表 3-11 山东省上市公司 2014 年行业分布情况表

行　业	数量（家）	比　重	资本额（元）	比　重
农、林、牧、渔业	6	3.97%	2 178 978 821	1.93%
采矿业	8	5.30%	9 358 239 011	8.30%
制造业	114	75.50%	73 039 797 597	64.77%
电力、热力、燃气及水生产和供应业	2	1.32%	9 670 750 000	8.58%
建筑业	2	1.32%	2 046 935 749	1.82%
批发和零售业	5	3.31%	2 349 542 822	2.08%
交通运输、仓储和邮政业	4	2.65%	8 768 219 745	7.78%
信息传输、软件和信息技术服务业	2	1.32%	501 471 280	0.44%
金融业	1	0.66%	531 871 494	0.47%
房地产业	2	1.32%	1 543 033 112	1.37%
科学研究和技术服务业	1	0.66%	333 006 066	0.30%
综合	4	2.65%	2 449 657 632	2.17%
合计	151	100.00%	112 771 503 329	100.00%

数据来源：根据国泰安数据库相关行业数据处理所得

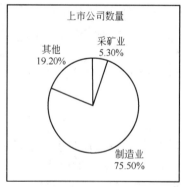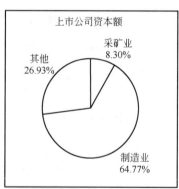

图 3-10 山东省上市公司各行业构成与资本分布图

山东省上市公司主要为制造业企业。从数量上看，截至 2014 年底山东省上市公司共有 151 家，其中制造业企业 114 家，占 75.50%；从资本额上看，制造业上市公司资本总额 73 亿元，占山东省的上市公司资本总额的 64.77%。而其他行业的上市公司数量很少，最多的为农、林、牧、渔业，也只有 6 家，有的行业仅有一家，资本额所占比重最多为 8.58%，从数量和资本额上均远小于制造业，即山东省上市公司以制造业为主，如表 3-12 所示。

表 3-12 2014 年年末山东省东西中部各行业上市公司的数量　　单位：家

行业	东部	中部	西部	合计
农、林、牧、渔业	5	1	0	6
采矿业	1	6	1	8
制造业	39	51	24	114
电力、热力、燃气及水生产和供应业	0	2	0	2
建筑业	0	2	0	2
批发和零售业	2	3	0	5
交通运输、仓储和邮政业	2	2	0	4
信息传输、软件和信息技术服务业	1	1	0	2
金融业	1	0	0	1
房地产业	0	2	0	2
科学研究和技术服务业	0	1	0	1
综合	1	2	1	4
合计	52	73	26	151

数据来源：根据国泰安数据库相关行业数据处理所得

从东、西、中部地区各行业分布的情况来看，中部地区上市公司制造业企业最多，有 51 家，中部地区制造业企业占整个山东省上市公司的 33.77%；其次，中部地区上市公司属于采矿业，批发和零售业分别有 6 家、3 家，所占比例为 3.97%、1.99%；再次，电力、热力、燃气及水生产和供应业，建筑业，交通运输、仓储和邮政业，房地产业和综合行业上市公司的数量都为 2 家，占整个上市公司的 1.32%；农、林、牧、渔业，信息传输、软件和信息技术服务业，科学研究和技术服务业都有 1 家，占整个上市公司的 0.66%；中部地区上市公司没有金融行业。东部地区制造业的上市公司有 39 家，所占比例为 25.83%；农、林、牧、渔业 5 家，所占比例为 3.31%；批发和零售业，交通运输、仓储和邮政业的上市公司均为 2 家，占上市公司的 1.32%；采矿业，信息传输、软件和信息技术服务业，金融业，综合行业的上市公司都是 1 家，占上市公司的 0.66%；东部地区没有电力、热力、燃气及水生产和供应业，建筑业，房地产业，科学研究和技术服务业上市公司。西部地区上市公司的数量最少，且所占行业比例也是最少的，制造业企业的上市公司为 24 家，所占比例为 15.90%；采矿业和综合行业上市公司分别 1 家，占山东省上市公司的 0.66%；其他行业没有分布。

第4章

山东省各地区上市公司财务报告数据分析——基于财务能力

本文选取山东省上市公司 2012—2014 年的财务报告数据，通过分类和整理，利用比较分析法、比率分析法等方法，对山东省上市公司 2012—2014 年的相关财务比率进行计算、比较，对山东省沿海城市（东部）、非沿海城市（中部）及欠发达城市（西部）的上市公司的偿债能力、运营能力、盈利能力和发展能力进行分析。

下面就分析中涉及的有关问题进行简要说明。

（1）对分析中标准选取的说明

算术平均数是根据掌握的全部观察值计算的，这无疑使算术平均数具有很强的客观代表性。但当观察值中存在远离一般水平的极端数值时，这些极端数值会对计算平均数的代表性产生很大的干扰。为了减少极端数值的影响，可以剔除极端值后重新计算平均数，这也称为切尾平均法。从应用的角度，它不失为一种灵活的变通方法。

（2）指标值计算与取值的说明

首先在计算平均数和中位数时，存在是否应该剔除极端值的问题。对于我们分析的每一家上市公司都是山东省上市公司的一部分，如果因为其数值偏离一般水平就剔除的话，一些发展比较好或者发展比较弱的企业可能就因此被剔除在外，这样可能会影响到分析效果。如果为了反映剔除极端值，其余观察值的平均水平，那么又有一些新的问题产生。在全体观察值中，极端数值不止一两个时，能否同时剔除两个、三个甚至更多的极端数值呢？又该以什么作为参照来进行剔除呢？对于具有一定经济相关性的数据，如何剔除呢？假设分析山东省沿海城市上市公司的流动比率时，按照比较相关的山东省制造业上市公司的流动比率平均数来进行，然而这个参照物也包含了极端值，即使采用全国制造业流动比率平均数进行分析，也会受到极端值的干扰；再者，山东省沿海城市制造业上市公司的流动比率按着某个相关标准剔除后，又可能会对这个标准值造成影响，陷入了一种死循环状态。同时，剔除时应该以与参照物什么样的函数关系剔除呢？假设为 10 倍，若是标准值为 0.05 时，扩大 10 倍，为 0.5；若是标准值为 50，扩大 10 倍为 500，这样对于不同的行业，不同的分析内容也难以确定标准值。所以参照物本身就难以确定。

因此，从科学的角度出发，当观察值中存在极端数值时，用算术平均的方法计算的平均数不一定能正确反映现象的一般水平，往往用中位数或者众数作为一般水平的代表值。而我们所要分析的财务指标无法粗略地保留整数，往往需要保留小数点后三位，这样，某一个数值出现次数较多的可能性很小,即使出现,也不具有代表性。对于我们所需要分析的内容,采用加权平均数,而忽略了公司规模,也难以具有代表性。

所以,在分析山东省制造业上市公司的财务比率时,综合考虑平均数和中位数,首先对比平均数,得出一个初步的判断;然后分析其平均数是否具有代表性,主要通过观察极值和变异系数来进行判断;然后分析其中位数,观察总体的一般水平;最后将平均数和中位数综合来看,得出相应的结论。

对于不同分析内容,变异系数的大小没有统一的标准,所以根据经验,将变异系数大于1认为该变异系数比较大,会影响平均数的代表性。

(3) 对样本数量的说明

山东省制造业上市公司114家,全国制造业上市公司1 000家,如果某上市公司不存在某个比率,则样本数量就会相应减少,例如有的上市公司没有一年内到期的非流动负债,则计算相应的现金到期债务比率就会出现无穷大的情况,这样就无法对现金到期债务比率进行分析,所以在下面的分析时,不将这些公司考虑在内,这将导致相应的样本量有所减少。

(4) 对差异率的说明

$$差异率=(山东省某一指标-全国对应指标)/全国对应指标$$

在计算比较时,如果这两个指标均为正数时,差异率为负,说明山东省的这一指标小于全国对应指标;其他情况还需具体分析,差异率为负不一定代表山东省的这一指标小于全国对应指标。所以在文中分析时提及的差异率均指其绝对值,比较大小时还需具体观察。

(5) 本章的数据来源

除特殊注明外,均根据国泰安数据库相关财务数据处理所得。

4.1 山东省沿海城市上市公司财务报告数据分析

截至2014年12月,山东省沿海城市的上市公司共52家,具体各行业的分布情况如表4-1和图4-1所示。

表4-1 山东省沿海城市上市公司的各行业分布表

行　业	数量(家)	比　重	资本额(元)	比　重
农、林、牧、渔业	5	9.62%	1 912 907 501	5.67%
采矿业	1	1.92%	224 226 822	0.66%
制造业	39	75.00%	25 573 588 482	75.79%
批发和零售业	2	3.85%	1 096 159 093	3.25%
交通运输、仓储和邮政业	2	3.85%	3 557 053 888	10.54%
信息传输、软件和信息技术服务业	1	1.92%	222 724 000	0.66%
金融业	1	1.92%	531 871 494	1.58%
综合	1	1.92%	625 423 279	1.85%
总计	52	100.00%	33 743 954 559	100.00%

从表4-1和图4-1可以看出,山东省沿海城市上市公司主要为制造业企业,从数量上制

造业企业占 75%，从资本额上制造业企业占 75.79%，均占主要地位。由于各行业经营特点不同，使得计算的相关财务比率相差较大，因而导致其平均数失去意义。因此在下面的分析中，采用占山东省上市公司比例较大的制造业上市公司为代表，通过对其财务能力分析，揭示山东省上市公司财务比率的变动趋势与水平。

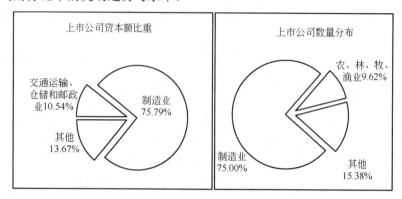

图 4-1 2014 年山东省沿海城市上市公司各行业的分布图

4.1.1 山东省沿海城市上市公司偿债能力分析

4.1.1.1 山东省沿海城市上市公司短期偿债能力分析

短期偿债能力是企业偿付下一年到期债务的能力，是判断企业财务状况是否健康的重要标志。企业的债权人和投资者都比较关心企业的短期偿债能力，本文选取了流动比率、速动比率、现金比率以及现金到期债务比率这四项指标来考察山东省沿海城市上市公司的短期偿债能力，如表 4-2、表 4-3 所示。

表 4-2 2012—2014 年山东省沿海城市上市公司短期偿债能力相关比率

指标	平 均 数			中 位 数		
	2012 年	2013 年	2014 年	2012 年	2013 年	2014 年
流动比率	3.242	2.507	2.323	1.840	1.562	1.547
速动比率	2.567	1.934	1.741	1.250	1.123	1.067
现金比率	1.442	1.049	0.771	0.550	0.325	0.313
现金到期债务比率	5.952	5.400	4.125	0.948	0.575	1.067

表 4-3 2012—2014 年山东省沿海城市的制造业上市公司短期偿债能力相关比率

指标	平 均 数			中 位 数		
	2012 年	2013 年	2014 年	2012 年	2013 年	2014 年
流动比率	2.991	2.098	2.012	2.052	1.876	1.741
速动比率	2.236	1.477	1.375	1.322	1.140	1.144
现金比率	0.989	0.564	0.462	0.534	0.333	0.315
现金到期债务比率	5.543	7.530	4.964	0.870	0.772	1.033

(1) 山东省沿海城市制造业上市公司流动比率分析

从平均数来看，2012—2014 年山东省沿海城市的制造业上市公司流动比率由 2.991 降低至 2.012，总体的流动比率大于标准值 2，其中 2013 年流动比率有较大幅度的下降。从中位数来看，2012—2014 年山东省沿海城市的制造业上市公司流动比率由 2.052 降低至 1.741，总体的流动比率低于标准值 2，2012 年—2014 年的下降程度比较小。沿海城市的制造业各上市公司流动比率的变化比较大，平均数均高于对应的中位数，平均数受到极端值的影响比较大。总体上，山东省沿海城市的制造业上市公司流动比率略低于 2，债权人的安全边际比较大，收回债权的可靠程度比较高，但短期偿债能力呈逐年下降的变化趋势，如表 4-4、表 4-5 所示。

表 4-4 2012—2014 年山东省沿海城市制造业上市公司流动比率比较表

统计指标与区域		2012 年	2013 年	2014 年
平均数	沿海城市	2.991	2.098	2.012
	山东省	2.856	2.242	2.208
	差异率	4.73%	−6.42%	−8.88%
中位数	沿海城市	2.052	1.876	1.741
	山东省	1.752	1.590	1.544
	差异率	17.12%	17.99%	12.76%

表 4-5 山东省沿海城市与山东省的制造业上市公司流动比率统计表

统计量	沿海城市			山东省		
	2012 年	2013 年	2014 年	2012 年	2013 年	2014 年
样本个数	38	38	39	112	112	114
最大值	18.053	6.063	5.386	25.080	17.317	32.023
最小值	0.667	0.736	0.662	0.011	0.321	0.276
变异系数	1.155	0.591	0.525	1.403	1.076	1.459

从平均数来看，2012—2014 年山东省沿海城市的制造业上市公司流动比率与山东省的差异率较小，2012 年略高于山东省，2013 年和 2014 年略低于山东省。从中位数来看，2012—2014 年山东省沿海城市的制造业上市公司流动比率均高于山东省，差异率大于按平均数得出的差异率。总体上，山东省沿海城市的制造业上市公司流动比率高于山东省，在全省处于较高水平，短期偿债能力强。

(2) 山东省沿海城市制造业上市公司速动比率分析

从平均数来看，2012—2014 年山东省沿海城市的制造业上市公司速动比率变动比较大，呈下降变化趋势，偿债能力逐年降低，2013 年和 2014 年比较小，由 2.236 降低至 1.375，沿海城市的制造业上市公司 2012 年速动比率最大值达到了 15.184，变异系数在 1 以上，对平均数的影响比较大。从中位数来看，2012—2014 年山东省沿海城市的制造业上市公司速动比率由 1.322 降低至 1.144，2013 年与 2014 年的速动比率变动相对于 2012 年比较小，平均数受极端值的影响比较小，所以平均数和中位数比较接近。2012—2014 年山东省沿海城市的制造业上市公司的速动比率大于 1，就是说，每一元的流动负债，都有至少 1 元几乎可以立即变现的资产来偿付，企业偿债能力良好，如表 4-6、表 4-7 所示。

表4-6 2012—2014年山东省沿海城市上市公司速动比率比较表

统计指标与区域		2012年	2013年	2014年
平均数	沿海城市	2.236	1.477	1.375
	山东省	2.272	1.726	1.687
	差异率	−1.58%	−14.43%	−18.49%
中位数	沿海城市	1.322	1.140	1.144
	山东省	1.195	1.077	1.071
	差异率	10.63%	5.85%	6.82%

表4-7 山东省沿海城市与山东省的制造业上市公司速动比率统计表

统计量	沿海城市			山东省		
	2012年	2013年	2014年	2012年	2013年	2014年
样本个数	38	38	39	112	112	114
最大值	15.184	4.206	3.048	24.063	16.536	30.205
最小值	0.354	0.322	0.414	0.005	0.120	0.130
变异系数	1.307	0.654	0.548	1.611	1.304	1.801

由于一些极端数据的影响，从平均数来看，2012—2014年山东省沿海城市的制造业上市公司速动比率均低于山东省，但从中位数来看，2012—2014年山东省沿海城市的制造业上市公司速动比率均高于山东省，差异率较小，为5%～11%。总体来说，2012—2014年山东省沿海城市的制造业上市公司速动比率与山东省差异较小，速动比率在山东省处于较高水平，短期偿债能力比较强。

另外，无论平均数或者中位数，速动比率是流动比率的0.6倍～0.8倍，即速动资产在流动资产的比重比较大，存货在流动资产的比重相对较少。一般认为，存货在企业的全部流动资产中，大约占30%，山东省沿海城市的制造业上市公司这一比重为20%～40%，说明流动资产分布较合理。

（3）山东省沿海城市制造业上市公司现金比率分析

从平均数来看，2012—2014年山东省沿海城市的制造业上市公司现金比率先降低再升高，下降程度比较大，沿海城市的制造业上市公司2012年现金比率最大值达到了10.088，现金比率过高，可能会影响企业的盈利能力，2012年现金比率的变异系数在1.5以上，对平均值的影响比较大。从中位数来看，2012—2014年山东省沿海城市的制造业上市公司现金比率逐年降低，2013年与2014年的现金比率变异系数相对于2012年比较小，平均值受极端值的影响比较小，所以平均值和中位数比较接近。总体的现金比率高于0.3，说明山东省沿海城市的制造业上市公司直接偿付能力比较强，当企业需要现金时，能够得到及时偿付，如表4-8、表4-9所示。

表4-8 2012—2014年山东省沿海城市上市公司现金比率比较表

统计指标与区域		2012年	2013年	2014年
平均数	沿海城市	0.989	0.564	0.462
	山东省	1.160	0.774	0.745
	差异率	−14.74%	−27.13%	−37.99%
中位数	沿海城市	0.534	0.333	0.315
	山东省	0.406	0.303	0.287
	差异率	31.53%	9.90%	9.76%

表 4-9 山东省沿海城市与山东省的制造业上市公司现金比率统计表

统计量	沿海城市			山东省		
	2012 年	2013 年	2014 年	2012 年	2013 年	2014 年
样本个数	38	38	39	112	112	114
最大值	10.088	2.339	1.538	21.439	14.048	25.380
最小值	0.047	0.043	0.032	0	0.006	0.004
变异系数	1.663	0.979	0.864	2.245	2.151	3.409

从平均数来看，2012—2014 年山东省沿海城市的制造业上市公司现金比率均低于山东省，但从中位数来看，2012—2014 年山东省沿海城市的制造业上市公司现金比率均高于山东省。山东省的制造业上市公司样本个数比较大，现金比率出现较大值的频数也比较多，变异系数较大，平均数大于沿海城市。2012—2014 年山东省沿海城市的制造业上市公司现金比率略高于山东省，短期偿债能力比较强。同时应引起注意的是由于现金比率较大，占用在现金上的资金较多，势必会影响资产的获利能力。

（4）山东省沿海城市制造业上市公司现金到期债务比率分析

现金到期债务比率是指经营活动现金流量净额与本期到期的债务的比率，用来衡量企业本期到期的债务用经营活动所产生的现金来支付的程度。

现金到期债务比率=经营活动产生的现金流量净额÷本期到期的债务

本期到期的债务=一年内到期的非流动负债+应付票据

从平均数来看，2012—2014 年山东省沿海城市的制造业上市公司现金到期债务比率先升高再降低，均在 5 附近，受极端值的影响比较大。从中位数来看，2012—2014 年山东省沿海城市的制造业上市公司现金到期债务比率均在 0.7～1.1，相对合理一些。山东省沿海城市的制造业上市公司的现金到期债务比率高于山东省，说明企业经营活动产生的现金基本上可以偿付到期债务，如表 4-10、表 4-11 所示。

表 4-10 2012—2014 年山东省沿海城市上市公司现金到期债务比率比较表

统计指标与区域		2012 年	2013 年	2014 年
平均数	沿海城市	5.543	7.530	4.964
	山东省	2.379	8.032	6.024
	差异率	133.00%	−6.25%	−17.60%
中位数	沿海城市	0.870	0.772	1.033
	山东省	0.589	0.849	0.695
	差异率	47.71%	−9.07%	48.63%

表 4-11 山东省沿海城市与山东省的制造业上市公司现金到期债务比率统计表

统计量	沿海城市			山东省		
	2012 年	2013 年	2014 年	2012 年	2013 年	2014 年
样本个数	31	34	34	89	95	97
最大值	92.191	127.491	107.008	92.191	304.811	210.561
最小值	−2.717	−3.736	−0.717	−157.184	−3.736	−35.383
变异系数	3.159	3.548	3.692	9.062	4.466	4.588

注：表中样本数量明显偏少的原因是一些企业没有一年内到期的非流动负债，说明这些企业短期内无到期债务偿还的压力。

2012—2014年山东省沿海城市的制造业上市公司现金到期债务比率变异系数比较大,所以平均数可能受一些极端值的影响比较大,导致现金到期债务比率远大于100%,不符合经验判断。从中位数来看,2012和2014年山东省沿海城市的制造业上市公司现金到期债务比率均高于山东省45%以上,2013年,山东省沿海城市的制造业上市公司现金到期债务比率略低于山东省。总体上,2012—2014年山东省沿海城市的制造业上市公司现金到期债务比率高于山东省,企业到期债务可由经营活动创造的现金来支付的程度比较大。

4.1.1.2　山东省沿海城市上市公司长期偿债能力分析

长期偿债能力是指企业偿还长期债务的能力。衡量企业长期偿债能力主要就看企业资金结构是否合理、稳定以及企业长期盈利能力的大小。本文选取了资产负债率、产权比率、利息保障倍数这三项财务比率来考察山东省沿海城市的上市公司的长期偿债能力,如表4-12所示。

表4-12　2012—2014年山东省沿海城市上市公司长期偿债能力相关比率

指标	平均数			中位数		
	2012年	2013年	2014年	2012年	2013年	2014年
资产负债率	37.3%	41.1%	40.1%	34.6%	38.4%	39.0%
产权比率	0.925	1.067	0.908	0.530	0.624	0.639
利息保障倍数	20.802	117.679	10.301	7.683	6.646	4.184

同样,下面仍以山东省沿海城市的制造业上市公司为代表对山东省沿海城市的上市公司进行长期偿债能力分析,如表4-13所示。

表4-13　2012—2014年山东省沿海城市的制造业上市公司长期偿债能力相关比率

指标	平均数			中位数		
	2012年	2013年	2014年	2012年	2013年	2014年
资产负债率	37.1%	40.7%	38.6%	34.6%	38.6%	38.8%
产权比率	0.781	0.856	0.775	0.530	0.629	0.633
利息保障倍数	24.342	148.351	12.312	8.041	7.180	6.433

(1) 山东省沿海城市制造业上市公司资产负债率分析

从平均数来看,2012—2014年山东省沿海城市的制造业上市公司资产负债率在39%左右,变异系数相对较小,受极端值的影响比较小,且平均数能够反映沿海城市的各个制造业上市公司资产负债率的平均分布,比较合理。从中位数来看,2012—2014年山东省沿海城市的制造业上市公司资产负债率在34%~39%,逐年增加。山东省沿海城市的制造业上市公司的资产负债率在39%左右,该数值比较小,说明上市公司的债务负担比较小,财务风险比较小,总体偿债能力比较强,同时也说明财务杠杆利用程度不强,如表4-14、表4-15所示。

表4-14　2012—2014年山东省沿海城市上市公司资产负债率比较表

统计指标与区域		2012年	2013年	2014年
平均数	沿海城市	37.1%	40.7%	38.6%
	山东省	50.8%	43.1%	42.8%
	差异率	−26.97%	−5.57%	−9.81%
中位数	沿海城市	34.6%	38.6%	38.8%
	山东省	39.4%	40.9%	41.0%
	差异率	−12.18%	−5.62%	−5.37%

表 4-15　山东省沿海城市与山东省制造业上市公司资产负债率统计表

统 计 量	沿海城市			山 东 省		
	2012 年	2013 年	2014 年	2012 年	2013 年	2014 年
样本个数	38	38	39	112	112	114
最大值	73.3%	72.2%	74.7%	1 212.7%	87.1%	90.6%
最小值	4.4%	10.4%	13.0%	3.4%	4.6%	2.6%
变异系数	0.499	0.400	0.407	2.217	0.471	0.458

注：表中 2012 年山东省资产负债率最大值指的是山东金泰股份有限公司的资产负债率，高达 1212.7%，究其原因是该公司 2012 年未分配利润为负数且绝对值比较大导致所有者权益为负数。

2012—2014 年山东省沿海城市的制造业上市公司资产负债率变异系数比较小，所以平均数比较可靠。从平均数和中位数来看，2012 和 2014 年山东省沿海城市的制造业上市公司资产负债率略低于山东省，2013 年与山东省的差异率略大。总体上，2012—2014 年山东省沿海城市的制造业上市公司资产负债率略低于山东省，债务负担比较小，财务风险比较小，长期偿债能力比较强。

（2）山东省沿海城市制造业上市公司产权比率分析

从平均数来看，2012—2014 年山东省沿海城市的制造业上市公司产权比率在 0.8 左右，变异系数相对较小，受极端值的影响比较小，且平均数能够反映沿海城市的各个制造业上市公司产权比率的平均分布，比较合理。从中位数来看，2012—2014 年山东省沿海城市的制造业上市公司产权比率在 0.6 左右，逐年增加。山东省沿海城市的制造业上市公司的产权比率小于 1，该数值比较小，说明上市公司的债务负担比较小，财务风险比较小，偿还长期债务的能力比较强，但同时借债比较小，可能影响企业的盈利能力，减少企业收益，如表 4-16、表 4-17 所示。

表 4-16　2012—2014 年山东省沿海城市上市公司产权比率比较表

统计指标与区域		2012 年	2013 年	2014 年
平均数	沿海城市	0.781	0.856	0.775
	山东省	0.938	1.105	1.086
	差异率	−16.74%	−22.53%	−28.64%
中位数	沿海城市	0.530	0.629	0.633
	山东省	0.630	0.693	0.694
	差异率	−15.87%	−9.24%	−8.79%

表 4-17　山东省沿海城市与山东省制造业上市公司产权比率统计表

统 计 量	沿海城市			山 东 省		
	2012 年	2013 年	2014 年	2012 年	2013 年	2014 年
样本个数	38	38	39	112	112	114
最大值	2.747	2.599	2.955	4.750	6.777	9.643
最小值	0.046	0.115	0.149	−1.090	0.048	0.027
变异系数	0.909	0.787	0.792	1.002	1.029	1.119

注：表中 2012 年山东省产权比率最小值指的是山东金泰股份有限公司的产权比率，该值为负数，究其原因是该公司 2012 年未分配利润为负数且绝对值比较大导致所有者权益为负数。

2012—2014 年山东省沿海城市的制造业上市公司产权比率变异系数比较小,所以平均数比较可靠。从平均数和中位数来看,2012 和 2014 年山东省沿海城市的制造业上市公司产权比率低于山东省,从平均数来看,与山东省产权比率的差距在拉大,从中位数来看,两者的差距在缩小。总体上,2012—2014 年山东省沿海城市的制造业上市公司产权比率低于山东省,债务负担比较小,财务风险比较小,长期偿债能力比较强,但是风险小的同时意味着借款获取的额外报酬会减少。

(3) 山东省沿海城市制造业上市公司利息保障倍数分析

利息保障倍数=(利润总额+财务费用)/财务费用

根据财务费用和利润总额的正负性,该比率的计算结果会出现几种情况:①财务费用为负,说明利息收入大于利息支出,偿债能力很好。例如,天润曲轴股份有限公司年度报告数据中显示:2012 年财务费用为–89 150.99 元,较上年同期减少 215.89 万元,降幅为 104.31%,主要系非公开发行募集资金定期存款利息增加冲减财务费用所致,净利润为 63 458 979.93 元,利息保障倍数–710.815。②财务费用为正,利润总额为正,利息保障倍数为正,表明息税前利润偿还财务费用的能力较强。③财务费用为正,利润总额为负,利息保障倍数为正,说明财务费用对利润总额的影响比较大。④财务费用为正,利润总额为负,利息保障倍数为负,说明利润总额很小,即使不扣除利息,利润总额也小于 0。例如,华东数控股份有限公司年度报告数据中显示:2012 年财务费用为 53 527 887.23 元,利润总额为–77 513 231.23 元,即使将利润总额加上财务费用,息税前利润也为负值,利息保障倍数为–1.091。

对利息保障倍数大于零的企业进行统计分析,对应的样本个数比较少。从中位数来看,2012—2014 年山东省沿海城市的制造业上市公司利息保障倍数大于 6 小于 8.1。总体的利息保障倍数在 7 左右,说明生产经营所得能够满足支付利息的需要,支付利息的保证程度比较高,但利息保障倍数呈下降的变化趋势,如表 4-18、表 4-19 所示。

表 4-18 2012—2014 年山东省沿海城市上市公司利息保障倍数比较表

统计指标与区域		2012 年	2013 年	2014 年
平均数	沿海城市	24.342	148.351	12.312
	山东省	18.979	58.870	17.342
	差异率	28.26%	152.00%	−29.00%
中位数	沿海城市	8.041	7.180	6.433
	山东省	6.193	4.213	4.843
	差异率	29.84%	70.42%	32.83%

表 4-19 山东省沿海城市与山东省的制造业上市公司利息保障倍数统计表

统计量	沿海城市			山东省		
	2012 年	2013 年	2014 年	2012 年	2013 年	2014 年
样本个数	21	28	28	68	79	78
最大值	242.434	3 759.140	55.120	307.390	3 759.140	302.745
最小值	0.474	1.498	0.519	0.474	0.541	0.022
变异系数	2.185	4.772	1.135	2.568	7.169	2.736

通过对山东省沿海城市的制造业上市公司利息保障倍数与山东省制造业上市公司利息保障倍数进行对比分析发现，2012—2014年山东省沿海城市的制造业上市公司利息保障倍数变异系数比较大，所以平均数可能受一些极端值的影响比较大。从中位数来看，2012—2014年山东省沿海城市的制造业上市公司利息保障倍数均高于山东省，息税前利润支付利息的能力强。

通过对山东省沿海城市的制造业上市公司流动比率、速动比率、现金比率以及现金到期债务比率的分析比较，山东省沿海城市的制造业上市公司短期偿债能力的平均值均高于中位数，且流动比率、速动比率、现金比率、现金到期债务比率比较强，偿还流动负债的能力均高于山东省制造业上市公司的水平。通过对山东省沿海城市的制造业上市公司资产负债率、产权比率、利息保障倍数的分析比较，山东省沿海城市的制造业上市公司长期偿债能力的平均值均高于中位数，且利息保障倍数高于山东省制造业上市公司的水平，资产负债率和产权比率低于山东省制造业上市公司的水平，偿还长期债务的能力在山东省处于较高水平。山东省沿海城市的制造业上市公司财务状况稳定，财务风险比较小，偿还债务的能力比较强，债务相对安全，但是同时应该注意到负债比较低可能是杠杆作用利用不足。

4.1.2 山东省沿海城市上市公司营运能力分析

营运能力主要指企业营运资产的效率与效益。营运资金的效率通常指资产的周转速度。营运资金的效益则指营运资产的利用效果，即通过资产的投入与其产出相比较来体现。本文选取了应收账款周转率、存货周转率、流动资产周转率、固定资产周转率以及总资产周转率五项指标来考察山东省沿海城市的上市公司的营运能力，如表4-20、表4-21所示。

表4-20 2012—2014年山东省沿海城市上市公司营运能力相关比率　　　　（％）

指标	平均数			中位数		
	2012年	2013年	2014年	2012年	2013年	2014年
应收账款周转率	75.675	23.238	29.542	7.798	6.854	5.805
存货周转率	5.585	5.739	5.664	3.252	3.321	3.274
流动资产周转率	1.312	1.309	1.281	0.923	0.993	0.997
固定资产周转率	17.766	16.838	13.435	2.708	2.614	2.668
总资产周转率	0.717	0.665	0.651	0.544	0.536	0.522

表4-21 2012—2014年山东省沿海城市的制造业上市公司营运能力相关比率　　（％）

指标	平均数			中位数		
	2012年	2013年	2014年	2012年	2013年	2014年
应收账款周转率	20.000	17.260	26.840	6.888	6.332	5.011
存货周转率	3.389	3.375	3.426	3.054	3.165	3.116
流动资产周转率	1.220	1.224	1.249	0.982	1.057	0.999
固定资产周转率	4.987	4.661	4.355	3.000	2.842	2.679
总资产周转率	0.736	0.714	0.705	0.614	0.636	0.573

（1）山东省沿海城市制造业上市公司应收账款周转率分析

从平均数来看，2012—2014年山东省沿海城市的制造业上市公司应收账款周转率呈折线变化，但总体数值变化不大，但平均数受到极端值的影响比较大，导致平均数值与中位数相差较大。从中位数来看，2012—2014年山东省沿海城市的制造业上市公司应收账款周转率在6左右波动，更趋合理一些。总体上看，山东省沿海城市的制造业上市公司应收账款周转率呈逐年下降的变化，但2014年仍然达5.011，即平均应收账款周转天数达72天。所以说山东省沿海城市的制造业上市公司应收账款的变现速度比较快，收账效率比较高，如表4-22、表4-23所示。

表4-22 山东省沿海城市与山东省的制造业上市公司应收账款周转率比较

统计指标与区域		2012年	2013年	2014年
平均数	沿海城市	20.00	17.26	26.840
	山东省	605.086	908.410	46.850
	差异率	−96.69%	−98.10%	−42.71%
中位数	沿海城市	6.888	6.332	5.011
	山东省	7.636	6.694	6.532
	差异率	−9.80%	−5.41%	−23.29%

表4-23 山东省沿海城市与山东省的制造业上市公司应收账款周转率统计表

统计量	沿海城市			山东省		
	2012年	2013年	2014年	2012年	2013年	2014年
样本个数	38	38	39	112	112	114
最大值	301.923	240.797	531.484	57 849.547	91 332.017	1 271.311
最小值	0.848	1.343	1.110	0.848	1.146	0.887
变异系数	2.531	2.376	3.327	9.063	9.512	3.846

从2012—2014年山东省沿海城市的制造业上市公司应收账款周转率与山东省制造业上市公司应收账款周转率统计数据来看，制造业上市公司应收账款周转率差异非常大，沿海城市的制造业上市公司应收账款周转率最大值240.797～531.484，而最小值仅在0.848～1.343。而与山东省制造业上市公司相比，沿海城市的制造业上市公司应收账款周转率变异系数相对较小，说明对于制造业上市公司来说，其应收账款周转率差异较大。从中位数来看，2012—2014年山东省沿海城市的制造业上市公司应收账款周转率略低于山东省制造业上市公司山东省水平，但考虑到山东省制造业上市公司应收账款周转率的变异性，沿海城市的制造业上市公司应收账款的周转能力比较强。

（2）山东省沿海城市制造业上市公司存货周转率分析

2012—2014年山东省沿海城市的制造业上市公司存货周转率变化比较小，平均数受到极端值的影响比较小，平均数能够较好地反映存货周转平均水平，存货周转率在3.4左右，存货周转能力比较强。从中位数来看，2012—2014年山东省沿海城市的制造业上市公司存货周转率在3.1左右，与平均数相差较小。总体上，山东省沿海城市的制造业上市公司存货周转率在3.4左右，且比较稳定如表4-24、表4-25和图4-2所示。

表 4-24 山东省沿海城市与山东省的制造业上市公司存货周转率比较

统计指标与区域		2012 年	2013 年	2014 年
平均数	沿海城市	3.389	3.375	3.426
	山东省	4.443	6.928	4.657
	差异率	−23.72%	−51.28%	−26.43%
中位数	沿海城市	3.054	3.165	3.116
	山东省	4.026	3.891	3.897
	差异率	−24.14%	−18.66%	−20.04%

表 4-25 山东省沿海城市与山东省的制造业上市公司存货周转率统计表

统计量	沿海城市			山东省		
	2012 年	2013 年	2014 年	2012 年	2013 年	2014 年
样本个数	38	38	39	112	112	114
最大值	9.129	9.251	9.324	18.685	281.430	23.863
最小值	0.578	0.489	0.556	0.028	0.031	0.026
变异系数	0.575	0.592	0.654	0.668	3.800	0.785

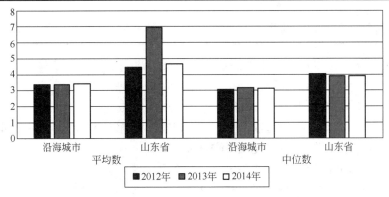

图 4-2 山东省沿海城市与山东省的制造业上市公司存货周转率比较图

2012 和 2014 年山东省沿海城市的制造业上市公司存货周转率平均数与山东省的相差 23.72%～51.28%，2012、2014 年小于 2013 年，主要原因为山东省上市公司存货周转率 2013 年最大值高达 281.430，是正常值的 10 倍以上，变异系数非常大，导致平均值受极端值影响出现偏差。而将 2013 年山东省沿海城市的制造业上市公司存货周转率平均数与山东省中位数进行比较，差异较小。从中位数来看，2012—2014 年山东省沿海城市的制造业上市公司存货周转率低于山东省，差异率基本上小于按平均数得出的差异率。总体上，山东省沿海城市的制造业上市公司存货周转率略低于山东省，存货的周转能力在全省相对较弱。

（3）山东省沿海城市制造业上市公司流动资产周转率分析

2012—2014 年山东省沿海城市的制造业上市公司流动资产周转率变化比较小，平均数受到极端值的影响也比较小，最大值数值也比较合理，因此平均数能够较好地反映流动资产周转平均水平，流动资产周转率略大于 1.2，流动资产周转速度比较快。从中位数来看，2012—2014 年山东省沿海城市的制造业上市公司流动资产周转率徘徊在 1 左右，与平均数相差较小。总体上，尽管山东省沿海城市的制造业各上市公司的应收账款周转速度与存货周转速度差异较大,但流动资产周转率在1.2附近且比较稳定,流动资产的周转速度比较快,如表4-26、表4-27所示。

表4-26 山东省沿海城市与山东省的制造业上市公司流动资产周转率比较

统计指标与区域		2012年	2013年	2014年
平均数	沿海城市	1.220	1.224	1.249
	山东省	1.368	1.504	1.514
	差异率	−10.82%	−18.62%	−17.50%
中位数	沿海城市	0.982	1.057	0.999
	山东省	1.169	1.176	1.241
	差异率	−16.00%	−10.12%	−19.50%

表4-27 山东省沿海城市与山东省的制造业上市公司流动资产周转率统计表

统计量	沿海城市			山东省		
	2012年	2013年	2014年	2012年	2013年	2014年
样本个数	38	38	39	112	112	114
最大值	2.614	2.524	3.986	4.184	11.402	13.326
最小值	0.355	0.241	0.340	0.037	0.031	0.028
变异系数	0.554	0.526	0.591	0.553	0.827	0.921

2012—2014年山东省沿海城市的制造业上市公司流动资产周转率与山东省的差异都比较小,均在20%以下,且差异率均为负值,说明2012—2014年山东省沿海城市的制造业上市公司流动资产周转率略低于山东省,究其原因是受应收账款周转率变异的拖累影响和存货周转率略低的影响,流动资产的周转速度略低,但扣除变异因素影响,沿海城市的制造业上市公司流动资产可供运用的机会比较多,使用效率较高。

(4) 山东省沿海城市制造业上市公司固定资产周转率分析

2012—2014年山东省沿海城市的制造业上市公司固定资产周转率变动明显,无论是平均数值还是中位数均呈现下降的态势。由于平均数受到极端值的影响比较大,因此平均数不能够较好地反映固定资产周转平均水平。从中位数来看,2012—2014年山东省沿海城市的制造业上市公司固定资产周转率在2.8附近,呈逐年下降的变化趋势。总体上,山东省沿海城市的制造业上市公司固定资产周转率在2.8附近且呈缓慢下降。所以山东省沿海城市的制造业上市公司固定资产的周转速度比较快且比较稳定,如表4-28、表4-29所示。

表4-28 山东省沿海城市与山东省的制造业上市公司固定资产周转率比较

统计指标与区域		2012年	2013年	2014年
平均数	沿海城市	4.987	4.661	4.355
	山东省	4.627	4.538	7.722
	差异率	7.78%	2.71%	−43.60%
中位数	沿海城市	3.000	2.842	2.679
	山东省	2.395	2.261	2.115
	差异率	25.26%	25.70%	26.67%

表 4-29 山东省沿海城市与山东省的制造业上市公司固定资产周转率统计表

统计量	沿海城市			山东省		
	2012 年	2013 年	2014 年	2012 年	2013 年	2014 年
样本个数	38	38	39	112	112	114
最大值	22.044	20.944	20.349	57.741	64.802	459.672
最小值	0.449	0.353	0.372	0.367	0.353	0.372
变异系数	1.058	1.070	1.030	1.453	1.651	5.575

从平均数角度看，2012 年和 2013 年山东省沿海城市的制造业上市公司固定资产周转率与山东省的差异比较小，在 10%以下，但是 2014 年两者的差异比较大，这是因为 2014 年山东省制造业上市公司固定资产周转率最大值为 459.672，变异系数非常大，平均值远大于沿海城市对应值，对平均值的影响非常大。从中位数来看，2012—2014 年山东省沿海城市的制造业上市公司固定资产周转率高于山东省 25%以上，固定资产的周转速度比较快，固定资产利用效率高，在山东省制造业上市公司中处于较高水平。

（5）山东省沿海城市制造业上市公司总资产周转率分析

2012—2014 年山东省沿海城市的制造业上市公司总资产周转率变化不大，平均数受到极端值的影响比较小，因此平均数能够较好地反映总资产周转平均水平，平均数在 0.7 以上，说明企业整个经营过程中资产的利用效率比较高，总资产得到了较为充分的利用。从中位数来看，2012—2014 年山东省沿海城市的制造业上市公司总资产周转率在 0.6 附近，稍低于平均数。总体上，山东省沿海城市的制造业上市公司总资产周转率在 0.7 附近且缓慢下降，沿海城市的制造业上市公司总资产的周转速度比较快且比较稳定，总资产的利用程度较高，如表 4-30、表 4-31 所示。

表 4-30 山东省沿海城市与山东省的制造业上市公司总资产周转率比较

	统计指标与区域	2012 年	2013 年	2014 年
平均数	沿海城市	0.736	0.714	0.705
	山东省	0.727	0.776	0.797
	差异率	1.24%	−7.99%	−11.54%
中位数	沿海城市	0.614	0.636	0.573
	山东省	0.641	0.642	0.622
	差异率	−4.21%	−0.93%	−7.88%

表 4-31 山东省沿海城市与山东省的制造业上市公司总资产周转率统计表

统计量	沿海城市			山东省		
	2012 年	2013 年	2014 年	2012 年	2013 年	2014 年
样本个数	38	38	39	112	112	114
最大值	1.785	1.563	2.383	1.785	7.846	11.841
最小值	0.126	0.116	0.137	0.035	0.029	0.026
变异系数	0.560	0.542	0.631	0.501	0.976	1.385

从平均数来看，2012年和2014年山东省沿海城市的制造业上市公司总资产周转率与山东省的差异比较小，在12%以下。从中位数来看，2012—2014年山东省沿海城市的制造业上市公司总资产周转率略低于山东省，总资产的周转速度比较快，总资产利用效率高，在山东省处于平均水平。

通过对山东省沿海城市的制造业上市公司的应收账款周转率、存货周转率、流动资产周转率、固定资产周转率及总资产周转率的分析比较，山东省沿海城市的上市公司的营运能力指标的平均值均高于中位数，且应收账款周转速度、存货周转速度、流动资产周转速度略低于山东省制造业上市公司的水平，而固定资产周转速度高于山东省制造业上市公司的水平，总资产周转速度与山东省制造业上市公司的水平相当，表现出流动资产的周转速度略低，而固定资产周转速度较高。山东省沿海城市的上市公司流动资产的周转速度略低，其主要体现在存货周转较慢。

4.1.3 山东省沿海城市上市公司盈利能力分析

盈利能力通常是指企业在一定时期赚取利润的能力。盈利能力的大小是一个相对的概念，即利润与一定的资源投入或一定的收入相比较而获得的一个相对的概念。本文选取了总资产净利率、净资产收益率、营业毛利率以及营业净利率这四项指标来考察山东省沿海城市上市公司的盈利能力，如表4-32、表4-33所示。

表4-32　2012—2014年山东省沿海城市上市公司盈利能力相关比率

指标	平均数			中位数		
	2012年	2013年	2014年	2012年	2013年	2014年
总资产净利率	6.7%	4.9%	5.2%	5.8%	4.3%	5.1%
净资产收益率	−6.7%	8.4%	9.2%	8.5%	8.2%	7.8%
营业毛利率	26.9%	25.7%	25.7%	24.9%	24.0%	23.8%
营业净利率	11.6%	7.8%	10.0%	9.4%	7.3%	7.0%

表4-33　2012—2014年山东省沿海城市的制造业上市公司盈利能力相关比率

指标	平均数			中位数		
	2012	2013	2014	2012	2013	2014
总资产净利率	6.3%	5.5%	5.1%	5.8%	4.8%	5.4%
净资产收益率	10.3%	9.4%	8.3%	8.4%	7.5%	8.0%
营业毛利率	27.3%	26.0%	25.3%	24.8%	23.7%	23.8%
营业净利率	9.7%	7.9%	8.6%	7.1%	6.4%	7.0%

（1）山东省沿海城市制造业上市公司总资产净利率分析

从平均数来看，2012—2014年山东省沿海城市的制造业上市公司总资产净利率在5%～6.5%，逐年缓慢下降，总资产净利率比较高。从中位数来看，2012—2014年山东省沿海城市的制造业上市公司总资产净利率在5%左右，先下降后升高。总体上，山东省沿海城市的制造业上市公司总资产净利率在5.5%左右，企业盈利能力比较稳定，如

表 4-34、表 4-35 所示。

表 4-34　山东省沿海城市与山东省的制造业上市公司总资产净利率比较

统计指标与区域		2012 年	2013 年	2014 年
平均数	沿海城市	6.3%	5.5%	5.1%
	山东省	4.6%	4.7%	4.4%
	差异率	36.96%	17.02%	15.91%
中位数	沿海城市	5.8%	4.8%	5.4%
	山东省	4.7%	3.7%	3.9%
	差异率	23.40%	29.73%	38.46%

表 4-35　山东省沿海城市与山东省的制造业上市公司总资产净利率统计表

统计量	沿海城市			山东省		
	2012 年	2013 年	2014 年	2012 年	2013 年	2014 年
样本个数	38	38	39	112	112	114
最大值	22.1%	17.1%	13.5%	22.1%	38.4%	23.5%
最小值	-4.2%	-7.7%	-5.2%	-55.5%	-21.7%	-13.6%
变异系数	0.794	0.800	0.745	1.783	1.362	1.250

从山东省沿海城市的制造业上市公司总资产净利率的统计情况看，沿海城市的制造业各上市公司总资产净利率变异系数比较小且比山东省制造业上市公司小，说明山东省沿海城市的制造业上市公司总资产净利率相对比较平稳和集中，而且 2012—2014 年山东省沿海城市的制造业上市公司总资产净利率均高于山东省制造业上市公司水平。由总资产净利率指标数值可见，山东省沿海城市的制造业上市公司盈利能力比较强，在山东省的总资产净利率处于较高的水平。

（2）山东省沿海城市制造业上市公司净资产收益率分析

2012—2014 年山东省沿海城市的制造业上市公司净资产收益率变化比较小，平均数能够较好地反映净资产收益率平均水平，净资产收益率在 9%左右，尽管逐年下降，但盈利能力还是比较强。从中位数来看，2012—2014 年山东省沿海城市的制造业上市公司净资产收益率在 8%左右，小于平均数。总体上，山东省沿海城市的制造业上市公司净资产收益率在 8%左右，且逐年有所下降，如表 4-36、表 4-37 所示。

表 4-36　山东省沿海城市与山东省的制造业上市公司净资产收益率比较

统计指标与区域		2012 年	2013 年	2014 年
平均数	沿海城市	10.3%	9.4%	8.3%
	山东省	-19.7%	6.2%	6.7%
	差异率	-152.28%	51.61%	23.88%
中位数	沿海城市	8.4%	7.5%	8.0%
	山东省	6.9%	5.7%	6.4%
	差异率	21.74%	31.58%	25.00%

表4-37　山东省沿海城市与山东省的制造业上市公司净资产收益率统计表

统计量	沿海城市			山东省		
	2012年	2013年	2014年	2012年	2013年	2014年
样本个数	38	38	39	112	112	114
最大值	33.4%	34.8%	27.2%	33.4%	34.8%	116.5%
最小值	-10.6%	-20.2%	-19.6%	-2 988.1%	-47.9%	-78.9%
变异系数	0.893	0.979	0.940	-14.381	1.855	2.537

2012年和2014年山东省沿海城市的制造业上市公司净资产收益率均高于山东省，两者差异比较大。由于山东省2013年的变异系数非常大，平均值受极端值的影响比较大，2012年山东省制造业净资产收益率的最小值为非沿海城市的恒天海龙股份有限公司的净资产收益率为-2988.1%，究其原因主要是2011年该公司的净利润非常小，导致其2011年末即2012年初其所有者权益为负数，年初的所有者权益的绝对值大于年末所有者权益的绝对值，所以2012年所有者权益的平均数为负数，其2012年的净利润为正数且比较大，从而该公司的净资产收益率远小于-100%。将该最小值按照样本个数平均后，平均每家制造业上市公司受到的影响为-26.7%，所以该最小值对平均数的影响比较大。故将2013年山东省沿海城市的制造业上市公司净资产收益率平均数与山东省中位数进行比较，明显高于山东省。从中位数来看，2012—2014年山东省沿海城市的制造业上市公司净资产收益率高于山东省，差异率基本上小于按平均数得出的差异率。总体上，山东省沿海城市的制造业上市公司净资产收益率高于山东省，净资产收益能力在山东省处于较高水平。

（3）山东省沿海城市制造业上市公司营业毛利率分析

2012—2014年山东省沿海城市的制造业上市公司营业毛利率变化小于其他指标的变化，平均数受到极端值的影响很小，最大值数值也比较合理，因此平均数能够较好地反映营业毛利率平均水平，从图4-3中可以看出营业毛利率主要集中在10%～40%，平均值在26%左右。营业毛利率虽然逐年下降，但降低幅度不大，盈利能力还是比较稳定。从中位数来看，2012—2014年山东省沿海城市的制造业上市公司营业毛利率在24%左右，每年均低于平均数，但相差幅度较小。总体上，山东省沿海城市的制造业上市公司营业毛利率处于26%左右，且稳定下降。所以山东省沿海城市的制造业上市公司盈利能力比较强且稳定。

从平均数来看，2012—2014年山东省沿海城市的制造业上市公司营业毛利率与山东省的差异比较小，在13%以下，且差异率均为正值，说明2012—2014年山东省沿海城市的制造业上市公司营业毛利率高于山东省水平。从中位数来看，2012年和2013年山东省沿海城市的制造业上市公司营业毛利率与山东省的差异在21%以上，但2014年差异率为14.98%。从2012—2014年，山东省沿海城市的制造业上市公司营业毛利率的最大值基本与山东省制造业上市公司营业毛利率持平，但最小值也为正值，即毛利均大于零。同时，尽管山东省沿海城市的制造业上市公司营业毛利率始终高于山东省制造业上市公司，但两者的差异在减少。总体上，2012—2014年山东省沿海城市的制造业上市公司营业毛利率高于山东省水平，在山东省盈利能力处于较高水平，但优势在减少，应引起重视，如表4-38、表4-39所示。

第4章 山东省各地区上市公司财务报告数据分析——基于财务能力

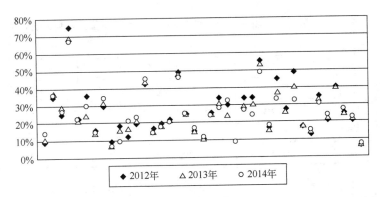

图 4-3 2012 年—2014 年山东省沿海城市制造业上市公司的营业毛利率散点图

表 4-38 山东省沿海城市与山东省的制造业上市公司营业毛利率比较

统计指标与区域		2012 年	2013 年	2014 年
平均数	沿海城市	27.3%	26.0%	25.3%
	山东省	24.3%	23.6%	23.4%
	差异率	12.35%	10.17%	8.12%
中位数	沿海城市	24.8%	23.7%	23.8%
	山东省	20.4%	19.4%	20.7%
	差异率	21.57%	22.16%	14.98%

表 4-39 山东省沿海城市与山东省的制造业上市公司营业毛利率统计表

统计量	沿海城市			山东省		
	2012 年	2013 年	2014 年	2012 年	2013 年	2014 年
样本个数	38	38	39	112	112	114
最大值	75.2%	68.6%	67.0%	78.2%	78.3%	73.4%
最小值	6.7%	6.7%	6.1%	−14.3%	−0.5%	−1.5%
变异系数	0.535	0.504	0.494	0.679	0.623	0.590

(4) 山东省沿海城市制造业上市公司营业净利率分析

从平均数来看,2012—2014 年山东省沿海城市的制造业上市公司营业净利率变化不大,尽管 2013 年有所下降,2014 年回弹,但相对 2012 年,仍表现为下降的变化趋势。这一点与中位数的表现一致。总体上,山东省沿海城市的制造业上市公司营业净利率在 7%左右,且比较稳定,营业净利率比较高,盈利能力比较强,如表 4-40、表 4-41 所示。

表 4-40 山东省沿海城市与山东省的制造业上市公司营业净利率比较

统计指标与区域		2012 年	2013 年	2014 年
平均数	沿海城市	9.7%	7.9%	8.6%
	山东省	7.8%	9.5%	5.5%
	差异率	24.36%	−16.84%	56.36%
中位数	沿海城市	7.1%	6.4%	7.0%
	山东省	5.9%	5.5%	5.8%
	差异率	20.34%	16.36%	20.69%

表4-41 山东省沿海城市与山东省的制造业上市公司营业净利率统计表

统计量	沿海城市			山东省		
	2012年	2013年	2014年	2012年	2013年	2014年
样本个数	38	38	39	112	112	114
最大值	30.1%	27.5%	33.7%	287.4%	339.2%	34.2%
最小值	-33.5%	-65.8%	-7.6%	-332.1%	-65.8%	-86.4%
变异系数	1.113	1.785	0.919	5.628	3.516	2.255

2012年和2014年山东省沿海城市的制造业上市公司营业净利率与山东省的差异比较大，这是因为山东省制造业上市公司营业净利率的极值的绝对值非常大，变异系数非常大，对平均值的影响非常大。从中位数来看，2012—2014年山东省沿海城市的制造业上市公司营业净利率高于山东省16%~21%，营业净利率比较大，盈利能力强，在山东省处于较高水平。

综上所述，通过对山东省沿海城市的制造业上市公司的总资产净利润率、净资产收益率、营业毛利率以及营业净利率这四项指标数值的分析比较，山东省沿海城市的制造业上市公司的盈利能力高于山东省制造业上市公司的水平，具有一定的盈利优势，但同时不得不注意到，由于环境变化的原因，这种优势在减弱。

4.1.4 山东省沿海城市上市公司发展能力分析

发展能力通常是指企业未来生产经营活动的发展趋势和发展潜力。发展能力的大小是一个相对的概念，仅利用增长额只能说明企业某一方面的增减额度，无法反映企业在某一方面的增减幅度，因此在实践中通常使用增长率来进行企业发展能力分析。本文选取了资本积累率、总资产增长率、营业利润增长率以及营业收入增长率这四项指标来考察山东省沿海城市的上市公司的发展能力，如表4-42、表4-43所示。

表4-42 2012—2014年山东省沿海城市上市公司发展能力相关比率

指标	平均数			中位数		
	2012年	2013年	2014年	2012年	2013年	2014年
资本积累率	16.5%	9.4%	19.4%	9.1%	6.3%	7.5%
总资产增长率	17.7%	18.1%	15.3%	11.4%	12.9%	12.1%
营业利润增长率	-239.2%	-81.9%	113.5%	2.4%	2.5%	-0.3%
营业收入增长率	5.7%	17.3%	18.4%	1.5%	11.4%	5.7%

表4-43 2012—2014年山东省沿海城市的制造业上市公司发展能力相关比率

指标	平均数			中位数		
	2012年	2013年	2014年	2012年	2013年	2014年
资本积累率	21.7%	9.1%	23.1%	9.3%	6.9%	8.9%
总资产增长率	20.2%	15.1%	17.9%	11.8%	13.0%	10.6%
营业利润增长率	-17.8%	8.8%	95.7%	-1.2%	4.3%	8.4%
营业收入增长率	5.2%	14.0%	14.6%	2.1%	11.8%	6.0%

(1) 山东省沿海城市制造业上市公司资本积累率分析

从平均数来看,2012—2014 年山东省沿海城市的制造业上市公司资本积累率变动比较大,呈折线型变化趋势,其中 2012 年和 2014 年基本持平,但 2013 年有较大幅度的下降。从中位数来看,2012—2014 年山东省沿海城市的制造业上市公司资本积累率在 8%左右,尽管也在先下降后升高的变动,但与平均数相比,波动幅度明显较小。总体上,山东省沿海城市的制造业上市公司资本积累率在 7%以上,接近于净资产收益水平,表明企业的资本积累比较多,应付风险、持续发展的能力比较强,如表 4-44、表 4-45 所示。

表 4-44 山东省沿海城市与山东省的制造业上市公司资本积累率比较

统计指标与区域		2012 年	2013 年	2014 年
平均数	沿海城市	21.7%	9.1%	23.1%
	山东省	19.2%	7.1%	21.7%
	差异率	13.02%	28.17%	6.45%
中位数	沿海城市	9.3%	6.9%	8.9%
	山东省	5.4%	4.7%	6.4%
	差异率	72.22%	46.81%	39.06%

表 4-45 山东省沿海城市与山东省的制造业上市公司资本积累率统计表

统计量	沿海城市			山东省		
	2012 年	2013 年	2014 年	2012 年	2013 年	2014 年
样本个数	38	38	39	112	112	114
最大值	233.6%	39.2%	139.7%	333.4%	74.7%	311.8%
最小值	-4.4%	-18.3%	-20.6%	-191.6%	-105.1%	-47.8%
变异系数	2.009	1.066	1.628	3.083	2.634	2.253

从平均数来看,2012 年和 2014 年山东省沿海城市的制造业上市公司资本积累率和山东省制造业上市公司资本积累率的变异系数都比较大,平均值受极端值的影响比较大,比如 2012 年后者的最大值和最小值分别为 333.4%和-191.6%,所以根据平均数得出的结论影响分析的合理性,不能较好地反映山东省沿海城市的制造业上市公司的平均水平。从中位数来看,2012—2014 年山东省沿海城市的制造业上市公司资本积累率高于山东省,差异率比较大。总体上,山东省沿海城市的制造业上市公司资本积累率高于山东省,股东权益增加率在山东省处于较高水平,这与其盈利能力水平较高相关。

(2) 山东省沿海城市制造业上市公司总资产增长率分析

2012—2014 年山东省沿海城市的制造业上市公司总资产增长率变动比较大,其变动的走势与资本积累率保持一致,但变化幅度相对较小,特别是 2013 年,总资产增长率下降的幅度较小。从中位数来看,2012—2014 年山东省沿海城市的制造业上市公司总资产增长率在 11%左右,小于平均数,但变动的走势与资本积累率相反。总体上,山东省沿海城市的制造业上市公司总资产增长率在 11%左右,为正数,说明各期资本规模增加且增加幅度比较大,但是总资产增长率在 2012—2014 年间时增时减,趋势放缓,如表 4-46、表 4-47 所示。

表 4-46 山东省沿海城市与山东省的制造业上市公司总资产增长率比较

统计指标与区域		2012 年	2013 年	2014 年
平均数	沿海城市	20.2%	15.1%	17.9%
	山东省	17.2%	15.8%	17.9%
	差异率	17.44%	−4.43%	0.00%
中位数	沿海城市	11.8%	13.0%	10.6%
	山东省	9.3%	8.8%	9.0%
	差异率	26.88%	47.73%	17.78%

表 4-47 山东省沿海城市与山东省的制造业上市公司总资产增长率统计表

统计量	沿海城市			山东省		
	2012 年	2013 年	2014 年	2012 年	2013 年	2014 年
样本个数	38	38	39	112	112	114
最大值	141.2%	57.6%	121.3%	160.3%	340.7%	253.9%
最小值	−12.7%	−12.6%	−13.5%	−38.2%	−18.3%	−29.0%
变异系数	1.381	0.967	1.737	1.826	2.209	2.073

从平均数来看,2012 年和 2014 年山东省沿海城市的制造业上市公司总资产增长率和山东省制造业上市公司总资产增长率的变异系数都比较大,平均值受极端值的影响比较大,所以根据平均数得出的结论影响分析的合理性。从中位数来看,2012—2014 年山东省沿海城市的制造业上市公司总资产增长率高于山东省,差异率在不同年份差别较大。总体上,山东省沿海城市的制造业上市公司总资产增长率高于山东省,各期资产增加规模在山东省处于较高水平。

(3) 山东省沿海城市制造业上市公司营业利润增长率分析

山东省沿海城市制造业上市公司的营业利润增长率在不同企业不同时间的差别很大,平均数受到极端值的影响很大,因此平均数不能够很好地反映营业利润增长率的平均水平。从中位数来看,2012—2014 年山东省沿海城市的制造业上市公司营业利润增长率逐年增长,且增长幅度比较大。总体上,山东省沿海城市的制造业上市公司营业利润逐年较快增长,发展态势比较好,如表 4-48、表 4-49 所示。

表 4-48 山东省沿海城市与山东省的制造业上市公司营业利润增长率比较

统计指标与区域		2012 年	2013 年	2014 年
平均数	沿海城市	−17.8%	8.8%	95.7%
	山东省	−65.8%	13.9%	9.7%
	差异率	−72.95%	−36.69%	886.60%
中位数	沿海城市	−1.2%	4.3%	8.4%
	山东省	−9.8%	−3.1%	8.7%
	差异率	−87.76%	−238.71%	−3.45%

表 4-49 山东省沿海城市与山东省的制造业上市公司营业利润增长率统计表

统计量	沿海城市			山 东 省		
	2012 年	2013 年	2014 年	2012 年	2013 年	2014 年
样本个数	36	38	38	107	112	112
最大值	448.3%	200.7%	3 430.8%	868.4%	1 801.7%	3 430.8%
最小值	−1 104.8%	−128.2%	−380.3%	−4 691.9%	−736.2%	−5 628.0%
变异系数	−11.697	6.568	5.878	−7.599	15.705	70.691

从平均数来看，2012 年和 2014 年山东省沿海城市的制造业上市公司营业利润增长率和山东省制造业上市公司营业利润增长率的变异系数都比较大，平均值受极端值的影响比较大，所以根据平均数得出的结论影响分析的合理性。从中位数来看，2012 年和 2013 年山东省沿海城市的制造业上市公司营业利润增长率远高于山东省，2014 年略低于山东省。总体上，山东省沿海城市的制造业上市公司营业利润增长率高于山东省，营业利润增长能力在山东省处于较高水平，究其原因，主要是营业收入有较大幅度的增长。也应该注意到尽管营业利润增长，但增长幅度小于营业收入的增长。

（4）山东省沿海城市制造业上市公司营业收入增长率分析

从平均数来看，2012—2014 年山东省沿海城市的制造业上市公司营业收入增长率增长较大，平均数受到极端值的影响很大，因此平均数不能够很好地反映营业收入增长率平均水平。从中位数来看，2012—2014 年山东省沿海城市的制造业上市公司营业收入增长率先增加后降低，且变化幅度比较大。总体上，山东省沿海城市的制造业上市公司营业收入发展不稳定，如表 4-50、表 4-51 所示。

表 4-50 山东省沿海城市与山东省的制造业上市公司营业收入增长率比较

统计指标与区域		2012 年	2013 年	2014 年
平均数	沿海城市	5.2%	14.0%	14.6%
	山东省	8.3%	107.6%	16.0%
	差异率	−37.35%	−86.99%	−8.75%
中位数	沿海城市	2.1%	11.8%	6.0%
	山东省	3.6%	9.8%	10.6%
	差异率	−41.67%	20.41%	−43.40%

表 4-51 山东省沿海城市与山东省的制造业上市公司营业收入增长率统计表

统计量	沿海城市			山 东 省		
	2012 年	2013 年	2014 年	2012 年	2013 年	2014 年
样本个数	36	38	38	107	112	112
最大值	63.3%	103.8%	296.6%	127.8%	10 706.6%	296.6%
最小值	−40.5%	−32.6%	−41.4%	−72.2%	−41.3%	−42.8%
变异系数	4.481	1.893	3.452	3.277	9.394	2.806

从平均数来看，2012 年和 2014 年山东省沿海城市的制造业上市公司营业收入增长率和山

东省制造业上市公司营业收入增长率的变异系数都比较大,平均值受极端值的影响比较大,所以根据平均数得出的结论影响分析的合理性。从中位数来看,2012 年和 2014 年山东省沿海城市制造业上市公司营业收入增长率均低于山东省 40%以上,2013 年高于山东省 20.41%。总体上,山东省沿海城市的制造业上市公司营业收入增长率低于山东省,营业收入增长能力在山东省处于较低水平。

综上所述,通过对山东省沿海城市的制造业上市公司的资本积累率、总资产增长率、营业利润增长率以及营业收入增长率等发展能力指标的分析比较,山东省沿海城市的制造业上市公司的发展能力高于山东省制造业上市公司的水平,具有一定的发展优势,并且在营业收入增长幅度低于山东省的平均水平时,保持营业利润增长水平高于山东省,更加说明其发展能力较强。

4.2 山东省非沿海城市的上市公司财务报告数据分析

截至 2014 年 12 月,山东省非沿海城市的上市公司共 73 家,具体各行业的分布情况如表 4-52 和图 4-4 所示。

表 4-52　山东省非沿海城市的上市公司各行业的分布表

行业	数量	比重	资本额(元)	比重
农、林、牧、渔业	1	1.37%	266 071 320	0.45%
采矿业	6	8.22%	4 215 612 189	7.11%
制造业	51	69.86%	33 184 995 590	55.95%
电力、热力、燃气及水生产和供应业	2	2.74%	9 670 750 000	16.30%
建筑业	2	2.74%	2 046 935 749	3.45%
批发和零售业	3	4.11%	1 253 383 729	2.11%
交通运输、仓储和邮政业	2	2.74%	5 211 165 857	8.79%
信息传输、软件和信息技术服务业	1	1.37%	278 747 280	0.47%
房地产业	2	2.74%	1 543 033 112	2.60%
科学研究和技术服务业	1	1.37%	333 006 066	0.56%
综合	2	2.74%	1 312 537 140	2.21%
合计	73	100.00%	59 316 238 032	100.00%

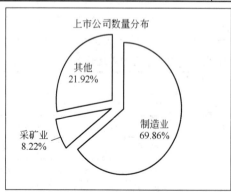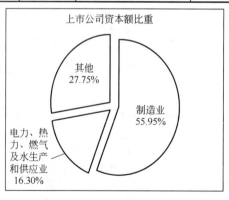

图 4-4　山东省非沿海城市的上市公司各行业的分布图

山东省非沿海城市的上市公司主要以制造业为主,数量上制造业上市公司占 69.86%,资本额上制造业上市公司占 55.95%,均占主要地位。

4.2.1 山东省非沿海城市上市公司偿债能力分析

4.2.1.1 山东省非沿海城市上市公司短期偿债能力分析

下面选取了流动比率、速动比率、现金比率以及现金到期债务比率这四项指标来考察山东省非沿海城市的上市公司的短期偿债能力,如表 4-53、表 4-54 所示。

表 4-53 2012—2014 年山东省非沿海城市上市公司短期偿债能力相关比率

指标	平均数			中位数		
	2012 年	2013 年	2014 年	2012 年	2013 年	2014 年
流动比率	2.784	2.268	2.297	1.579	1.416	1.344
速动比率	2.246	1.762	1.792	0.961	0.845	0.893
现金比率	1.230	0.831	0.826	0.357	0.268	0.230
现金到期债务比率	31.202	115.591	6.146	0.739	1.147	0.554

表 4-54 2012—2014 年山东省非沿海城市制造业上市公司短期偿债能力相关比率

指标	平均数			中位数		
	2012 年	2013 年	2014 年	2012 年	2013 年	2014 年
流动比率	3.387	2.637	2.681	1.821	1.605	1.533
速动比率	2.831	2.132	2.169	1.280	1.070	1.043
现金比率	1.592	1.042	1.089	0.377	0.295	0.247
现金到期债务比率	−1.031	11.939	9.090	0.603	1.229	0.463

(1)山东省非沿海城市制造业上市公司流动比率分析

山东省非沿海城市制造业上市公司流动比率在 2012—2014 年间保持较高水平,但 2013 年与 2012 年相比下降幅度较大。从中位数来看,2012—2014 年山东省非沿海城市的制造业上市公司流动比率由 1.821 降低至 1.533,总体的流动比率大于 1.5 小于 2,2012—2014 年的下降程度比较小。总体上,山东省非沿海城市的制造业上市公司流动比率在 1.5~2,债权人的安全边际比较大,收回债权的可靠程度较高,如表 4-55、表 4-56 所示。

表 4-55 2012—2014 年山东省非沿海城市制造业上市公司流动比率比较表

统计指标与区域		2012 年	2013 年	2014 年
平均数	非沿海城市	3.387	2.637	2.681
	山东省	2.856	2.242	2.208
	差异率	18.59%	17.62%	21.42%
中位数	非沿海城市	1.821	1.605	1.533
	山东省	1.752	1.590	1.544
	差异率	3.94%	0.94%	−0.71%

表 4-56　山东省非沿海城市与山东省的制造业上市公司流动比率统计表

统计量	非沿海城市			山东省		
	2012 年	2013 年	2014 年	2012 年	2013 年	2014 年
样本个数	50	50	51	112	112	114
最大值	25.080	17.317	32.023	25.080	17.317	32.023
最小值	0.011	0.368	0.276	0.011	0.321	0.276
变异系数	1.501	1.263	1.742	1.403	1.076	1.459

山东省非沿海城市制造业上市公司流动比率变异系数比较大，对平均值的影响比较大，所以平均数不能较好地反映流动比率的平均水平。从中位数来看，2012—2014 年山东省非沿海城市的制造业上市公司流动比率与山东省差异率较小，不到 4%。总体上，山东省非沿海城市的制造业上市公司流动比率和山东省接近，在全省处于平均水平，短期偿债能力一般。

（2）山东省非沿海城市制造业上市公司速动比率分析

2012—2014 年山东省非沿海城市的制造业上市公司速动比率的平均数远远高于中位数，平均数几乎是中位数的一倍，说明非沿海城市的各制造业上市公司速动比率差异较大。各年的速动比率变化不大。从中位数来看，2012—2014 年山东省非沿海城市的制造业上市公司速动比率在 1.1 左右，逐年降低。总体的速动比率略大于 1，就是说，每一元的流动负债，基本上有 1.1 元几乎可以立即变现的资产来偿付，短期偿债能力一般，如表 4-57、表 4-58 所示。

表 4-57　2012—2014 年山东省非沿海城市上市公司速动比率比较表

统计指标与区域		2012 年	2013 年	2014 年
平均数	非沿海城市	2.831	2.132	2.169
	山东省	2.272	1.726	1.687
	差异率	24.60%	23.52%	28.57%
中位数	非沿海城市	1.280	1.070	1.043
	山东省	1.195	1.077	1.071
	差异率	7.11%	−0.65%	−2.61%

表 4-58　山东省非沿海城市与山东省的制造业上市公司速动比率统计表

统计量	非沿海城市			山东省		
	2012 年	2013 年	2014 年	2012 年	2013 年	2014 年
样本个数	50	50	51	112	112	114
最大值	24.063	16.536	30.205	24.063	16.536	30.205
最小值	0.005	0.194	0.130	0.005	0.120	0.130
变异系数	1.680	1.482	2.052	1.611	1.304	1.801

山东省非沿海城市和山东省的制造业上市公司速动比率变异系数比较大，受到极端值的影响比较大，对平均值的影响比较大，所以平均数不能较好地反映山东省非沿海城市制造业

上市公司速动比率的平均水平。从中位数来看，2012—2014年山东省非沿海城市的制造业上市公司速动比率与山东省相差较小，低于7.5%。总体来说，2012—2014年山东省非沿海城市的制造业上市公司速动比率和山东省比较接近，速动比率在山东省处于平均水平，短期偿债能力一般。

另外，速动比率平均数是流动比率平均数的0.8~0.9倍，速动比率中位数是流动比率中位数的0.6~0.7倍，即速动资产在流动资产的比重比较大，存货在流动资产的比重相对较少。一般认为，存货在企业的全部流动资产中，大约占50%，而山东省非沿海城市的制造业上市公司这一比重为20%~40%，存货占用资金略低。

（3）山东省非沿海城市制造业上市公司现金比率分析

2012—2014年山东省非沿海城市制造业上市公司现金比率的平均数远大于中位数，说明非沿海城市的各制造业上市公司现金比率差异较大。2013年下降且幅度比较大，2014年小幅度增加。从中位数来看，2012—2014年山东省非沿海城市的制造业上市公司现金比率在0.2~0.4，逐年降低。说明山东省非沿海城市制造业上市公司直接偿付能力一般，当公司需要大量现金时，基本上能够得到满足，如表4-59、表4-60所示。

表4-59 2012—2014年山东省非沿海城市上市公司现金比率比较表

统计指标与区域		2012年	2013年	2014年
平均数	非沿海城市	1.592	1.042	1.089
	山东省	1.160	0.774	0.745
	差异率	37.24%	34.63%	46.17%
中位数	非沿海城市	0.377	0.295	0.247
	山东省	0.406	0.303	0.287
	差异率	−7.14%	−2.64%	−13.94%

表4-60 山东省非沿海城市与山东省的制造业上市公司现金比率统计表

统计量	非沿海城市			山东省		
	2012年	2013年	2014年	2012年	2013年	2014年
样本个数	50	50	51	112	112	114
最大值	21.439	14.048	25.380	21.439	14.048	25.380
最小值	0	0.027	0.035	0	0.006	0.004
变异系数	2.237	2.292	3.451	2.245	2.151	3.409

2012—2014年山东省非沿海城市和山东省的制造业上市公司现金比率变异系数均比较大，对平均数的影响比较大，所以平均数不能较好的反映现金比率的平均水平。从中位数来看，2012—2014年山东省非沿海城市的制造业上市公司现金比率均低于山东省，说明非沿海城市的制造业上市公司短期偿债能力比较弱，且现金偿债能力逐步减弱。

（4）山东省非沿海城市上市公司现金到期债务比率分析

2012—2014年山东省非沿海城市制造业上市公司现金到期债务比率平均数与中位数相差较大，平均数可能受一些极端值的影响很大，所以平均数不能较好地反映山东省非沿海城市制造业上市公司现金到期债务比率的平均水平。从中位数来看，2012—2014年山东省非沿海城市的制造业上市公司现金到期债务比率在 0.4~1.2，相对合理一些。但现金到期债务比率在 0.4~1.2，波动比较大，说明企业经营活动产生的现金偿付到期债务和利息支出的能力不稳定，如表 4-61、表 4-62 所示。

表 4-61　2012—2014 年山东省非沿海城市上市公司现金到期债务比率比较表

统计指标与区域		2012 年	2013 年	2014 年
平均数	非沿海城市	−1.031	11.939	9.090
	山东省	2.379	8.032	6.024
	差异率	−143.34%	48.64%	50.90%
中位数	非沿海城市	0.603	1.229	0.463
	山东省	0.589	0.849	0.695
	差异率	2.38%	44.76%	−33.38%

表 4-62　山东省非沿海城市与山东省的制造业上市公司现金到期债务比率统计表

统计量	非沿海城市			山东省		
	2012 年	2013 年	2014 年	2012 年	2013 年	2014 年
样本个数	37	40	42	89	95	97
最大值	52.338	304.811	210.561	92.191	304.811	210.561
最小值	−157.184	−1.405	−35.383	−157.184	−3.736	−35.383
变异系数	−27.385	4.149	4.248	9.062	4.466	4.588

注：样本数量明显偏少的原因是一些企业没有一年内到期的非流动负债，说明这些企业短期内无到期债务偿还的压力。

2012—2014 年山东省非沿海城市的制造业上市公司现金到期债务比率变异系数比较大，所以平均数可能受一些极端值的影响比较大，导致现金到期债务比率绝对值远大于 100%，不符合经验判断。从中位数来看，2012 年和 2013 年山东省非沿海城市的制造业上市公司现金到期债务比率高于山东省，但差异率相差较大，2014 年低于山东省。总体上，2012—2014 年山东省非沿海城市的制造业上市公司现金到期债务比率高于山东省，企业到期债务可由经营活动创造的现金来支付的程度比较大，长期偿债能力比较强。

4.2.1.2　山东省非沿海城市上市公司长期偿债能力分析

下面选取了资产负债率、产权比率、利息保障倍数这三项指标来考察山东省非沿海城市的上市公司的长期偿债能力，如表 4-63、表 4-64 所示。

表 4-63　2012—2014 年山东省非沿海城市上市公司长期偿债能力相关比率

指标	平均数			中位数		
	2012 年	2013 年	2014 年	2012 年	2013 年	2014 年
资产负债率	59.2%	45.5%	46.9%	42.2%	45.4%	46.5%
产权比率	1.310	1.516	1.543	0.711	0.830	0.870
利息保障倍数	23.481	11.000	25.650	7.023	5.812	5.756

表 4-64 2012—2014 年山东省非沿海城市制造业上市公司长期偿债能力相关比率

指标	平 均 数			中 位 数		
	2012 年	2013 年	2014 年	2012 年	2013 年	2014 年
资产负债率	62.0%	42.2%	43.6%	38.4%	40.9%	43.3%
产权比率	0.897	1.174	1.231	0.568	0.692	0.764
利息保障倍数	25.057	11.210	28.253	7.050	4.037	5.998

(1) 山东省非沿海城市制造业上市公司资产负债率分析

2012 年山东省非沿海城市制造业上市公司资产负债率的平均数与中位数相差较大，2013 年和 2014 年的差异相对较小，说明 2012 年非沿海城市制造业各上市公司资产负债率差异较大，可能受一些极端值的影响比较大。从中位数来看，2012—2014 年山东省非沿海城市的制造业上市公司资产负债率在 38%～44%且逐年增加。山东省非沿海城市制造业上市公司总体的资产负债率在 39%附近，该指标比较小，说明企业的债务负担比较小，财务风险比较小，总体偿债能力比较强，如表 4-65、表 4-66 所示。

表 4-65 2012—2014 年山东省非沿海城市上市公司资产负债率比较表

统计指标与区域		2012 年	2013 年	2014 年
平均数	非沿海城市	62.0%	42.2%	43.6%
	山东省	50.8%	43.1%	42.8%
	差异率	22.05%	−2.09%	1.87%
中位数	非沿海城市	38.4%	40.9%	43.3%
	山东省	39.4%	40.9%	41.0%
	差异率	−2.54%	0.00%	5.61%

表 4-66 山东省非沿海城市与山东省的制造业上市公司资产负债率统计表

统计量	非沿海城市			山 东 省		
	2012 年	2013 年	2014 年	2012 年	2013 年	2014 年
样本个数	50	50	51	112	112	114
最大值	1 212.7%	87.1%	90.6%	1 212.7%	87.1%	90.6%
最小值	3.4%	4.6%	2.6%	3.4%	4.6%	2.6%
变异系数	2.700	0.536	0.507	2.217	0.471	0.458

2012—2014 年山东省非沿海城市的制造业上市公司资产负债率变异系数比较大，受极端值的影响比较大，所以平均数不太合理。从中位数来看，2012—2014 年山东省非沿海城市的制造业上市公司资产负债率与山东省相差较小。总体上，2012—2014 年山东省非沿海城市的制造业上市公司资产负债率与山东省相差较小，债务负担比较小，财务风险比较小，总体偿债能力在山东省处于平均水平。

(2) 山东省非沿海城市制造业上市公司产权比率分析

从平均数来看，2012—2014 年山东省非沿海城市的制造业上市公司产权比率在 1 左右，变异系数相对较大，受极端值的影响比较大，平均数不能够反映非沿海城市的各个制造业上市公司产权比率的平均分布。从中位数来看，2012—2014 年山东省非沿海城市的制造业上市公司产权比率在 0.55～0.77，逐年增加。山东省非沿海城市的制造业上市公司在 2013 和 2014 年的产权比率的平均数大于 1，2012 年的平均数以及 2012—2014 年的中位数均小于 1，该数值比较小，说明上市公司的债务负担比较小，财务风险比较小，偿还长期债务的能力比较强，但同时借债比较小，可能影响企业的盈利能力，减少企业收益，如表 4-67、表 4-68 所示。

表 4-67　2012—2014 年山东省非沿海城市上市公司产权比率比较表

统计指标与区域		2012 年	2013 年	2014 年
平均数	非沿海城市	0.897	1.174	1.231
	山东省	0.938	1.105	1.086
	差异率	−4.37%	6.24%	13.35%
中位数	非沿海城市	0.568	0.692	0.764
	山东省	0.630	0.693	0.694
	差异率	−9.84%	−0.14%	10.09%

表 4-68　山东省非沿海城市与山东省制造业上市公司产权比率统计表

统计量	非沿海城市			山东省		
	2012 年	2013 年	2014 年	2012 年	2013 年	2014 年
样本个数	50	50	51	112	112	114
最大值	4.750	6.777	9.643	4.750	6.777	9.643
最小值	−1.090	0.048	0.027	−1.090	0.048	0.027
变异系数	1.175	1.162	1.247	1.002	1.029	1.119

注：表中 2012 年非沿海城市和山东省产权比率最小值均指的是山东省非沿海城市的山东金泰股份有限公司的产权比率，该值为负数，究其原因是该公司 2012 年未分配利润为负数且绝对值比较大导致所有者权益为负数。

2012—2014 年山东省非沿海城市的制造业上市公司产权比率变异系数比较大，所以平均数受极端值的影响比较大。从中位数来看，2012 年山东省非沿海城市的制造业上市公司产权比率低于山东省，2013 年接近于山东省，2014 年大于山东省，总体上差距比较小。从平均数和中位数来看，山东省非沿海城市的制造业上市公司产权比率与山东省制造业产权比率的差距在拉大，逐渐大于山东省制造业上市公司的产权比率。总体上，2012—2014 年山东省非沿海城市的制造业上市公司产权比率比较接近于山东省，债务负担比较小，财务风险比较小，长期偿债能力比较强，同时产权比率在山东省相对较高，可能举债经营的报酬相应的比较多。

(3) 山东省非沿海城市制造业上市公司利息保障倍数分析

非沿海城市的制造业上市公司 2012—2014 年利息保障倍数的平均数与中位数相差较大，说明平均数可能受一些极端值的影响。从中位数来看，2012—2014 年山东省非沿海城市的制造业上市公司利息保障倍数在 4～7.1，总体的利息支付倍数在 4 以上，说明生产经营所得基本能够满足支付利息的需要,支付利息的保证程度比较好,如表 4-69、表 4-70 所示。

表 4-69　2012—2014 年山东省非沿海城市上市公司利息保障倍数比较表

统计指标与区域		2012 年	2013 年	2014 年
平均数	非沿海城市	25.057	11.210	28.253
	山东省	18.979	58.870	17.342
	差异率	32.02%	−80.96%	62.92%
中位数	非沿海城市	7.050	4.037	5.998
	山东省	6.193	4.213	4.843
	差异率	13.84%	−4.18%	23.85%

表 4-70　山东省非沿海城市与山东省的制造业上市公司利息保障倍数统计表

统计量	非沿海城市			山　东　省		
	2012 年	2013 年	2014 年	2012 年	2013 年	2014 年
样本个数	27	32	32	68	79	78
最大值	307.390	115.726	302.745	307.390	3 759.140	302.745
最小值	0.761	0.541	0.022	0.474	0.541	0.022
变异系数	2.433	1.910	2.543	2.568	7.169	2.736

2012—2014 年山东省非沿海城市和山东省的制造业上市公司利息保障倍数变异系数很大,所以平均数受一些极端值的影响比较大,平均数不能较好地反映山东省非沿海城市制造业上市公司利息保障倍数的平均水平。从中位数来看,在 2012 年和 2014 年山东省非沿海城市的制造业上市公司利息保障倍数高于山东省,支付利息的能力相对较强,2013 年山东省非沿海城市的制造业上市公司利息保障倍数低于山东省,支付利息的能力相对较弱。

通过对山东省非沿海城市的制造业上市公司流动比率、速动比率、现金比率以及现金到期债务比率的分析比较,山东省非沿海城市的制造业上市公司短期偿债能力的平均值均高于中位数,而且山东省非沿海城市的制造业上市公司短期偿债能力的平均值均高于山东省平均值,山东省非沿海城市的制造业上市公司流动比率、速动比率、现金比率以及现金到期债务比率比较强,偿还流动负债的能力在山东省制造业上市公司平均水平附近波动。通过对山东省非沿海城市的制造业上市公司资产负债率、产权比率、利息保障倍数的分析比较,山东省非沿海城市的制造业上市公司长期偿债能力的平均值均高于中位数,且资产负债率、利息保障倍数、现金到期债务比率与山东省制造业上市公司的水平比较接近,偿还长期债务的能力在山东省处于平均水平。山东省非沿海城市的制造业上市公司财务状况基本稳定,财务风险适中,偿债能力在山东省处于平均水平。

4.2.2　山东省非沿海城市上市公司营运能力分析

下面选取应收账款周转率、存货周转率、流动资产周转率、固定资产周转率以及总资产周转率五项指标来考察山东省非沿海城市的制造业上市公司的营运能力,如表 4-71、表 4-72 所示。

表 4-71　2012—2014 年山东省非沿海城市上市公司营运能力相关比率

指标	平均数			中位数		
	2012 年	2013 年	2014 年	2012 年	2013 年	2014 年
应收账款周转率	889.739	819.048	623.895	8.557	9.386	8.135
存货周转率	6.758	10.747	7.371	4.241	4.499	4.473
流动资产周转率	1.887	2.151	2.196	1.194	1.238	1.273
固定资产周转率	6.551	7.685	10.674	2.618	2.368	2.125
总资产周转率	0.728	0.816	0.858	0.587	0.623	0.615

表 4-72　2012—2014 年山东省非沿海城市的制造业上市公司营运能力相关比率

指标	平均数			中位数		
	2012 年	2013 年	2014 年	2012 年	2013 年	2014 年
应收账款周转率	12.115	33.505	13.573	7.431	6.652	7.096
存货周转率	4.798	10.366	5.208	4.241	4.292	4.332
流动资产周转率	1.333	1.648	1.698	1.194	1.238	1.373
固定资产周转率	4.798	5.076	12.750	2.360	2.137	2.043
总资产周转率	0.677	0.832	0.922	0.617	0.635	0.650

（1）山东省非沿海城市制造业上市公司应收账款周转率分析

从平均数来看，2012—2014 年山东省非沿海城市的制造业上市公司应收账款周转率的平均数变动很大，且与中位数相差也较大，说明平均数可能受到极端值的影响。从中位数来看，2012—2014 年山东省非沿海城市的制造业上市公司应收账款周转率在 7 附近，更合理一些。总体上，山东省非沿海城市的制造业上市公司应收账款周转率在 7 附近，比较稳定，如表 4-73、表 4-74 所示。

表 4-73　山东省非沿海城市与山东省的制造业上市公司应收账款周转率比较

统计指标与区域		2012 年	2013 年	2014 年
平均数	非沿海城市	12.115	33.505	13.573
	山东省	605.086	908.410	46.850
	差异率	−98.00%	−96.31%	−71.03%
中位数	非沿海城市	7.431	6.652	7.096
	山东省	7.636	6.694	6.532
	差异率	−2.68%	−0.63%	8.63%

表 4-74　山东省非沿海城市与山东省的制造业上市公司应收账款周转率统计表

统计量	非沿海城市			山东省		
	2012 年	2013 年	2014 年	2012 年	2013 年	2014 年
样本个数	50	50	51	112	112	114
最大值	79.958	1 097.971	122.864	57 849.547	91 332.017	1 271.311
最小值	1.661	1.146	0.887	0.848	1.146	0.887
变异系数	1.242	4.600	1.626	9.063	9.512	3.846

2012—2014 年山东省非沿海城市和山东省的制造业上市公司应收账款周转率变异系数很大,平均数受到极端值的影响很大,2013 年的最大值达到 1 097.971,同时山东省的制造业上市公司应收账款周转率变异系数更大,2013 年的最大值达到 91 332.017,平均数不能够较好地反映应收账款周转平均水平。从中位数来看,2012 年和 2013 年山东省非沿海城市的制造业上市公司应收账款周转率略低于山东省,差异率在 3%以下,远小于按平均数得出的差异率,2014 年略高于山东省,差异率为 8.63%。总体上,山东省非沿海城市的制造业上市公司应收账款周转率与山东省比较接近,应收账款的周转能力在山东省制造业上市公司中处于中游。

(2)山东省非沿海城市制造业上市公司存货周转率分析

2012 年和 2014 年山东省非沿海城市的制造业上市公司存货周转率平均数和中位数相差不大,2013 年两者差距比较大,存货周转率在 5 附近,存货周转能力比较强。从中位数来看,2012—2014 年山东省非沿海城市的制造业上市公司存货周转率在 4.3 附近,小于平均数,变化比较小。总体上,山东省非沿海城市的制造业上市公司存货周转率在 5 附近且比较稳定,存货的周转速度比较快,如表 4-75、表 4-76 所示。

表 4-75 山东省非沿海城市与山东省的制造业上市公司存货周转率比较

统计指标与区域		2012 年	2013 年	2014 年
平均数	非沿海城市	4.798	10.366	5.208
	山东省	4.443	6.928	4.657
	差异率	7.99%	49.62%	11.83%
中位数	非沿海城市	4.241	4.292	4.332
	山东省	4.026	3.891	3.897
	差异率	5.34%	10.31%	11.16%

表 4-76 山东省非沿海城市与山东省的制造业上市公司存货周转率统计表

统计量	非沿海城市			山 东 省		
	2012 年	2013 年	2014 年	2012 年	2013 年	2014 年
样本个数	50	50	51	112	112	114
最大值	14.185	281.430	23.863	18.685	281.430	23.863
最小值	0.028	0.031	0.026	0.028	0.031	0.026
变异系数	0.650	3.783	0.742	0.668	3.800	0.785

从平均数来看,2012 年和 2014 年山东省非沿海城市的制造业上市公司存货周转率变异系数比较小,平均数受到极端值的影响比较小,平均数能够较好地反映存货周转率平均水平。由于山东省非沿海城市和山东省 2013 年的变异系数都非常大,平均值受极端值影响比较大,故将 2013 年山东省非沿海城市的制造业上市公司存货周转率中位数与山东省中位数进行比较。从中位数来看,2012—2014 年山东省非沿海城市的制造业上市公司存货周转率略高于山东省。总体上,山东省非沿海城市的制造业上市公司存货周转率高于山东省在 7%~11%,存货的周转能力在全省相对较强。

(3)山东省非沿海城市制造业上市公司流动资产周转率分析

2012—2014 年山东省非沿海城市的制造业上市公司流动资产周转率的平均数与中位数相差不大,说明各上市公司的流动资产周转率出现极端值的现象较少。从中位数来看,2012—

2014年山东省非沿海城市的制造业上市公司流动资产周转率在1.2附近,且逐年稳定增加,流动资产的周转速度比较快,如表4-77、表4-78所示。

表4-77 山东省非沿海城市与山东省的制造业上市公司流动资产周转率比较

统计指标与区域		2012年	2013年	2014年
平均数	非沿海城市	1.333	1.648	1.698
	山东省	1.368	1.504	1.514
	差异率	−2.56%	9.57%	12.15%
中位数	非沿海城市	1.194	1.238	1.373
	山东省	1.169	1.176	1.241
	差异率	2.14%	5.27%	10.64%

表4-78 山东省非沿海城市与山东省的制造业上市公司流动资产周转率统计表

统计量	非沿海城市			山东省		
	2012年	2013年	2014年	2012年	2013年	2014年
样本个数	50	50	51	112	112	114
最大值	4.184	11.402	13.326	4.184	11.402	13.326
最小值	0.037	0.031	0.028	0.037	0.031	0.028
变异系数	0.553	0.996	1.088	0.553	0.827	0.921

2012年山东省非沿海城市的制造业上市公司流动资产周转率变异系数比较小,平均数受到极端值的影响比较小,最大值数值也比较合理,因此平均数能够较好地反映流动资产周转平均水平,流动资产周转率为1.333,流动资产周转速度比较快,2013年和2014年的变异系数相对较大。从平均数和中位数来看,2012—2014年山东省非沿海城市的制造业上市公司流动资产周转率与山东省的差异都比较小,在25%以下,且差异率均为非负数值,说明2012—2014年山东省非沿海城市的制造业上市公司流动资产周转率基本上高于山东省,流动资产的周转速度比较快,流动资产可供运用的机会比较多,使用效率高。

(4)山东省非沿海城市制造业上市公司固定资产周转率分析

从平均数来看,2012—2014年山东省非沿海城市的制造业上市公司固定资产周转率平均数与中位数相差较大,平均数受到极端值的影响比较大,因此平均数不能够很好地反映固定资产周转平均水平。从中位数来看,2012—2014年山东省非沿海城市的制造业上市公司固定资产周转率略大于2,且逐年下降。山东省非沿海城市的制造业上市公司固定资产的周转速度一般且比较稳定,如表4-79、表4-80所示。

表4-79 山东省非沿海城市与山东省的制造业上市公司固定资产周转率比较

统计指标与区域		2012年	2013年	2014年
平均数	非沿海城市	4.798	5.076	12.750
	山东省	4.627	4.538	7.722
	差异率	3.70%	11.86%	65.11%
中位数	非沿海城市	2.360	2.137	2.043
	山东省	2.395	2.261	2.115
	差异率	−1.46%	−5.48%	−3.40%

表 4-80 山东省非沿海城市与山东省的制造业上市公司固定资产周转率统计表

统计量	非沿海城市			山东省		
	2012 年	2013 年	2014 年	2012 年	2013 年	2014 年
样本个数	50	50	51	112	112	114
最大值	57.741	64.802	459.672	57.741	64.802	459.672
最小值	0.367	0.915	0.832	0.367	0.353	0.372
变异系数	1.809	2.001	5.037	1.453	1.651	5.575

从平均数来看，2012—2014 年山东省非沿海城市的制造业上市公司固定资产周转率变异系数和山东省的变异系数都比较大，所以不能直接将两者的平均数进行比较。从中位数来看，2012—2014 年山东省非沿海城市的制造业上市公司固定资产周转率低于山东省 6% 以下，两者的差异率非常小。总体上，固定资产的周转速度一般，固定资产利用效率中等，在山东省处于平均水平。

（5）山东省非沿海城市制造业上市公司总资产周转率分析

从平均数来看，2012—2014 年山东省非沿海城市的制造业上市公司总资产周转率呈逐年上升的态势且增长的幅度较大。从中位数来看，2012—2014 年山东省非沿海城市的制造业上市公司总资产周转率在 61% 以上，逐年缓慢上升，如表 4-81、表 4-82 所示。

表 4-81 山东省非沿海城市与山东省的制造业上市公司总资产周转率比较

统计指标与区域		2012 年	2013 年	2014 年
平均数	非沿海城市	67.7%	83.2%	92.2%
	山东省	72.7%	77.6%	79.7%
	差异率	−6.88%	7.22%	15.68%
中位数	非沿海城市	61.7%	63.5%	65.0%
	山东省	64.1%	64.2%	62.2%
	差异率	−3.7%	−1.1%	4.5%

表 4-82 山东省非沿海城市与山东省的制造业上市公司总资产周转率统计表

统计量	非沿海城市			山东省		
	2012 年	2013 年	2014 年	2012 年	2013 年	2014 年
样本个数	50	50	51	112	112	114
最大值	132.8	784.6	1 184.1	178.5	784.6	1 184.1
最小值	3.5	2.9	2.6	3.5	2.9	2.6
变异系数	0.448	1.266	1.726	0.501	0.976	1.385

通过进一步的比较分析，2013 年和 2014 年山东省制造业上市公司总资产周转率的变异系数比较大，平均值受到极端值的影响比较大，比如 2013 年和 2014 年的最大值分别为 784.6 和 1184.1，所以将山东省非沿海城市和山东省的制造业上市公司总资产周转率比较，无法

合理比较两者的大小。从中位数来看，2012 年和 2013 年山东省非沿海城市的制造业上市公司总资产周转率均略低于山东省，2014 年略高于山东省，总资产的周转速度在山东省处于平均水平，总资产利用效率比较高。

通过对山东省非沿海城市的制造业上市公司的应收账款周转率、存货周转率、流动资产周转率、固定资产周转率及总资产周转率的分析比较，山东省非沿海城市的上市公司的营运能力指标的平均值均高于中位数，且存货周转速度、流动资产周转速度的平均数和中位数均略高于山东省制造业上市公司的水平，而应收账款周转速度的平均数远低于山东省制造业上市公司的水平，中位数接近于山东省制造业上市公司的水平。固定资产周转速度平均数高于山东省制造业上市公司的水平，中位数略低于山东省制造业上市公司的水平。总资产周转速度与山东省制造业上市公司的水平相当，表现出应收账款的周转速度略低。山东省非沿海城市的制造业上市公司的营运能力在山东省处于平均水平。

4.2.3 山东省非沿海城市上市公司盈利能力分析

下面选取了总资产净利率、净资产收益率、营业毛利率以及营业净利率这四项指标来考察山东省非沿海城市的制造业上市公司的盈利能力，如表 4-83、表 4-84 所示。

表 4-83　2012—2014 年山东省非沿海城市上市公司盈利能力相关比率

指标	平均数			中位数		
	2012 年	2013 年	2014 年	2012 年	2013 年	2014 年
总资产净利率	3.9%	4.5%	3.8%	4.6%	4.0%	3.8%
净资产收益率	−34.8%	6.1%	6.4%	7.3%	7.7%	6.9%
营业毛利率	24.6%	23.9%	23.0%	21.0%	18.5%	20.2%
营业净利率	9.2%	13.5%	5.4%	5.7%	5.3%	4.5%

表 4-84　2012—2014 年山东省非沿海城市的制造业上市公司盈利能力相关比率

指标	平均数			中位数		
	2012 年	2013 年	2014 年	2012 年	2013 年	2014 年
总资产净利率	3.3%	4.5%	4.0%	4.7%	4.0%	3.9%
净资产收益率	−55.3%	4.1%	5.7%	6.0%	5.0%	5.9%
营业毛利率	24.0%	23.1%	23.1%	20.6%	18.2%	20.2%
营业净利率	7.4%	12.9%	3.5%	6.1%	5.0%	4.6%

（1）山东省非沿海城市制造业上市公司总资产净利率分析

2012—2014 年山东省非沿海城市的制造业上市公司总资产净利率平均数与中位数相差不大，并且近三年总资产净利率变化也不大。从平均数来看，2012—2014 年山东省非沿海城市的制造业上市公司总资产净利率有一定的波动性，2013 年总资产净利率高于 2012 年和 2014 年。从中位数来看，2012—2014 年山东省非沿海城市的制造业上市公司总资产净利率在 4% 左右，逐年降低，2013 年降低幅度比较大，2014 年降低幅度比较小。总体上，山东省非沿海城市的制造业上市公司总资产净利率在 4% 左右，企业盈利能力比较弱，如表 4-85、表 4-86 所示。

表4-85 山东省非沿海城市与山东省的制造业上市公司总资产净利率比较

统计指标与区域		2012年	2013年	2014年
平均数	非沿海城市	3.3%	4.5%	4.0%
	山东省	4.6%	4.7%	4.4%
	差异率	−28.26%	−4.26%	−9.09%
中位数	非沿海城市	4.7%	4.0%	3.9%
	山东省	4.7%	3.7%	3.9%
	差异率	0.00%	8.11%	0.00%

表4-86 山东省非沿海城市与山东省的制造业上市公司总资产净利率统计表

统计量	非沿海城市			山东省		
	2012年	2013年	2014年	2012年	2013年	2014年
样本个数	50	50	51	112	112	114
最大值	21.2%	38.4%	23.5%	22.1%	38.4%	23.5%
最小值	−55.5%	−21.7%	−13.6%	−55.5%	−21.7%	−13.6%
变异系数	3.242	1.711	1.500	1.783	1.362	1.250

进一步分析发现，2012—2014年山东省非沿海城市和山东省的制造业上市公司总资产净利率变异系数比较大，平均数受到极端值的影响比较大，平均数不能够较好地反映平均总资产净利率。从中位数来看，2012—2014年山东省非沿海城市的制造业上市公司总资产净利率与山东省很接近，盈利能力一般，在山东省的总资产净利率处于平均水平。

（2）山东省非沿海城市制造业上市公司净资产收益率分析

从平均数来看，2012—2014年山东省非沿海城市的制造业上市公司净资产收益率变化很大，2012年为−55.3%，2013年、2014年分别为4.1%和5.7%。2012年平均数与中位数相比，差异也较大，说明2012年净资产收益率的平均数受到极端值的影响很大，平均数不能够较好地反映净资产收益率平均水平。从中位数来看，2012—2014年山东省非沿海城市的制造业上市公司净资产收益率在5.6%左右，先降低后升高。总体上，山东省非沿海城市的制造业上市公司净资产收益率在5.6%左右且先降低再升高。所以山东省非沿海城市的制造业上市公司净资产收益能力比较弱，如表4-87、表4-88所示。

表4-87 山东省非沿海城市与山东省的制造业上市公司净资产收益率比较

统计指标与区域		2012年	2013年	2014年
平均数	非沿海城市	−55.3%	4.1%	5.7%
	山东省	−19.7%	6.2%	6.7%
	差异率	180.71%	−33.87%	−14.93%
中位数	非沿海城市	6.0%	5.0%	5.9%
	山东省	6.9%	5.7%	6.4%
	差异率	−13.04%	−12.28%	−7.81%

表4-88 山东省非沿海城市与山东省的制造业上市公司净资产收益率统计表

统 计 量	非沿海城市			山 东 省		
	2012年	2013年	2014年	2012年	2013年	2014年
样本个数	50	50	51	112	112	114
最大值	25.0%	22.7%	116.5%	33.4%	34.8%	116.5%
最小值	-2 988.1%	-47.9%	-78.9%	-2 988.1%	-47.9%	-78.9%
变异系数	-7.658	3.146	4.070	-14.381	1.855	2.537

从平均数来看，2012—2014年山东省非沿海城市和山东省的制造业上市公司净资产收益率变异系数比较大，平均数受到极端值的影响比较大，很大程度上影响了平均数，所以平均数不能够较好地反映净资产收益率平均水平。从中位数来看，2012—2014年山东省非沿海城市的制造业上市公司净资产收益率略小于山东省总体，净资产收益能力在山东省处于平均水平，盈利能力一般。

（3）山东省非沿海城市制造业上市公司营业毛利率分析

从平均数来看，2012—2014年山东省非沿海城市的制造业上市公司营业毛利率变异系数小于其他指标的变异系数，平均数受到极端值的影响比较小，因此平均数能够较好地反映营业毛利率平均水平。从图4-5中可以看出营业毛利率主要集中在10%~40%，盈利能力比较稳定。2012—2014年山东省非沿海城市的制造业上市公司营业毛利率的平均数与中位数相差不大，数值变化不大，营业毛利率比较稳定。从中位数来看，2012—2014年山东省非沿海城市的制造业上市公司营业毛利率在20%左右，每年均低于平均数。总体上，山东省非沿海城市的制造业上市公司营业毛利率水平在20%以上，盈利能力相对较强且稳定，如表4-89、表4-90所示。

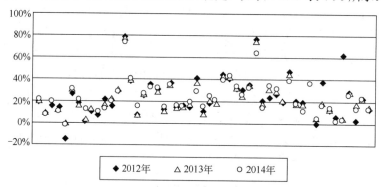

图4-5 2012—2014年山东省非沿海城市的制造业上市公司营业毛利率散点图

表4-89 山东省非沿海城市与山东省的制造业上市公司营业毛利率比较

统计指标与区域		2012年	2013年	2014年
平均数	非沿海城市	24.0%	23.1%	23.1%
	山东省	24.3%	23.6%	23.4%
	差异率	-1.23%	-2.12%	-1.28%
中位数	非沿海城市	20.6%	18.2%	20.2%
	山东省	20.4%	19.4%	20.7%
	差异率	0.98%	-6.19%	-2.42%

表 4-90 山东省非沿海城市与山东省的制造业上市公司营业毛利率统计表

统计量	非沿海城市			山 东 省		
	2012 年	2013 年	2014 年	2012 年	2013 年	2014 年
样本个数	50	50	51	112	112	114
最大值	78.2%	78.3%	73.4%	78.2%	78.3%	73.4%
最小值	−14.3%	−0.5%	−1.5%	−14.3%	−0.5%	−1.5%
变异系数	0.733	0.680	0.619	0.679	0.623	0.590

从平均数来看 2012—2014 年山东省非沿海城市的制造业上市公司营业毛利率与山东省的差异很小，绝对值不到 3%，差异率均为负值，说明 2012—2014 年山东省非沿海城市的制造业上市公司营业毛利率接近于山东省。从中位数来看，2012—2014 年山东省非沿海城市的制造业上市公司营业毛利率与山东省的差异也比较小，说明非沿海城市的制造业上市公司，盈利能力在山东省处于平均水平。

（4）山东省非沿海城市制造业上市公司营业净利率分析

从平均数来看，2012—2014 年山东省非沿海城市的制造业上市公司营业净利率变化很大，平均数可能受到极端值的影响，因此平均数不能够较好地反映营业净利率平均水平。从中位数来看，2012—2014 年山东省非沿海城市的制造业上市公司营业净利率在 5% 左右，且逐年下降。总体上，山东省非沿海城市的制造业上市公司营业净利率在 5% 左右，营业净利率比较低，盈利能力比较弱，如表 4-91、表 4-92 所示。

表 4-91 山东省非沿海城市与山东省的制造业上市公司营业净利率比较

统计指标与区域		2012 年	2013 年	2014 年
平均数	非沿海城市	7.4%	12.9%	3.5%
	山东省	7.8%	9.5%	5.5%
	差异率	−5.13%	35.79%	−36.36%
中位数	非沿海城市	6.1%	5.0%	4.6%
	山东省	5.9%	5.5%	5.8%
	差异率	3.39%	−9.09%	−20.69%

表 4-92 山东省非沿海城市与山东省的制造业上市公司营业净利率统计表

统计量	非沿海城市			山 东 省		
	2012 年	2013 年	2014 年	2012 年	2013 年	2014 年
样本个数	50	50	51	112	112	114
最大值	287.4%	339.2%	27.6%	287.4%	339.2%	34.2%
最小值	−332.1%	−28.7%	−86.4%	−332.1%	−65.8%	−86.4%
变异系数	8.797	3.736	4.429	5.628	3.516	2.255

从平均数来看，2012—2014 年山东省非沿海城市和山东省的制造业上市公司营业净利率变异系数很大，平均数受到极端值的影响大，平均数不能够较好地反映营业净利率平均水平，说明各上市公司的营业净利率水平相差较大。从中位数来看，2012 年山东省非沿海城市的制造业上市公司营业净利率略高于山东省，2013 年和 2014 年低于山东省 9%～21%，营业净利率比较小，盈利能力一般，在山东省处于平均水平。

综上所述,通过对山东省非沿海城市的制造业上市公司的总资产净利润率、净资产收益率、营业毛利率以及营业净利率这四项指标数值的分析比较,山东省非沿海城市的上市公司净利润率、净资产收益率、营业毛利率以及营业净利率的平均值基本上略小于山东省制造业上市公司对应的平均值,中位数在山东省平均水平附近,盈利能力在山东省处于平均水平。

4.2.4 山东省非沿海城市上市公司发展能力分析

下面选取了资本积累率、总资产增长率、营业利润增长率以及营业收入增长率这四项指标来考察山东省非沿海城市的制造业上市公司的发展能力,如表4-93、表4-94所示。

表4-93 2012—2014年山东省非沿海城市上市公司发展能力相关比率

指标	平均数			中位数		
	2012年	2013年	2014年	2012年	2013年	2014年
资本积累率	19.7%	5.7%	20.6%	4.9%	4.7%	6.9%
总资产增长率	15.2%	16.5%	18.6%	7.3%	7.4%	8.4%
营业利润增长率	106.4%	−2.9%	17.1%	−27.3%	−5.0%	3.2%
营业收入增长率	13.1%	161.8%	16.0%	2.7%	10.0%	10.2%

表4-94 2012—2014年山东省非沿海城市的制造业上市公司发展能力相关比率

指标	平均数			中位数		
	2012年	2013年	2014年	2012年	2013年	2014年
资本积累率	22.4%	3.6%	23.3%	3.7%	2.8%	6.2%
总资产增长率	16.9%	18.2%	21.6%	5.7%	6.8%	9.5%
营业利润增长率	−148.5%	12.1%	12.8%	−26.0%	−7.1%	5.8%
营业收入增长率	8.4%	228.2%	23.5%	1.4%	10.0%	14.0%

(1)山东省非沿海城市制造业上市公司资本积累率分析

从平均数来看,2012—2014年山东省非沿海城市的制造业上市公司资本积累率变化比较大,且与中位数相比差异也较大,说明平均数受到极端值的影响比较大,平均数不能够较好地反映山东省非沿海城市的制造业上市公司的平均资本积累率水平。从中位数来看,2012—2014年山东省非沿海城市的制造业上市公司资本积累率分别为3.7%、2.8%、6.2%,先降低后升高,升高幅度大于降低幅度。总体上,山东省非沿海城市的制造业上市公司资本积累率均大于零但不稳定,2012年和2013年比较低,2014年比较高。综上,企业的资本积累比较小,应付风险、持续发展的能力比较弱,表4-95、表4-96所示。

表4-95 山东省非沿海城市与山东省的制造业上市公司资本积累率比较

统计指标与区域		2012年	2013年	2014年
平均数	非沿海城市	22.4%	3.6%	23.3%
	山东省	19.2%	7.1%	21.7%
	差异率	16.7%	−49.3%	7.4%
中位数	非沿海城市	3.7%	2.8%	6.2%
	山东省	5.4%	4.7%	6.4%
	差异率	−31.5%	−40.4%	−3.1%

表 4-96 山东省非沿海城市与山东省的制造业上市公司资本积累率统计表

统计量	非沿海城市			山东省		
	2012年	2013年	2014年	2012年	2013年	2014年
样本个数	50	50	51	112	112	114
最大值	333.4%	71.2%	311.8%	333.4%	74.7%	311.8%
最小值	−191.6%	−105.1%	−47.8%	−191.6%	−105.1%	−47.8%
变异系数	3.527	6.417	2.661	3.083	2.634	2.253

2012年和2014年山东省非沿海城市的制造业上市公司资本积累率和山东省制造业上市公司资本积累率的变异系数都比较大，平均值受极端值的影响比较大，比如2012年后者的最大值和最小值分别为333.4%和−191.6%，所以根据平均数分析影响结论的合理性。从中位数来看，2012年和2014年山东省非沿海城市的制造业上市公司资本积累率低于山东省，2014年两者比较接近。总体上看，山东省非沿海城市的制造业上市公司资本积累率在2012年和2013年低于山东省，股东权益增加率在山东省处于较低水平，2014年情况有所好转，接近山东省的平均水平。

（2）山东省非沿海城市制造业上市公司总资产增长率分析

从平均数来看，2012—2014年山东省非沿海城市的制造业上市公司总资产增长率变化不大，但与中位数相比，两者相差较大，说明平均数可能受到极端值的影响。从中位数来看，2012—2014年山东省非沿海城市的制造业上市公司总资产增长率在5%～10%，且逐年增加，且总资产增长率速度高于利润的增长速度，公司规模不断扩大，如表4-97、表4-98所示。

表 4-97 山东省非沿海城市与山东省的制造业上市公司总资产增长率比较

	统计指标与区域	2012年	2013年	2014年
平均数	非沿海城市	16.9%	18.2%	21.6%
	山东省	17.2%	15.8%	17.9%
	差异率	−1.74%	15.19%	20.67%
中位数	非沿海城市	5.7%	6.8%	9.5%
	山东省	9.3%	8.8%	9.0%
	差异率	−38.71%	−22.73%	5.56%

表 4-98 山东省非沿海城市与山东省的制造业上市公司总资产增长率统计表

统计量	非沿海城市			山东省		
	2012年	2013年	2014年	2012年	2013年	2014年
样本个数	50	50	51	112	112	114
最大值	160.3%	340.7%	253.9%	160.3%	340.7%	253.9%
最小值	−38.2%	−18.3%	−29.0%	−38.2%	−18.3%	−29.0%
变异系数	2.290	2.747	2.185	1.826	2.209	2.073

从平均数来看，2012年和2014年山东省非沿海城市的制造业上市公司总资产增长率和山东省制造业上市公司总资产增长率的变异系数都比较大，平均值受极端值的影响比较大，平均数未能很好地反映总资产增长率平均水平。从中位数来看，2012年和2013年山东省非沿

海城市的制造业上市公司总资产增长率低于山东省,2014 年略高于山东省,差异率相对较小。总体上 2012 年和 2013 年山东省非沿海城市的制造业上市公司总资产增长率低于山东省,资产增长速度在山东省处于较低水平。

(3)山东省非沿海城市制造业上市公司营业利润增长率分析

山东省非沿海城市制造业上市公司的营业利润增长率在不同企业不同时间的差别很大,平均数可能受到极端值的影响很大,因此平均数不能够很好地反映营业利润增长率平均水平。从中位数来看,2012—2014 年山东省非沿海城市的制造业上市公司营业利润增长率逐年增长,2012 年和 2013 年中位数为负数,说明至少有一半的公司的营业利润仍处于为负增长状态。总体上,山东省非沿海城市的制造业上市公司营业利润比较低但表现为增长的趋势,如表 4-99、表 4-100 所示。

表4-99　山东省非沿海城市与山东省的制造业上市公司营业利润增长率比较

统计指标与区域		2012 年	2013 年	2014 年
平均数	非沿海城市	−148.5%	12.1%	12.8%
	山东省	−65.8%	13.9%	9.7%
	差异率	125.68%	−12.95%	31.96%
中位数	非沿海城市	−26.0%	−7.1%	5.8%
	山东省	−9.8%	−3.1%	8.7%
	差异率	165.31%	129.03%	−33.33%

表4-100　山东省非沿海城市与山东省的制造业上市公司营业利润增长率统计表

统计量	非沿海城市			山东省		
	2012 年	2013 年	2014 年	2012 年	2013 年	2014 年
样本个数	47	50	50	107	112	112
最大值	5.157%	18.017%	12.612%	8.684%	18.017%	34.308%
最小值	−4 691.9%	−736.2%	−587.2%	−4 691.9%	−736.2%	−5 628.0%
变异系数	−4.816	25.041	18.664	−7.599	15.705	70.691

从平均数来看,2012 年和 2014 年山东省非沿海城市的制造业上市公司营业利润增长率和山东省制造业上市公司营业利润增长率的变异系数都比较大,平均值受极端值的影响比较大,比如 2012 年非沿海城市的制造业上市公司山东钢铁集团有限公司的营业利润增长率为 −4 691.9%,究其原因主要是该公司 2011 年的营业利润为 63 379 407.06 元,2013 年的营业利润为 −3 681 197 359.41 元,营业利润大幅度下跌,进而营业利润增长率非常小。所以根据平均数分析影响结论的合理性。从中位数来看,2012 年和 2014 年山东省非沿海城市的制造业上市公司营业利润增长率均低于山东省,在山东处于较低水平。

(4)山东省非沿海城市制造业上市公司营业收入增长率分析

从平均数来看,2012—2014 年山东省非沿海城市的制造业上市公司营业收入增长率变化很大,说明平均数受到极端值的影响很大,因此平均数不能够很好地反映营业收入增长率平均水平。从中位数来看,2012—2014 年山东省非沿海城市的制造业上市公司营业收入增长率逐年增加,且增加幅度比较大。总体上,山东省非沿海城市的制造业上市公司营业收入发展水平逐年增加,且在 2013 年和 2014 年营业收入水平比较高,如表 4-101、表 4-102 所示。

表 4-101　山东省非沿海城市与山东省的制造业上市公司营业收入增长率比较

统计指标与区域		2012 年	2013 年	2014 年
平均数	非沿海城市	8.4%	228.2%	23.5%
	山东省	8.3%	107.6%	16.0%
	差异率	1.20%	112.08%	46.88%
中位数	非沿海城市	1.4%	10.0%	14.0%
	山东省	3.6%	9.8%	10.6%
	差异率	−61.11%	2.04%	32.08%

表 4-102　山东省非沿海城市与山东省的制造业上市公司营业收入增长率统计表

统计量	非沿海城市			山　东　省		
	2012 年	2013 年	2014 年	2012 年	2013 年	2014 年
样本个数	47	50	50	107	112	112
最大值	127.8%	10 706.6%	277.1%	127.8%	10 706.6%	296.6%
最小值	−72.2%	−23.0%	−42.8%	−72.2%	−41.3%	−42.8%
变异系数	3.881	6.627	2.077	3.277	9.394	2.806

从平均数来看，2012 年和 2014 年山东省非沿海城市的制造业上市公司营业收入增长率和山东省制造业上市公司营业收入增长率的变异系数都比较大，平均值受极端值的影响比较大。从中位数来看，2013 年和 2014 年山东省非沿海城市的制造业上市公司营业收入增长率高于山东省，2012 年低于山东省。总体上，山东省非沿海城市的制造业上市公司营业收入增长水平在逐步提高，在 2013 年达到了平均水平，2014 年水平比较高，说明非沿海城市的制造业上市公司营业收入增长较快。

综上所述，通过对山东省非沿海城市的制造业上市公司的资本积累率、总资产增长率、营业利润增长率以及营业收入增长率等发展能力指标的分析比较，山东省非沿海城市的制造业上市公司的发展能力在逐步改善，除资本积累率在 2013 年下降外，其他指标均呈上升变化趋势，逐渐缩小与山东省发展的差距，甚至在 2014 年非沿海城市的制造业上市公司总资产增长率和营业收入增长率高于山东省对应的平均值，发展前景比较好，未来的发展能力潜力较大。

4.3　山东省欠发达城市的上市公司财务报告数据分析

截至 2014 年 12 月，山东省欠发达城市的上市公司共 26 家，相比山东省的沿海城市和非沿海城市而言，上市公司的数量较少，且只局限于三个行业，如表 4-103 和图 4-6 所示。

表 4-103　山东省欠发达城市的上市公司各行业的分布表

行　　业	数　　量	比　　重	资本额（元）	比　　重
采矿业	1	3.85%	4 918 400 000	24.95%
制造业	24	92.30%	14 281 213 525	72.45%
综合	1	3.85%	511 697 213	2.60%
总计	26	100.00%	19 711 310 738	100.00%

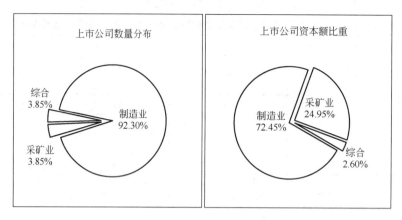

图 4-6 欠发达城市的上市公司各行业的分布图

山东省欠发达城市的上市公司主要为制造业上市公司,数量上制造业上市公司占92.30%,资本额上制造业上市公司占72.45%,均占主要地位。

4.3.1 山东省欠发达城市上市公司偿债能力分析

4.3.1.1 山东省欠发达城市上市公司短期偿债能力分析

下面选取了流动比率、速动比率、现金比率以及现金到期债务比率这四项指标来考察山东省欠发达城市的上市公司的短期偿债能力,如表4-104、表4-105所示。

表4-104 2012—2014年山东省欠发达城市上市公司短期偿债能力相关比率

指标	平 均 数			中 位 数		
	2012年	2013年	2014年	2012年	2013年	2014年
流动比率	1.528	1.652	1.523	1.397	1.282	1.420
速动比率	1.152	1.273	1.170	0.993	0.974	1.084
现金比率	0.525	0.545	0.471	0.347	0.299	0.319
现金到期债务比率	3.583	1.372	−13.360	0.503	0.605	0.370

表4-105 2012—2014年山东省欠发达城市制造业上市公司短期偿债能力相关比率

指标	平 均 数			中 位 数		
	2012年	2013年	2014年	2012年	2013年	2014年
流动比率	1.538	1.648	1.523	1.397	1.282	1.373
速动比率	1.163	1.276	1.168	0.993	0.910	1.056
现金比率	0.533	0.546	0.472	0.286	0.270	0.319
现金到期债务比率	3.716	1.402	1.610	0.476	0.515	0.370

(1)山东省欠发达城市制造业上市公司流动比率分析

从平均数来看,2012—2014年山东省欠发达城市的制造业上市公司流动比率由1.538先升到1.648后降至1.523,总体的流动比率大于1.5小于2。从中位数来看,2012—2014年山东省欠发达城市的制造业上市公司流动比率由1.397降低至1.282后又升到1.373,总体的流动比率低于1.5,2012年到2014年的下降程度比较小。欠发达城市的制造业各上市公司流动比率的变化比较小，平均数均高于对应的中位数，平均数受到极端值的影响比较小，所以总体上，山东省欠发达城市的制造业上市公司流动比率在 1.5 左右，超过 1 的部分比较比较小，债权人的安全边际比较小，收回债权的可靠程度比较低，如表 4-106、表 4-107 所示。

表 4-106　2012—2014 年山东省欠发达城市上市公司流动比率比较表

统计指标与区域		2012 年	2013 年	2014 年
平均数	欠发达城市	1.538	1.648	1.523
	山东省	2.856	2.242	2.208
	差异率	−46.15%	−26.49%	−31.02%
中位数	欠发达城市	1.397	1.282	1.373
	山东省	1.752	1.590	1.544
	差异率	−20.26%	−19.37%	−11.08%

表 4-107　山东省欠发达城市与山东省的制造业上市公司流动比率统计表

统计量	欠发达城市			山东省		
	2012 年	2013 年	2014 年	2012 年	2013 年	2014 年
样本个数	24	24	24	112	112	114
最大值	4.470	5.114	3.999	25.080	17.317	32.023
最小值	0.353	0.321	0.289	0.011	0.321	0.276
变异系数	0.578	0.677	0.520	1.403	1.076	1.459

从平均数来看，2012—2014 年山东省欠发达城市的制造业上市公司流动比率与山东省的差异率较大，2012—2014 年均低于山东省，山东省的变异系数比较大，所以将欠发达城市的制造业上市公司流动比率平均数与山东省中位数比较，前者均基本上小于后者。从中位数来看，2012—2014 年山东省欠发达城市的制造业上市公司流动比率均低于山东省，差异率比较小。总体上，山东省欠发达城市的制造业上市公司流动比率低于山东省，在全省处于较低平均水平，短期偿债能力弱。

（2）山东省欠发达城市制造业上市公司速动比率分析

2012—2014 年山东省欠发达城市的制造业上市公司速动比率变化比较小。从平均数来看，2012—2014 年山东省欠发达城市的制造业上市公司速动比率先升高后降低，在 1.2 附近波动。从中位数来看，2012—2014 年山东省欠发达城市的制造业上市公司速动比率先略微降低后略微升高，2014 年的速动比率变异系数相对于 2012 年和 2013 年比较小，平均值受极端值的影响比较小，平均值和中位数比较接近。山东省欠发达城市的制造业上市公司的速动比率略大于 1，就是说，每一元的流动负债，基本上有 1 元几乎可以立即变现的资产来偿付，短期偿债能力一般，如表 4-108、表 4-109 所示。

表 4-108　2012—2014 年山东省欠发达城市上市公司速动比率比较表

统计指标与区域		2012 年	2013 年	2014 年
平均数	欠发达城市	1.163	1.276	1.168
	山东省	2.272	1.726	1.687
	差异率	−48.81%	−26.07%	−30.76%

续表

	统计指标与区域	2012 年	2013 年	2014 年
中位数	欠发达城市	0.993	0.910	1.056
	山东省	1.195	1.077	1.071
	差异率	−16.90%	−15.51%	−1.40%

表 4-109　山东省欠发达城市与山东省的制造业上市公司速动比率统计表

统计量	欠发达城市			山　东　省		
	2012 年	2013 年	2014 年	2012 年	2013 年	2014 年
样本个数	24	24	24	112	112	114
最大值	4.040	4.424	2.920	24.063	16.536	30.205
最小值	0.169	0.120	0.150	0.005	0.120	0.130
变异系数	0.736	0.785	0.550	1.611	1.304	1.801

进一步分析发现，山东省欠发达城市的制造业上市公司速动比率变异系数比较大，所以受到极端值的影响比较大。2012—2014 年山东省欠发达城市的制造业上市公司速动比率平均数均比中位数低于山东省的幅度大，在 25% 以上。从中位数来看，2012—2014 年山东省欠发达城市的制造业上市公司速动比率低于山东省，差异率较小。总体来说，2012—2014 年山东省欠发达城市的制造业上市公司速动比率低于山东省，速动比率在山东省处于低水平，短期偿债能力比较弱。

另外，山东省欠发达城市制造业上市公司无论平均数或者中位数，速动比率是流动比率的 0.7～0.8 倍，即速动资产在流动资产的比重比较大，存货在流动资产的比重相对较少。一般认为，存货在企业的全部流动资产中，大约占 50%，而山东省欠发达城市的制造业上市公司这一比重为 20%～30%，相对较少。

（3）山东省欠发达城市制造业上市公司现金比率分析

2012—2014 年山东省欠发达城市的制造业上市公司现金比率的平均数变化比较小，但与中位数相比，相差较大，几乎是中位数的 2 倍，说明平均值受极端值的影响比较大，平均数不能较好地反映山东省欠发达城市制造业上市公司现金比率的平均水平。从中位数来看，2012—2014 年山东省欠发达城市的制造业上市公司现金比率在 0.3 左右，呈现先降低后升高的变化趋势，但总体变化幅度比较小，说明山东省欠发达城市的制造业上市公司直接偿付能力一般，当企业需要大量现金时，基本上能够解决资金问题，如表 4-110、表 4-111 所示。

表 4-110　2012—2014 年山东省欠发达城市上市公司现金比率比较表

	统计指标与区域	2012 年	2013 年	2014 年
平均数	欠发达城市	0.533	0.546	0.472
	山东省	1.160	0.774	0.745
	差异率	−54.05%	−29.46%	−36.64%
中位数	欠发达城市	0.286	0.270	0.319
	山东省	0.406	0.303	0.287
	差异率	−29.56%	−10.89%	11.15%

表 4-111 山东省欠发达城市与山东省的制造业上市公司现金比率统计表

统计量	欠发达城市			山东省		
	2012 年	2013 年	2014 年	2012 年	2013 年	2014 年
样本个数	24	24	24	112	112	114
最大值	2.881	2.397	1.879	21.439	14.048	25.380
最小值	0.015	0.006	0.004	0	0.006	0.004
变异系数	1.300	1.229	1.068	2.245	2.151	3.409

山东省欠发达城市和山东省的制造业上市公司变异系数均比较大，对平均值的影响比较大，所以平均数不能较好地反映现金比率的平均水平。从中位数来看，2012 年和 2013 年山东省欠发达城市的制造业上市公司现金比率均低于山东省，2014 年高于山东省，总体上，短期偿债能力比较弱。

（4）山东省欠发达城市上市公司现金到期债务比率分析

2012—2014 年山东省欠发达城市制造业上市公司现金到期债务比率平均数变化比较大，并且平均数与中位数相差较大，说明平均数可能受一些极端值的影响，不能较好地反映山东省欠发达城市制造业上市公司现金到期债务比率的平均水平。从中位数来看，2012—2014 年山东省欠发达城市的制造业上市公司现金到期债务比率在 0.3~0.6，相对合理一些，但此比率较低，说明企业经营活动产生的现金难以偿付到期债务，如表 4-112、表 4-113 所示。

表 4-112 2012—2014 年山东省欠发达城市上市公司现金到期债务比率比较表

统计指标与区域		2012 年	2013 年	2014 年
平均数	欠发达城市	3.716	1.402	1.610
	山东省	2.379	8.032	6.024
	差异率	56.20%	−82.54%	−73.27%
中位数	欠发达城市	0.476	0.515	0.370
	山东省	0.589	0.849	0.695
	差异率	−19.19%	−39.34%	−46.76%

表 4-113 山东省欠发达城市与山东省的制造业上市公司现金到期债务比率统计表

指标	欠发达城市			山东省		
统计量	2012 年	2013 年	2014 年	2012 年	2013 年	2014 年
样本个数	21	21	21	89	95	97
最大值	46.838	11.542	15.630	92.191	304.811	210.561
最小值	−0.707	−1.956	−0.300	−157.184	−3.736	−35.383
变异系数	2.840	2.213	2.206	9.062	4.466	4.588

注：样本数量明显偏少的原因是一些企业没有一年内到期的非流动负债，说明这些企业短期内无到期债务偿还的压力。

2012—2014 年山东省欠发达城市的制造业上市公司现金到期债务比率变异系数比较大，所以平均数可能受一些极端值的影响比较大，导致现金到期债务比率远大于 100%，不符合经验判断。从中位数来看，2012 和 2014 年山东省欠发达城市的制造业上市公司现金到期债务比率均低于山东省，说明企业到期债务可以由经营活动创造的现金来支付的程度比较小，长期偿债能力比较弱。

4.3.1.2 山东省欠发达城市上市公司长期偿债能力分析

下面选取了资产负债率、产权比率、利息保障倍数这三项指标来考察山东省欠发达城市的上市公司的长期偿债能力，如表4-114、表4-115所示。

表4-114　2012—2014年山东省欠发达城市上市公司长期偿债能力相关比率

指标	平均数			中位数		
	2012年	2013年	2014年	2012年	2013年	2014年
资产负债率	48.1%	47.9%	47.6%	48.5%	52.4%	47.6%
产权比率	1.239	1.331	1.269	0.942	1.103	0.908
利息保障倍数	5.522	7.171	5.646	3.555	2.234	2.268

表4-115　2012—2014年山东省欠发达城市制造业上市公司长期偿债能力相关比率

指标	平均数			中位数		
	2012年	2013年	2014年	2012年	2013年	2014年
资产负债率	49.1%	48.7%	48.0%	48.5%	52.4%	47.6%
产权比率	1.273	1.356	1.281	0.942	1.103	0.908
利息保障倍数	5.143	7.273	5.768	3.300	2.234	2.113

（1）山东省欠发达城市制造业上市公司资产负债率分析

2012—2014年山东省欠发达城市制造业上市公司资产负债率变化不大，而且平均数与中位数相差不大，说明欠发达城市制造业上市公司资产负债率受极端值影响较小。从中位数来看，2012—2014年山东省欠发达城市的制造业上市公司资产负债率在50%左右，先增加后减少。总体的资产负债率在50%附近，该指标比较大，说明企业的债务负担比较重，偿债能力比较弱，如表4-116、表4-117所示。

表4-116　2012—2014年山东省欠发达城市上市公司资产负债率比较表

统计指标与区域		2012年	2013年	2014年
平均数	欠发达城市	49.1%	48.7%	48.0%
	山东省	50.8%	43.1%	42.8%
	差异率	−3.35%	12.99%	12.15%
中位数	欠发达城市	48.5%	52.4%	47.6%
	山东省	39.4%	40.9%	41.0%
	差异率	23.10%	28.12%	16.10%

表4-117　山东省欠发达城市与山东省的制造业上市公司资产负债率统计表

统计量	欠发达城市			山东省		
	2012年	2013年	2014年	2012年	2013年	2014年
样本个数	24	24	24	112	112	114
最大值	79.6%	82.8%	83.2%	1 212.7%	87.1%	90.6%
最小值	19.0%	14.4%	17.9%	3.4%	4.6%	2.6%
变异系数	0.371	0.423	0.398	2.217	0.471	0.458

2012—2014 年山东省欠发达城市的制造业上市公司资产负债率变异系数比较小,平均数可能受一些极端值的影响比较小,资产负债率在 48.5%左右。而山东省的制造业上市公司资产负债率在 2012 年比较大,所以其平均数的比较不太合理。2013 年和 2014 年,山东省欠发达城市的制造业上市公司资产负债率的平均数均高于山东省。从中位数来看,2012 年和 2013 年山东省欠发达城市的制造业上市公司资产负债率均高于山东省,2014 年低于山东省。总体上,2012—2014 年山东省欠发达城市的制造业上市公司资产负债率高于山东省,债务负担比较大,财务风险比较大,总体偿债能力比较弱。

(2)山东省欠发达城市制造业上市公司产权比率分析

从平均数来看,2012—2014 年山东省欠发达城市的制造业上市公司产权比率在 1.3 左右,变异系数相对较小,受极端值的影响比较小,平均数能够反映欠发达城市的各个制造业上市公司产权比率的平均分布。从中位数来看,2012—2014 年山东省欠发达城市的制造业上市公司产权比率在 1 左右,变化同平均数,先升高后降低。2012—2014 年山东省欠发达城市的制造业上市公司产权比率的平均数大于 1.2,2012—2014 年的中位数在 1 附近,该数值相对较大,说明上市公司的债务负担稍微有点重,偿还长期债务的能力稍微弱一些,但同时借债比较大,可能通过举债获取的额外利润比较多,如表 4-118、表 4-119 所示。

表 4-118 2012—2014 年山东省欠发达城市上市公司产权比率比较表

统计指标与区域		2012 年	2013 年	2014 年
平均数	欠发达城市	1.273	1.356	1.281
	山东省	0.938	1.105	1.086
	差异率	35.71%	22.71%	17.96%
中位数	欠发达城市	0.942	1.103	0.908
	山东省	0.630	0.693	0.694
	差异率	49.52%	59.16%	30.84%

表 4-119 山东省欠发达城市与山东省制造业上市公司产权比率统计表

统计量	欠发达城市			山 东 省		
	2012 年	2013 年	2014 年	2012 年	2013 年	2014 年
样本个数	24	24	24	112	112	114
最大值	3.910	4.808	4.957	4.750	6.777	9.643
最小值	0.235	0.168	0.219	−1.090	0.048	0.027
变异系数	0.755	0.862	0.877	1.002	1.029	1.119

2012—2014 年山东省欠发达城市的制造业上市公司产权比率变异系数比较小,所以平均数受极端值的影响比较小,所以平均数能够一定程度上反映出欠发达城市的产权比率在 1.3 左右,而且 2012—2014 年均大于山东省。从中位数来看,2012—2014 年山东省欠发达城市的制造业上市公司产权比率大于山东省,差异率在 30%以上,总体上差距比较大。总体上,2012—2014 年山东省欠发达城市的制造业上市公司产权比率大于山东省,债务负担比较重,财务风险比较大,长期偿债能力比较弱,同时产权比率在山东省比较高,可能举债经营的报

酬相应的比较多。

(3) 山东省欠发达城市制造业上市公司利息保障倍数分析

2012—2014 年欠发达城市的制造业上市公司利息保障倍数变化比较大，且与中位数相差也较大，说明一些极端值对平均值的影响比较大，平均数不能较好地反映山东省欠发达城市制造业上市公司利息保障倍数的平均水平。从中位数来看，2012—2014 年山东省欠发达城市的制造业上市公司利息保障倍数在 2.1～3.3。总体的利息保障倍数大于 2，说明生产经营所得能够满足支付利息的需要，支付利息的保证程度比较高，如表 4-120、表 4-121 所示。

表 4-120　2012—2014 年山东省欠发达城市上市公司利息保障倍数比较表

统计指标与区域		2012 年	2013 年	2014 年
平均数	欠发达城市	5.143	7.273	5.768
	山东省	18.979	58.870	17.342
	差异率	−72.90%	−87.65%	−66.74%
中位数	欠发达城市	3.300	2.234	2.113
	山东省	6.193	4.213	4.843
	差异率	−46.71%	−46.97%	−56.37%

表 4-121　山东省欠发达城市与山东省制造业上市公司利息保障倍数统计表

统计量	欠发达城市			山东省		
	2012 年	2013 年	2014 年	2012 年	2013 年	2014 年
样本个数	20	19	18	68	79	78
最大值	21.013	55.591	32.920	307.390	3 759.140	302.745
最小值	1.057	1.075	0.356	0.474	0.541	0.022
变异系数	1.002	1.745	1.390	2.568	7.169	2.736

2012—2014 年山东省欠发达城市和山东省的制造业上市公司利息保障倍数变异系数比较大，平均数受一些极端值的影响比较大。从中位数来看，2012—2014 年山东省欠发达城市的制造业上市公司利息保障倍数低于山东省 46% 以上，支付利息的能力相对较弱。

通过对山东省欠发达城市的制造业上市公司流动比率、速动比率、现金比率以及现金到期债务比率的分析比较，山东省欠发达城市的制造业上市公司短期偿债能力的平均值均高于中位数，而且山东省欠发达城市的制造业上市公司短期偿债能力低于山东省制造业上市公司，短期偿债能力比较弱。通过对山东省欠发达城市的制造业上市公司资产负债率、产权比率以及利息保障倍数的分析比较，山东省欠发达城市的制造业上市公司长期偿债能力的平均值均高于中位数，且利息保障倍数低于山东省制造业上市公司，低于 40% 以上。资产负债率和产权比率高于山东省制造业上市公司。山东省欠发达城市的制造业上市公司财务状况较弱，财务风险较大，偿债能力在山东省处于较低水平，但是其举债经营获取额外报酬的能力可能相对较强。

4.3.2　山东省欠发达城市上市公司营运能力分析

下面仍选取应收账款周转率、存货周转率、流动资产周转率、固定资产周转率以及总资产周转率五项指标来考察山东省欠发达城市的制造业上市公司的营运能力,如表 4-122、表 4-123 所示。

表4-122 2012—2014 年山东省欠发达城市上市公司营运能力相关比率

指标	平均数			中位数		
	2012 年	2013 年	2014 年	2012 年	2013 年	2014 年
应收账款周转率	2 556.979	3 825.787	140.142	12.169	11.330	9.680
存货周转率	6.389	6.327	6.523	4.536	4.783	4.657
流动资产周转率	1.726	1.696	1.587	1.539	1.533	1.256
固定资产周转率	3.568	3.123	2.467	2.146	1.878	1.642
总资产周转率	0.800	0.741	0.669	0.675	0.676	0.630

表4-123 2012—2014 年山东省欠发达城市的制造业上市公司营运能力相关比率

指标	平均数			中位数		
	2012 年	2013 年	2014 年	2012 年	2013 年	2014 年
应收账款周转率	2 766.830	4 142.118	150.083	12.169	11.330	9.680
存货周转率	5.373	5.393	5.488	4.362	4.657	4.272
流动资产周转率	1.675	1.645	1.556	1.443	1.436	1.241
固定资产周转率	3.701	3.223	2.511	2.146	1.878	1.642
总资产周转率	0.819	0.758	0.681	0.691	0.689	0.651

(1)山东省欠发达城市制造业上市公司应收账款周转率分析(见图 4-7)

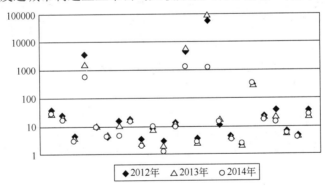

图 4-7 山东省欠发达城市制造业上市公司应收账款周转率分布图

2012—2014 年山东省欠发达城市制造业存在很多的应收账款周转率非常大的上市公司,平均数与中位数相差甚远,说明一些极端值对平均数影响较大。此外,从图 4-7 中也可以看出,山东省欠发达城市制造业上市公司的应收账款周转率普遍比较高,周转速度比较快。从中位数来看,2012—2014 年山东省欠发达城市的制造业上市公司应收账款周转率在 11 附近,更合理一些。总体上,山东省欠发达城市的制造业上市公司应收账款周转率在 11 附近,且逐年下降,但仍然保持在 9 以上,表明山东省欠发达城市的制造业上市公司应收账款的变现速度比较快,企业的收账效率比较高,如表 4-124、表 4-125 所示。

表 4-124　山东省欠发达城市与山东省的制造业上市公司应收账款周转率比较

统计指标与区域		2012 年	2013 年	2014 年
平均数	欠发达城市	2 766.830	4 142.118	150.083
	山东省	605.086	908.410	46.850
	差异率	357.26%	355.97%	220.35%
中位数	欠发达城市	12.169	11.330	9.680
	山东省	7.636	6.694	6.532
	差异率	59.36%	69.26%	48.19%

表 4-125　山东省欠发达城市与山东省制造业上市公司应收账款周转率统计表

统计量	欠发达城市			山东省		
	2012 年	2013 年	2014 年	2012 年	2013 年	2014 年
样本个数	24	24	24	112	112	114
最大值	57 849.547	91 332.017	1 271.311	57 849.547	91 332.017	1 271.311
最小值	2.137	2.020	1.250	0.848	1.146	0.887
变异系数	4.260	4.493	2.411	9.063	9.512	3.846

2012—2014 年山东省欠发达城市和山东省的制造业上市公司应收账款周转率变异系数很大，平均数受到极端值的影响很大，2012—2014 年的最大值分别为 57 849.547、91 332.017、1 271.311，2012 年和 2013 年的应收账款周转率平均数达到了 2 500 以上，平均数不能够较好地反映应收账款周转平均水平。从中位数来看，2012—2014 年山东省欠发达城市的制造业上市公司应收账款周转率远高于山东省 50%左右，差异率远小于按平均数得出的差异率。总体上，山东省欠发达城市的制造业上市公司应收账款周转率高于山东省，应收账款的周转能力比较强。

（2）山东省欠发达城市制造业上市公司存货周转率分析

从平均数来看，2012—2014 年山东省欠发达城市的制造业上市公司存货周转率变化较小，存货周转率在 5.4 左右，存货周转能力比较强。从中位数来看，2012—2014 年山东省欠发达城市的制造业上市公司存货周转率在 4.4 左右，小于平均数。总体上，山东省欠发达城市的制造业上市公司存货周转率在 5 附近且比较稳定，说明存货的周转速度比较快，如表 4-126、表 4-127 所示。

表 4-126　山东省欠发达城市与山东省的制造业上市公司存货周转率比较

统计指标与区域		2012 年	2013 年	2014 年
平均数	欠发达城市	5.373	5.393	5.488
	山东省	4.443	6.928	4.657
	差异率	20.93%	−22.16%	17.84%
中位数	欠发达城市	4.362	4.657	4.272
	山东省	4.026	3.891	3.897
	差异率	8.35%	19.69%	9.62%

表 4-127　山东省欠发达城市与山东省的制造业上市公司存货周转率统计表

统计量	欠发达城市			山 东 省		
	2012 年	2013 年	2014 年	2012 年	2013 年	2014 年
样本个数	24	24	24	112	112	114
最大值	18.685	15.451	20.402	18.685	281.430	23.863
最小值	1.482	0.952	0.951	0.028	0.031	0.026
变异系数	0.662	0.652	0.834	0.668	3.800	0.785

进一步分析，2012 年和 2014 年山东省欠发达城市的制造业上市公司存货周转率平均数与山东省的差异小于 2013 年两者的差异，由于山东省 2013 年的变异系数非常大，平均值受极端值的影响，比如 2013 年的最大值达 281.430，故将 2013 年山东省欠发达城市的制造业上市公司存货周转率平均数与山东省中位数进行比较，差异较小，2012—2014 年高于山东省 20%左右。从中位数来看，2012—2014 年山东省欠发达城市的制造业上市公司存货周转率高于山东省，差异率基本上小于按平均数得出的差异率。总体上，山东省欠发达城市的制造业上市公司存货周转率高于山东省，存货的周转能力在全省相对较强。

（3）山东省欠发达城市制造业上市公司流动资产周转率分析

从平均数来看，2012—2014 年山东省欠发达城市的制造业上市公司流动资产周转率变化较小，平均数与中位数相差不大，说明平均数受到极端值的影响比较小，最大值数值也比较合理，因此平均数能够较好地反映流动资产周转率平均水平，流动资产周转率在 1.6 左右，流动资产周转速度比较快。从中位数来看，2012—2014 年山东省欠发达城市的制造业上市公司流动资产周转率在 1.4 附近，且逐年缓慢下降。山东省欠发达城市的制造业上市公司流动资产的周转速度比较快，但应警惕其逐年下降，如表 4-128、表 4-129 所示。

表 4-128　山东省欠发达城市与山东省的制造业上市公司流动资产周转率比较

统计指标与区域		2012 年	2013 年	2014 年
平均数	欠发达城市	1.675	1.645	1.556
	山东省	1.368	1.504	1.514
	差异率	22.44%	9.38%	2.77%
中位数	欠发达城市	1.443	1.436	1.241
	山东省	1.169	1.176	1.241
	差异率	23.44%	22.11%	0.00%

表 4-129　山东省欠发达城市与山东省的制造业上市公司流动资产周转率统计表

统计量	欠发达城市			山 东 省		
	2012 年	2013 年	2014 年	2012 年	2013 年	2014 年
样本个数	24	24	24	112	112	114
最大值	3.688	3.961	4.429	4.184	11.402	13.326
最小值	0.430	0.514	0.462	0.037	0.031	0.028
变异系数	0.509	0.567	0.652	0.553	0.827	0.921

从平均数和中位数来看，2012—2014 年山东省欠发达城市的制造业上市公司流动资产周转率与山东省的差异都比较小，在 25% 以下，且差异率均为非负数值，说明 2012—2014 年山东省欠发达城市的制造业上市公司流动资产周转率基本上高于山东省总体，流动资产的周转速度比较快，流动资产可供运用的机会比较多，使用效率高。

（4）山东省欠发达城市制造业上市公司固定资产周转率分析

从平均数来看，2012—2014 年山东省欠发达城市的制造业上市公司固定资产周转率变动比较小，固定资产周转率在 3 左右且逐年下降，平均数与中位数变动趋势趋同。从中位数来看，2012—2014 年山东省欠发达城市的制造业上市公司固定资产周转率在 1.8 附近，且逐年下降，如表 4-130、表 4-131 所示。

表 4-130　山东省欠发达城市与山东省的制造业上市公司固定资产周转率比较

统计指标与区域		2012 年	2013 年	2014 年
平均数	欠发达城市	3.701	3.223	2.511
	山东省	4.627	4.538	7.722
	差异率	−20.01%	−28.98%	−67.48%
中位数	欠发达城市	2.146	1.878	1.642
	山东省	2.395	2.261	2.115
	差异率	−10.40%	−16.94%	−22.36%

表 4-131　山东省欠发达城市与山东省制造业上市公司固定资产周转率统计表

统计量	欠发达城市			山 东 省		
	2012 年	2013 年	2014 年	2012 年	2013 年	2014 年
样本个数	24	24	24	112	112	114
最大值	12.670	11.149	6.882	57.741	64.802	459.672
最小值	1.064	0.637	0.685	0.367	0.353	0.372
变异系数	0.931	0.914	0.715	1.453	1.651	5.575

从平均数来看，2012—2014 年山东省欠发达城市的制造业上市公司固定资产周转率变异系数和山东省的变异系数都比较大，特别是 2014 年山东省上市公司的固定资产周转率的变异系数达 5.575，所以不能直接将两者的平均数进行比较。从中位数来看，2012—2014 年山东省欠发达城市的制造业上市公司固定资产周转率低于山东省 25% 以下。总体上，山东省欠发达城市的制造业上市公司固定资产的周转速度比较慢，固定资产利用效率低，在山东省处于较低水平。

（5）山东省欠发达城市制造业上市公司总资产周转率分析

从平均数来看，2012—2014 年山东省欠发达城市的制造业上市公司总资产周转率平均数变化较小，平均数在 0.75 左右波动，说明企业整个经营过程中资产的利用效率比较高，总资产得到了较为充分的利用。从中位数来看，2012—2014 年山东省欠发达城市的制造业上市公司总资产周转率在 0.65 以上，稍低于平均数。总体上，山东省欠发达城市的制造业上市公司总资产周转率在 0.75 附近且缓慢下降，说明山东省欠发达城市的制造业上市公司总资产的周转速度比较快且比较稳定，总资产的利用程度高，如表 4-132、表 4-133 所示。

表4-132 山东省欠发达城市与山东省的制造业上市公司总资产周转率比较

统计指标与区域		2012年	2013年	2014年
平均数	欠发达城市	0.819	0.758	0.681
	山东省	0.727	0.776	0.797
	差异率	12.65%	−2.32%	−14.55%
中位数	欠发达城市	0.691	0.689	0.651
	山东省	0.641	0.642	0.622
	差异率	7.80%	7.32%	4.66%

表4-133 山东省欠发达城市与山东省的制造业上市公司总资产周转率统计表

统计量	欠发达城市			山 东 省		
	2012年	2013年	2014年	2012年	2013年	2014年
样本个数	24	24	24	112	112	114
最大值	1.747	1.693	1.375	1.785	7.846	11.841
最小值	0.227	0.252	0.285	0.035	0.029	0.026
变异系数	0.482	0.507	0.448	0.501	0.976	1.385

2013年和2014年山东省制造业上市公司总资产周转率的变异系数比较大，平均值受到极端值的影响比较大，比如2013年和2014年的最大值分别为7.846和11.841，所以将山东省欠发达城市和山东省的制造业上市公司总资产周转率比较，无法合理比较两者的大小。从中位数来看，2012—2014年山东省欠发达城市的制造业上市公司总资产周转率均略高于山东省总体，总资产的周转速度比较快，总资产利用效率高，在山东省处于较高水平。

通过对山东省欠发达城市的制造业上市公司的应收账款周转率、存货周转率、流动资产周转率、固定资产周转率及总资产周转率的分析比较，山东省欠发达城市上市公司的营运能力指标的平均值均高于中位数，且应收账款周转速度、存货周转速度、流动资产周转速度、总资产周转速度均高于山东省制造业上市公司的水平，而固定资产周转速度低于山东省制造业上市公司的平均水平。总资产周转速度略高于山东省制造业上市公司的平均水平，主要原因是应收账款的周转速度非常快，其平均数高于山东省200%以上，中位数高于山东省48%以上。山东省欠发达城的上市公司的营运能力在山东省处于较高水平。同时也应该注意到山东省欠发达城市上市公司的营运能力各项指标大体上处于逐年下降，营运能力逐年减弱。

4.3.3 山东省欠发达城市上市公司盈利能力分析

本文选取了总资产净利润率、净资产收益率、营业毛利率以及营业净利率这四项指标来考察山东省欠发达城市的制造业上市公司的盈利能力，如表4-134、表4-135所示。

表4-134 2012—2014年山东省欠发达城市上市公司盈利能力相关比率

指标	平 均 数			中 位 数		
	2012	2013	2014	2012	2013	2014
总资产净利润率	4.1%	3.7%	3.6%	2.3%	1.8%	1.7%
净资产收益率	6.8%	5.2%	6.0%	4.8%	3.8%	4.5%
营业毛利率	19.8%	20.3%	20.3%	15.6%	16.8%	17.9%
营业净利率	5.4%	4.6%	4.3%	3.8%	3.0%	3.3%

表4-135　2012—2014年山东省欠发达城市的制造业上市公司盈利能力相关比率

指标	平均数			中位数		
	2012	2013	2014	2012	2013	2014
总资产净利润率	4.4%	3.9%	3.9%	2.3%	1.9%	2.1%
净资产收益率	7.1%	5.6%	6.4%	4.8%	4.0%	5.3%
营业毛利率	20.1%	20.7%	20.8%	15.6%	16.8%	17.9%
营业净利率	5.8%	4.8%	4.7%	3.8%	3.1%	3.6%

（1）山东省欠发达城市制造业上市公司总资产净利率分析

2012—2014年山东省欠发达城市的制造业上市公司总资产净利率的平均数变化不大，比较稳定，但与中位数相比，均比中位数高一倍左右，说明平均数可能受到极端值的影响。从中位数来看，2012—2014年山东省欠发达城市的制造业上市公司总资产净利率在2%左右，先下降后升高，但变动的幅度不大。总体上，山东省欠发达城市的制造业上市公司总资产净利率在2%左右，企业盈利能力比较弱，如表4-136、表4-137所示。

表4-136　山东省欠发达城市与山东省的制造业上市公司总资产净利率比较

统计指标与区域		2012年	2013年	2014年
平均数	欠发达城市	4.4%	3.9%	3.9%
	山东省	4.6%	4.7%	4.4%
	差异率	−4.35%	−17.02%	−11.36%
中位数	欠发达城市	2.3%	1.9%	2.1%
	山东省	4.7%	3.7%	3.9%
	差异率	−51.06%	−48.65%	−46.15%

表4-137　山东省欠发达城市与山东省的制造业上市公司总资产净利率统计表

统计量	欠发达城市			山东省		
	2012年	2013年	2014年	2012年	2013年	2014年
样本个数	24	24	24	112	112	114
最大值	22.1%	21.6%	21.8%	22.1%	38.4%	23.5%
最小值	−3.5%	−5.5%	−5.9%	−55.5%	−21.7%	−13.6%
变异系数	1.318	1.615	1.718	1.783	1.362	1.250

2012—2014年山东省欠发达城市和山东省的制造业上市公司总资产净利率变异系数比较大，平均数受到极端值的影响比较大，平均数不能够较好地反映平均总资产净利率。从中位数来看，2012—2014年山东省欠发达城市的制造业上市公司总资产净利率均远低于山东省总体，盈利能力比较弱，在山东省的总资产净利率处于较低的水平。

（2）山东省欠发达城市制造业上市公司净资产收益率分析

2012—2014年山东省欠发达城市的制造业上市公司净资产收益率平均数变化不大，但与中位数相差较大，平均数可能受到极端值的影响。从中位数来看，2012—2014年山东省欠发达城市的制造业上市公司净资产收益率在4.5%左右，小于平均数。总体上，山东省欠发达城市的制造业上市公司净资产收益率在 4.5%左右且先降低再升高,与平均数的变动一致,如表 4-138、表 4-139 所示。

表 4-138 山东省欠发达城市与山东省的制造业上市公司净资产收益率比较

统计指标与区域		2012 年	2013 年	2014 年
平均数	欠发达城市	7.1%	5.6%	6.4%
	山东省	−19.7%	6.2%	6.7%
	差异率	−136.04%	−9.68%	−4.48%
中位数	欠发达城市	4.8%	4.0%	5.3%
	山东省	6.9%	5.7%	6.4%
	差异率	−30.43%	−29.82%	−17.19%

表 4-139 山东省欠发达城市与山东省的制造业上市公司净资产收益率统计表

统计量	欠发达城市			山东省		
	2012 年	2013 年	2014 年	2012 年	2013 年	2014 年
样本个数	24	24	24	112	112	114
最大值	27.1%	26.1%	30.9%	33.4%	34.8%	116.5%
最小值	−8.0%	−29.3%	−23.2%	−2 988.1%	−47.9%	−78.9%
变异系数	1.113	1.982	1.859	−14.381	1.855	2.537

从平均数来看,2012—2014 年山东省欠发达城市和山东省的制造业上市公司净资产收益率变异系数比较大,平均数受到极端值的影响比较大,比如山东省 2012 年的最小值−2 988.1%,很大程度上影响了平均数,所以平均数不能够较好地反映净资产收益率平均水平。从中位数来看,2012—2014 年山东省欠发达城市的制造业上市公司净资产收益率明显小于山东省总体,说明山东省欠发达城市的制造业上市公司净资产收益能力在山东省处于较低水平,盈利能力比较弱。

(3) 山东省欠发达城市制造业上市公司营业毛利率分析

从平均数来看,2012—2014 年山东省欠发达城市的制造业上市公司营业毛利率基本稳定在 20%左右,逐年增加,但增加幅度不大,盈利能力比较稳定。从中位数来看,2012—2014 年山东省欠发达城市的制造业上市公司营业毛利率在 16%左右,每年均低于平均数,也呈现出逐年增加的态势,增加幅度较小。总体上,山东省欠发达城市的制造业上市公司盈利能力比较低且稳定,如表 4-140、表 4-141 所示。

表 4-140 山东省欠发达城市与山东省的制造业上市公司营业毛利率比较

统计指标与区域		2012 年	2013 年	2014 年
平均数	欠发达城市	20.1%	20.7%	20.8%
	山东省	24.3%	23.6%	23.4%
	差异率	−17.28%	−12.29%	−11.11%
中位数	欠发达城市	15.6%	16.8%	17.9%
	山东省	20.4%	19.4%	20.7%
	差异率	−23.53%	−13.40%	−13.53%

表 4-141　山东省欠发达城市与山东省的制造业上市公司营业毛利率统计表

统计量	欠发达城市			山 东 省		
	2012 年	2013 年	2014 年	2012 年	2013 年	2014 年
样本个数	24	24	24	112	112	114
最大值	73.6%	67.0%	65.5%	78.2%	78.3%	73.4%
最小值	1.6%	1.7%	−1.5%	−14.3%	−0.5%	−1.5%
变异系数	0.821	0.715	0.721	0.679	0.623	0.590

从平均数来看，2012—2014 年山东省欠发达城市的制造业上市公司营业毛利率与山东省的差异率在 10%～18%，且差异率均为负值，说明 2012—2014 年山东省欠发达城市的制造业上市公司营业毛利率低于山东省总体。从中位数来看，2012—2014 年山东省欠发达城市的制造业上市公司营业毛利率与山东省的差异比较高于两者平均数的差异，差异率均为负值。总体上，2012—2014 年山东省欠发达城市的制造业上市公司营业毛利率低于山东省，在山东省盈利能力处于较低水平。

（4）山东省欠发达城市制造业上市公司营业净利率分析

从平均数来看，2012—2014 年山东省欠发达城市的制造业上市公司营业净利率逐年下降，平均数与中位数相差较大，平均数可能受到极端值的影响。从中位数来看，2012—2014 年山东省欠发达城市的制造业上市公司营业净利率在 3.5%左右，先下降后升高。总体上，山东省欠发达城市的制造业上市公司营业净利率比较低，盈利能力比较弱，如表 4-142、表 4-143 所示。

表 4-142　山东省欠发达城市与山东省的制造业上市公司营业净利率比较

统计指标与区域		2012 年	2013 年	2014 年
平均数	欠发达城市	5.8%	4.8%	4.7%
	山东省	7.8%	9.5%	5.5%
	差异率	−25.64%	−49.47%	−14.55%
中位数	欠发达城市	3.8%	3.1%	3.6%
	山东省	5.9%	5.5%	5.8%
	差异率	−35.59%	−43.64%	−37.93%

表 4-143　山东省欠发达城市与山东省的制造业上市公司营业净利率统计表

统计量	欠发达城市			山 东 省		
	2012 年	2013 年	2014 年	2012 年	2013 年	2014 年
样本个数	24	24	24	112	112	114
最大值	34.5%	30.4%	34.2%	287.4%	339.2%	34.2%
最小值	−5.6%	−6.9%	−17.0%	−332.1%	−65.8%	−86.4%
变异系数	1.448	1.646	2.255	5.628	3.516	2.255

从平均数来看，2012—2014 年山东省欠发达城市和山东省的制造业上市公司营业净利率变异系数比较大，平均数受到极端值的影响比较大，平均数不能够较好地反映营业净利率平均水平。从中位数来看，2012—2014 年山东省欠发达城市的制造业上市公司营业净利率低于山东省 35%～45%，营业净利率比较小，盈利能力弱，在山东省处于较低水平。

综上所述，通过对山东省非沿海城市的制造业上市公司的总资产净利润率、净资产收益率、营业毛利率以及营业净利率这四项指标数值的分析比较，山东省非沿海城市的上市公司净利润率、净资产收益率、营业毛利率以及营业净利率的平均值和中位数均小于山东省制造业上市公司对应的平均值和中位数，且与山东省平均水平的差距比较大，盈利能力在山东省处于较低水平。

4.3.4 山东省欠发达城市上市公司发展能力分析

下面仍选取资本积累率、总资产增长率、营业利润增长率以及营业收入增长率这四项指标来考察山东省欠发达城市的制造业上市公司的发展能力，如表4-144、表4-145所示。

表4-144 2012—2014年山东省欠发达城市上市公司发展能力相关比率

指标	平均数			中位数		
	2012年	2013年	2014年	2012年	2013年	2014年
资本积累率	8.1%	9.9%	14.6%	5.1%	4.3%	4.1%
总资产增长率	12.5%	10.9%	9.9%	15.1%	6.6%	6.4%
营业利润增长率	1.6%	14.2%	−222.3%	−13.6%	−16.7%	14.5%
营业收入增长率	13.7%	3.8%	2.4%	11.5%	0.8%	2.9%

表4-145 2012—2014年山东省欠发达城市的制造业上市公司发展能力相关比率

指标	平均数			中位数		
	2012年	2013年	2014年	2012年	2013年	2014年
资本积累率	8.5%	11.1%	15.7%	5.1%	5.0%	4.5%
总资产增长率	12.9%	11.7%	10.1%	15.1%	7.9%	6.4%
营业利润增长率	24.2%	25.5%	−133.1%	1.6%	−10.5%	16.7%
营业收入增长率	12.7%	4.4%	2.4%	10.8%	3.9%	2.9%

（1）山东省欠发达城市制造业上市公司资本积累率分析

从平均数来看，2012—2014年山东省欠发达城市的制造业上市公司资本积累率以近3%的速度逐年上升，资本积累率也远远高于营业净利率，但与中位数相比，两者明显出现差异，并且变化的情形不同，平均数可能受到极端值的影响比较大。从中位数来看，2012—2014年山东省欠发达城市的制造业上市公司资本积累率在5%左右，且逐年下降。总体上，山东省欠发达城市的制造业上市公司资本积累率大于零，且高于同期的营业净利率，表明企业资本积累的速度高于获利水平，正在不断扩大规模，提高应付风险、持续发展的能力，如表4-146、表4-147所示。

表4-146 山东省欠发达城市与山东省的制造业上市公司资本积累率比较

统计指标与区域		2012年	2013年	2014年
平均数	欠发达城市	8.5%	11.1%	15.7%
	山东省	19.2%	7.1%	21.7%
	差异率	−55.7%	56.3%	−27.6%
中位数	欠发达城市	5.1%	5.0%	4.5%
	山东省	5.4%	4.7%	6.4%
	差异率	−5.6%	6.4%	−29.7%

表 4-147 山东省欠发达城市与山东省的制造业上市公司资本积累率统计表

统 计 量	欠发达城市			山 东 省		
	2012 年	2013 年	2014 年	2012 年	2013 年	2014 年
样本个数	24	24	24	112	112	114
最大值	88.5%	74.7%	111.2%	333.4%	74.7%	311.8%
最小值	−21.9%	−20.3%	−21.6%	−191.6%	−105.1%	−47.8%
变异系数	2.318	1.676	2.045	3.083	2.634	2.253

进一步分析发现，2012 和 2014 年山东省欠发达城市的制造业上市公司资本积累率和山东省制造业上市公司资本积累率的变异系数都比较大，平均值受极端值的影响比较大，比如 2012 年后者的最大值和最小值分别为 333.4%和−191.6%，所以根据平均数分析影响结论的合理性，同时也表明各上市公司的资本积累速度存在较大的差异。从中位数来看，2012—2014 年山东省欠发达城市的制造业上市公司资本积累率逐年放缓，略低于山东省的水平。总体上，山东省欠发达城市的制造业上市公司资本积累率速度大于营业获利水平，正在寻求发展壮大的途径，但与山东省整体水平相比，仍处于较低水平。

（2）山东省欠发达城市制造业上市公司总资产增长率分析（见图 4-8）

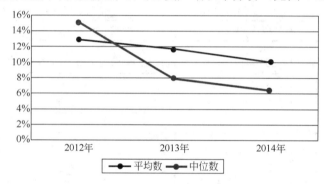

图 4-8 山东省欠发达城市制造业上市公司的总资产增长率变动图

从平均数来看，2012—2014 年山东省欠发达城市的制造业上市公司总资产增长率逐年下降，但总体仍保持在年 10%以上的水平，下降的速度较小，比较平稳。但从中位数来看，2012—2014 年山东省欠发达城市的制造业上市公司总资产增长率在不同年份差别较大，2012 年比较高，达到了 15.1%，2013 年大幅下降，降到了 7.9%，2014 年继续降低，降到了 6.4%。总体上，山东省欠发达城市的制造业上市公司总资产增长率连续下降，与同期的资本积累率对应来看，资产的增长率大于资本积累率，说明企业在寻求不断扩张时，一方面依靠所有者权益的增加，同时更加积极寻求债权人的帮助，如表 4-148、表 4-149 所示。

表 4-148 山东省欠发达城市与山东省的制造业上市公司总资产增长率比较

统计指标与区域		2012 年	2013 年	2014 年
平均数	欠发达城市	12.9%	11.7%	10.1%
	山东省	17.2%	15.8%	17.9%
	差异率	−25.00%	−25.95%	−43.58%
中位数	欠发达城市	15.1%	7.9%	6.4%
	山东省	9.3%	8.8%	9.0%
	差异率	62.37%	−10.23%	−28.89%

表 4-149　山东省欠发达城市与山东省的制造业上市公司总资产增长率统计表

统 计 量	欠发达城市			山 东 省		
	2012 年	2013 年	2014 年	2012 年	2013 年	2014 年
样本个数	24	24	24	112	112	114
最大值	43.6%	50.1%	41.8%	160.3%	340.7%	253.9%
最小值	−23.2%	−5.7%	−25.7%	−38.2%	−18.3%	−29.0%
变异系数	1.264	1.137	1.485	1.826	2.209	2.073

从平均数来看，2012 和 2014 年山东省欠发达城市的制造业上市公司总资产增长率和山东省制造业上市公司总资产增长率的变异系数都比较大，平均值受极端值的影响比较大，所以根据平均数分析难以得出合理的结论。从中位数来看，2012 年山东省欠发达城市的制造业上市公司总资产增长率远高于山东省总体，差异率较大。2013 年和 2014 年山东省欠发达城市的制造业上市公司总资产增长率低于山东省总体，差异率相对较小。总体上，山东省欠发达城市的制造业上市公司总资产增长率低于山东省总体，资本增加规模在山东省仍处于较低水平。

（3）山东省欠发达城市制造业上市公司营业利润增长率分析

山东省欠发达城市制造业上市公司的营业利润增长率平均数在不同企业不同时间的差别很大，特别是 2014 年，出现−133.1%的负增长，说明各上市公司营业利润增长水平变异很大，发展水平相差较大。从中位数来看，2012—2014 年山东省欠发达城市的制造业上市公司营业利润增长率先大幅度降低再大幅度增长，2013 年营业利润为负增长，表现出极大的不稳定性，如表 4-150、表 4-151 所示。

表 4-150　山东省欠发达城市与山东省的制造业上市公司营业利润增长率比较

	指标与区域	2012 年	2013 年	2014 年
平均数	欠发达城市	24.2%	25.5%	−133.1%
	山东省	−65.8%	13.9%	9.7%
	差异率	−136.78%	83.45%	−1 472.16%
中位数	欠发达城市	1.6%	−10.5%	16.7%
	山东省	−9.8%	−3.1%	8.7%
	差异率	−116.33%	238.71%	91.95%

表 4-151　山东省欠发达城市与山东省的制造业上市公司营业利润增长率统计表

统 计 量	欠发达城市			山 东 省		
	2012 年	2013 年	2014 年	2012 年	2013 年	2014 年
样本个数	24	24	24	107	112	112
最大值	868.4%	715.9%	2 236.0%	868.4%	1 801.7%	3 430.8%
最小值	−205.4%	−117.5%	−5 628.0%	−4 691.9%	−736.2%	−5 628.0%
变异系数	7.975	6.647	−9.519	−7.599	15.705	70.691

进一步将山东省欠发达城市与山东省的制造业上市公司营业利润增长率比较分析，2012 和 2014 年山东省欠发达城市的制造业上市公司营业利润增长率和山东省制造业上市公司营

业利润增长率的变异系数都比较大,平均值受极端值的影响比较大,说明不同时期、不同企业的营业利润增长率存在较大的变异,比如 2014 年最大值和最小值的绝对值在 2000%以上。从中位数来看,2012 和 2014 年山东省欠发达城市的制造业上市公司营业利润增长率远高于山东省总体,2014 年远低于山东省,山东省欠发达城市的制造业上市公司营业利润增长率变化不稳定。

(4)山东省欠发达城市制造业上市公司营业收入增长率分析

从平均数来看,2012—2014 年山东省欠发达城市的制造业上市公司营业收入增长率变化很大,下降的速度较快,且与中位数的变化一致。从中位数来看,2012—2014 年山东省欠发达城市的制造业上市公司营业收入增长率逐年降低,且变化幅度比较大,如表 4-152、表 4-153 所示。

表 4-152 山东省欠发达城市与山东省的制造业上市公司营业收入增长率比较

指标与区域		2012 年	2013 年	2014 年
平均数	欠发达城市	12.7%	4.4%	2.4%
	山东省	8.3%	107.6%	16.0%
	差异率	53.01%	−95.91%	−85.00%
中位数	欠发达城市	10.8%	3.9%	2.9%
	山东省	3.6%	9.8%	10.6%
	差异率	200.00%	−60.20%	−72.64%

表 4-153 山东省欠发达城市与山东省的制造业上市公司营业收入增长率统计表

统计量	欠发达城市			山东省		
	2012 年	2013 年	2014 年	2012 年	2013 年	2014 年
样本个数	24	24	24	107	112	112
最大值	53.9%	62.9%	25.4%	127.8%	10 706.6%	296.6%
最小值	−28.7%	−41.3%	−28.3%	−72.2%	−41.3%	−42.8%
变异系数	1.622	4.932	6.583	3.277	9.394	2.806

从平均数来看,2012 和 2014 年山东省欠发达城市的制造业上市公司营业收入增长率和山东省制造业上市公司营业收入增长率的变异系数都比较大,平均值受极端值的影响比较大,所以难以根据平均数进行分析。从中位数来看,2013 年和 2014 年山东省欠发达城市的制造业上市公司营业收入增长率均低于山东省 60%以上,2012 年远高于山东省,达到了 200%。总体上,山东省欠发达城市的制造业上市公司营业收入增长不稳定。

综上所述,通过对山东省欠发达城市的制造业上市公司的资本积累率、总资产增长率、营业利润增长率以及营业收入增长率等发展能力指标的分析比较,山东省欠发达城市的制造业上市公司的发展能力在逐步减弱,2012—2014 年资本积累率、总资产增长率、营业收入增长率均为正数,都在逐年增长,但是增长率逐年下降,发展能力比较弱,有待于进一步提高。

第 5 章

山东省各地区上市公司财务报告数据对比分析与评价

本章在上一章山东省各地区上市公司财务报告数据分析的基础上，对沿海城市、非沿海城市及欠发达城市的上市公司财务报告数据进行对比分析，以期通过财务报告数据揭示各地区财务的优势与劣势。分析数据除特别标注外，均根据国泰安数据库相关财务数据处理所得。

5.1 山东省各地区上市公司财务报告数据对比分析

5.1.1 山东省各地区上市公司偿债能力对比分析

5.1.1.1 山东省各地区上市公司短期偿债能力对比分析

（1）山东省各地区上市公司流动比率对比分析（见表5-1）

表5-1 山东省各区域制造业上市公司流动比率比较表

统计指标与区域		2012年	2013年	2014年
平均数	沿海城市	2.991	2.098	2.012
	非沿海城市	3.387	2.637	2.681
	欠发达城市	1.538	1.648	1.523
变异系数	沿海城市	1.155	0.591	0.525
	非沿海城市	1.501	1.263	1.742
	欠发达城市	0.578	0.677	0.520
中位数	沿海城市	2.052	1.876	1.741
	非沿海城市	1.821	1.605	1.533
	欠发达城市	1.397	1.282	1.373

2012—2014年山东省制造业上市公司流动比率的平均数按照从大到小的顺序依次为：非沿海城市、沿海城市、欠发达城市。2012年和2014年山东省制造业上市公司流动比率变异系数在不同区域的数值相差较大，无法直接比较平均数。相比较而言，非沿海城市的变异系数比较大，数据的离散程度比较大，从最大值、最小值也可以看出，沿海城市的极差远大于

非沿海城市的极差,所以,非沿海城市制造业上市公司流动比率受到最大值的影响比较大,以至于非沿海城市制造业上市公司流动比率比较高,大于沿海城市对应数值,如图 5-1 所示。

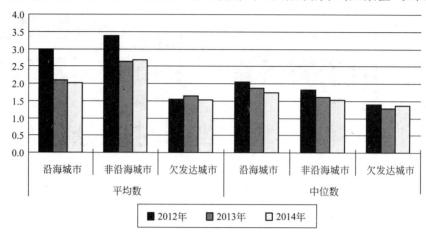

图 5-1　山东省各区域制造业上市公司流动比率比较图

2012—2014 年山东省制造业上市公司流动比率的中位数按照从大到小的顺序依次为:沿海城市、非沿海城市、欠发达城市。从中位数可以看出山东省制造业上市公司流动比率在不同区域的大致分布情况,沿海城市制造业上市公司流动比率相对较高,欠发达城市制造业上市公司流动比率相对较低,非沿海城市在这两者之间。此外,沿海城市和非沿海城市非制造业上市公司的流动比率之间的差距比较稳定,在 0.2 左右,而欠发达城市的流动比率与非沿海城市的差距在 2012 年和 2013 年比较大,在 0.4 左右,2014 年欠发达城市的流动比率呈现上升变化,而沿海城市和非沿海城市的流动比率在逐年下降,2014 年欠发达城市的流动比率与非沿海城市的差距缩小到 0.16。

从总体上看,沿海城市的流动比率大于非沿海城市,非沿海城市大于欠发达城市,沿海城市在山东省处于较高水平,非沿海城市相对较低,欠发达城市最低。2012—2014 年沿海城市和非沿海城市的短期偿债能力处于小幅度下降,而欠发达城市在 2014 年出现了上升,短期偿债能力有所好转,各地区之间短期偿债能力差距在减少。

(2)山东省各地区上市公司速动比率对比分析(见表 5-2)

表 5-2　山东省各区域制造业上市公司速动比率比较表

统计指标与区域		2012 年	2013 年	2014 年
平均数	沿海城市	2.236	1.477	1.375
	非沿海城市	2.831	2.132	2.169
	欠发达城市	1.163	1.276	1.168
变异系数	沿海城市	1.307	0.654	0.548
	非沿海城市	1.680	1.482	2.052
	欠发达城市	0.736	0.785	0.550
中位数	沿海城市	1.322	1.140	1.144
	非沿海城市	1.280	1.070	1.043
	欠发达城市	0.993	0.910	1.056

2012—2014年山东省制造业上市公司速动比率的平均数按照从大到小的顺序依次为：非沿海城市、沿海城市、欠发达城市。2012年和2014年山东省制造业上市公司变异系数速动比率在不同区域的数值相差较大，无法直接比较平均数。相比较而言，非沿海城市的变异系数比较大，数据的离散程度比较大，从最大值、最小值也可以看出，沿海城市的极差远大于非沿海城市的极差，所以，非沿海城市制造业上市公司速动比率受到最大值的影响比较大，以至于非沿海城市制造业上市公司速动比率比较高，大于沿海城市对应数值。

2012年和2013年山东省制造业上市公司速动比率的中位数按照从大到小的顺序依次为：沿海城市、非沿海城市、欠发达城市；2014年山东省制造业上市公司速动比率的中位数按照从大到小的顺序依次为：沿海城市、欠发达城市、非沿海城市。从中位数可以看出山东省沿海城市制造业上市公司速动比率相对较高。非沿海城市和欠发达城市的速动比率在2012年相差较大，2013年和2014年相差很小，但是从平均上来看，两者的差距很大，这是因为欠发达城市上市公司速动比率离散程度比较小，而非沿海城市的速动比率离散程度比较大，存在一些短期偿债能力比较强的企业。从变化趋势看，沿海城市和非沿海城市2013年均下降幅度较大，2014年与2013年比较，没有明显变化，而欠发达城市在2012—2014年比较稳定，未出现大的波动。

从总体上看，沿海城市的速动比率大于非沿海城市，非沿海城市大于欠发达城市，沿海城市在山东省处于较高水平，非沿海城市相对较低，欠发达城市最低。沿海城市和非沿海城市2013年均下降幅度较大，2014年没有明显变化，而欠发达城市在2012—2014年比较稳定，2014年短期偿债能力略有好转。

（3）山东省各地区上市公司现金比率对比分析（见表5-3）

表5-3 山东省各区域制造业上市公司现金比率比较表

统计指标与区域		2012年	2013年	2014年
平均数	沿海城市	0.989	0.564	0.462
	非沿海城市	1.592	1.042	1.089
	欠发达城市	0.533	0.546	0.472
变异系数	沿海城市	1.663	0.979	0.864
	非沿海城市	2.237	2.292	3.451
	欠发达城市	1.300	1.229	1.068
中位数	沿海城市	0.534	0.333	0.315
	非沿海城市	0.377	0.295	0.247
	欠发达城市	0.286	0.270	0.319

2012年和2013年山东省制造业上市公司现金比率的平均数按照从大到小的顺序依次为：非沿海城市、沿海城市、欠发达城市；2014年山东省制造业上市公司现金比率的平均数按照从大到小的顺序依次为：非沿海城市、欠发达城市、沿海城市。2012年非沿海城市制造业上市公司现金比率的平均数最大，2013年和2014年欠发达城市和沿海城市的现金比率相差较小。2012年和2014年山东省制造业上市公司现金比率变异系数在不同区域的数值相差较大，无法直接比较平均数。

2012年和2013年山东省制造业上市公司现金比率的中位数按照从大到小的顺序依次为：沿海城市、非沿海城市、欠发达城市；2014年山东省制造业上市公司现金比率的中位数按照从大到小的顺序依次为：欠发达城市、沿海城市、非沿海城市。

从中位数可以看出山东省沿海城市制造业上市公司现金比率在2012年和2013年相对较高，2014年略小于欠发达城市。从变化趋势看，沿海城市和非沿海城市逐年下降，2013年均下降幅度较大，2014年下降幅度比较小，而欠发达城市在2013年下降后，2014年上升，在2014年现金比率高于沿海城市和非沿海城市。

从总体上看，在2012年和2013年沿海城市的现金比率大于非沿海城市，非沿海城市大于欠发达城市，沿海城市在山东省处于较高水平，非沿海城市相对较低，欠发达城市最低。2014年欠发达城市略高于沿海城市，非沿海城市比较低。沿海城市和非沿海城市2013年均下降幅度较大，2014年没有明显变化，而欠发达城市在2012—2014年比较稳定，2014年现金比率升高。

（4）山东省各地区上市公司现金到期债务比率（见表5-4）

表5-4 山东省各区域制造业上市公司现金到期债务比率比较表

统计指标与区域		2012年	2013年	2014年
平均数	沿海城市	5.543	7.530	4.964
	非沿海城市	−1.031	11.939	9.090
	欠发达城市	3.716	1.402	1.610
变异系数	沿海城市	3.159	3.548	3.692
	非沿海城市	−27.385	4.149	4.248
	欠发达城市	2.840	2.213	2.206
中位数	沿海城市	0.870	0.772	1.033
	非沿海城市	0.603	1.229	0.463
	欠发达城市	0.476	0.515	0.370

2012年山东省制造业上市公司现金到期债务比率的平均数按照从大到小的顺序依次为：沿海城市、欠发达城市、非沿海城市。2013—2014年山东省制造业上市公司现金到期债务比率的平均数按照从大到小的顺序依次为：非沿海城市、沿海城市、欠发达城市。

2012年和2014年山东省制造业上市公司现金到期债务比率的中位数按照从大到小的顺序依次为：沿海城市、非沿海城市、欠发达城市；2013年山东省制造业上市公司现金到期债务比率的中位数按照从大到小的顺序依次为：非沿海城市、沿海城市、欠发达城市。从中位数可以看出山东省欠发达城市制造业上市公司现金到期债务比率在2012—2014年均为全省最低。2012年三个区域的制造业上市公司现金到期债务比率相差较小，现金流支付到期债务的能力相差不多。2013年，非沿海城市制造业上市公司现金到期债务比率中位数相对较高，在1以上。2014年，沿海城市制造业上市公司现金到期债务比率中位数相对较高，在1以上。

从总体上看，非沿海城市和沿海城市制造业上市公司的现金到期债务比率比较大，现金流偿还到期债务的能力比较强，欠发达城市制造业上市公司的现金到期债务比率比较小，现金流偿还到期债务的能力比较弱。

综上所述，沿海城市制造业上市公司的短期偿债能力大于非沿海城市制造业上市公司的短期偿债能力，非沿海城市制造业上市公司的短期偿债能力大于欠发达城市制造业上市公司的短期偿债能力。考虑一些极端值的影响后，非沿海城市的平均数比较大，存在一些偿债能力比较突出的企业。欠发达城市的短期偿债能力比较弱，但在2014年短期偿债能力提高，逐步缩小与沿海城市和欠发达城市的短期偿债能力，甚至在2014年现金比率高于沿海城市和非沿海城市。而沿海城市和非沿海城市的短期偿债能力在2013年下降比较明显，2014年变化幅度不大，有待于进一步加强其短期偿债能力。

5.1.1.2　山东省各地区上市公司长期偿债能力对比分析

（1）山东省各地区上市公司资产负债率对比分析（见表5-5）

表5-5　山东省各区域制造业上市公司资产负债率比较表

统计指标与区域		2012年	2013年	2014年
平均数	沿海城市	37.1%	40.7%	38.6%
	非沿海城市	62.0%	42.2%	43.6%
	欠发达城市	49.1%	48.7%	48.0%
变异系数	沿海城市	0.499	0.400	0.407
	非沿海城市	2.700	0.536	0.507
	欠发达城市	0.371	0.423	0.398
中位数	沿海城市	34.6%	38.6%	38.8%
	非沿海城市	38.4%	40.9%	43.3%
	欠发达城市	48.5%	52.4%	47.6%

2012年山东省制造业上市公司资产负债率的平均数按照从大到小的顺序依次为：非沿海城市、欠发达城市、沿海城市；2013年和2014年山东省制造业上市公司资产负债率的平均数按照从大到小的顺序依次为：欠发达城市、非沿海城市、沿海城市。

2012年山东省制造业上市公司资产负债率变异系数在不同区域的数值相差较大，无法直接比较平均数，2013年和2014年山东省制造业上市公司资产负债率变异系数在不同区域的数值相差较小，平均数能够一定程度上反映不同区域资产负债率的大小，而且变异系数均比较小，平均数也一定程度上能反映不同区域资产负债率的平均情况，即2013年和2014年欠发达城市制造业上市公司的资产负债率大于非沿海城市，非沿海城市大于沿海城市，2013年和2014年三个区域制造业上市公司的资产负债率的平均水平如表5-5所示，2013年和2014年沿海城市平均在39%左右，欠发达城市平均大约在48.5%，非沿海城市平均大约在43%。总之，2013年和2014年欠发达城市资产负债率最高，达到了48%；沿海城市最低，在39%左右；非沿海城市在两者之间，大约为43%。

2012—2014年山东省制造业上市公司资产负债率的中位数按照从大到小的顺序依次为：欠发达城市、非沿海城市、沿海城市。从中位数可以看出，在2012—2014年山东省制造业上市公司资产负债率在34%~53%。在2012—2014年山东省欠发达城市制造业上市公司资产负债率均为最高，非沿海城市次之，沿海城市最低。这与2013年和2014年从平均数观察，得出的结论相同。从变化趋势看，沿海城市和非沿海城市逐年增加，增加幅度较小。而欠发达城市先升后降，变化幅度相对较大，如图5-2所示。

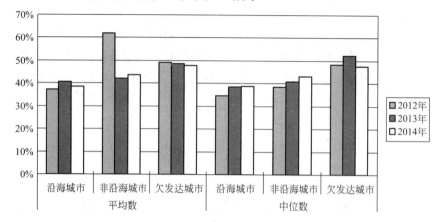

图5-2 山东省各区域制造业上市公司资产负债率比较图

从总体上看，在2012—2014年山东省欠发达城市制造业上市公司资产负债率最高，债务负担比较重，财务风险比较大；非沿海城市次之，债务负担处于平均水平，财务风险适中；沿海城市最低，债务负担小，财务风险小。

（2）山东省各地区上市公司产权比率对比分析（见表5-6）

表5-6 山东省各区域制造业上市公司产权比率比较表

统计指标与区域		2012年	2013年	2014年
平均数	沿海城市	0.781	0.856	0.775
	非沿海城市	0.897	1.174	1.231
	欠发达城市	1.273	1.356	1.281
变异系数	沿海城市	0.705	0.866	0.961
	非沿海城市	1.115	0.852	0.812
	欠发达城市	0.786	0.737	0.781
中位数	沿海城市	0.530	0.629	0.633
	非沿海城市	0.568	0.692	0.764
	欠发达城市	0.942	1.103	0.908

2012—2014年山东省制造业上市公司产权比率的平均数按照从大到小的顺序依次为：欠发达城市、非沿海城市、沿海城市。2012年山东省制造业上市公司产权比率变异系数在不同区域的数值相差较大，无法直接比较平均数，2013年和2014年山东省制造业上市公司产权比率变异系数在不同区域的数值相差较小，平均数能够一定程度上反映不同区域产权比率的大小，而且变异系数均比较小，平均数也一定程度上能反映不同区域产权比率的平均情况，即2013年和2014年欠发达城市制造业上市公司的产权比率大于非沿海城市，非沿海城市大于沿海城市，2013年和2014年三个区域制造业上市公司的产权比率的平均水平如上表所示，2013年和2014年沿海城市大约为0.8，欠发达城市大约为1.3，非沿海城市大约为1.2。总之，2012—2014年欠发达城市产权比率最高，达到了1.3；沿海城市最低，在0.8左右；非沿海城

市在两者之间，大约为 1.2。

2012—2014 年山东省制造业上市公司产权比率的中位数按照从大到小的顺序依次为：欠发达城市、非沿海城市、沿海城市。从中位数可以看出，在 2012—2014 年山东省制造业上市公司产权比率在 0.5～1.2。在 2012—2014 年山东省欠发达城市制造业上市公司产权比率均为最高，非沿海城市次之，沿海城市最低。这与 2013 年和 2014 年从平均数观察，得出的结论相同。从变化趋势看，沿海城市和非沿海城市逐年增加，增加幅度较小。而欠发达城市先升后降，变化幅度也比较小。

从总体上看，在 2012—2014 年山东省欠发达城市制造业上市公司产权比率最高，债务负担比较重，财务风险比较大，同时举债经营的能力比较强；非沿海城市次之，债务负担处于平均水平，财务风险适中；沿海城市最低，债务负担小，财务风险小。

（3）山东省各地区上市公司利息保障倍数对比分析（见表 5-7）

表 5-7 山东省各区域制造业上市公司利息保障倍数比较表

统计指标与区域		2012 年	2013 年	2014 年
平均数	沿海城市	24.342	148.351	12.312
	非沿海城市	25.057	11.210	28.253
	欠发达城市	5.143	7.273	5.768
变异系数	沿海城市	2.185	4.772	1.135
	非沿海城市	2.433	1.910	2.543
	欠发达城市	1.002	1.745	1.390
中位数	沿海城市	8.041	7.180	6.433
	非沿海城市	7.050	4.037	5.998
	欠发达城市	3.300	2.234	2.113

2012 年和 2014 年山东省制造业上市公司利息保障倍数的平均数按照从大到小的顺序依次为：非沿海城市、沿海城市、欠发达城市；2013 年山东省制造业上市公司利息保障倍数的平均数按照从大到小的顺序依次为：沿海城市、非沿海城市、欠发达城市。2012 年和 2014 年山东省制造业上市公司利息保障倍数变异系数在不同区域的数值相差较大，无法直接比较平均数。

2012—2014 年山东省制造业上市公司利息保障倍数的中位数按照从大到小的顺序依次为：沿海城市、非沿海城市、欠发达城市。从中位数可以看出山东省沿海城市制造业上市公司利息保障倍数最高，非沿海城市次之，欠发达城市较低。从变化趋势看，沿海城市逐年下降，下降幅度较大；欠发达城市逐年下降，2013 年降幅比较大，2014 年降幅比较小；非沿海城市先下降后上升，变化幅度比较大。

从总体上看，2012—2014 年沿海城市的利息保障能力相对较强，支付利息的能力比较强，非沿海城市次之，欠发达城市支付利息的能力相对较弱。

综上所述，沿海城市制造业上市公司的长期偿债能力大于非沿海城市制造业上市公司的长期偿债能力，非沿海城市制造业上市公司的长期偿债能力大于欠发达城市制造业上市公司的长期偿债能力。考虑一些极端值的影响后，非沿海城市的平均数比较大，存在一些偿债能力比较突出的企业。欠发达城市的长期偿债能力比较弱，有待于进一步加强。

5.1.2 山东省各地区上市公司运营能力对比分析

（1）山东省各地区上市公司应收账款周转率对比分析（见表5-8、图5-3）

表5-8 山东省各区域制造业上市公司应收账款周转率比较表

统计指标与区域		2012年	2013年	2014年
平均数	沿海城市	20.000	17.260	26.840
	非沿海城市	12.115	33.505	13.573
	欠发达城市	2 766.830	4 142.118	150.083
变异系数	沿海城市	2.531	2.376	3.327
	非沿海城市	1.242	4.600	1.626
	欠发达城市	4.260	4.493	2.411
中位数	沿海城市	6.888	6.332	5.011
	非沿海城市	7.431	6.652	7.096
	欠发达城市	12.169	11.330	9.680

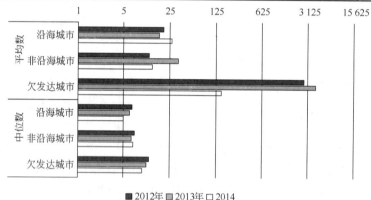

图 5-3 山东省各区域制造业上市公司应收账款周转率比较表

2012年和2014年山东省制造业上市公司应收账款周转率的平均数按照从大到小的顺序依次为：欠发达城市、沿海城市、非沿海城市。2013年山东省制造业上市公司应收账款周转率的平均数按照从大到小的顺序依次为：欠发达城市、非沿海城市、沿海城市。2012年和2014年山东省制造业上市公司应收账款周转率变异系数在不同区域的数值相差较大，无法直接比较平均数。

2012—2014年山东省制造业上市公司应收账款周转率的中位数按照从大到小的顺序依次为：欠发达城市、非沿海城市、沿海城市。从中位数可以看出山东省制造业上市公司应收账款周转率在不同区域的大致分布情况，欠发达城市制造业上市公司应收账款周转率相对较高，沿海城市制造业上市公司应收账款周转率相对较低，非沿海城市在这两者之间。此外，2012年和2013年沿海城市和非沿海城市制造业上市公司的应收账款周转率之间的差距比较小，而欠发达城市制造业上市公司的应收账款周转率远大于沿海城市和非沿海城市。2014年欠发达城市制造业上市公司的应收账款周转率与沿海城沿海城市和非沿海城市之间的差距缩小。从变化趋势来看,沿海城市逐年下降,非沿海城市在 7 左右波动,欠发达城市逐年下降。

从总体上看,欠发达城市的应收账款周转率大于非沿海城市,非沿海城市大于沿海城市。2012—2014 年沿海城市和欠发达城市的应收账款周转能力处于下降的变动,而非沿海城市在 2014 年出现了上升,应收账款周转能力有所好转。

(2)山东省各地区上市公司存货周转率对比分析(见表 5-9)

表 5-9　山东省各区域制造业上市公司存货周转率比较表

统计指标与区域		2012 年	2013 年	2014 年
平均数	沿海城市	3.389	3.375	3.426
	非沿海城市	4.798	10.366	5.208
	欠发达城市	5.373	5.393	5.488
变异系数	沿海城市	0.575	0.592	0.654
	非沿海城市	0.650	3.783	0.742
	欠发达城市	0.662	0.652	0.834
中位数	沿海城市	3.054	3.165	3.116
	非沿海城市	4.241	4.292	4.332
	欠发达城市	4.362	4.657	4.272

2012 年和 2014 年山东省制造业上市公司存货周转率的平均数按照从大到小的顺序依次为:欠发达城市、非沿海城市、沿海城市;2013 年山东省制造业上市公司存货周转率的平均数按照从大到小的顺序依次为:非沿海城市、欠发达城市、沿海城市。

2013 年山东省制造业上市公司存货周转率变异系数在不同区域的数值相差较大,非沿海城市存货周转率变异系数远大于沿海城市和欠发达城市,无法直接比较平均数。2012 年和 2014 年山东省制造业上市公司存货周转率变异系数在不同区域的数值相差较小,平均数能够一定程度上反映不同区域存货周转率的大小,而且变异系数均比较小,平均数也一定程度上能反映不同区域存货周转率的平均情况,即 2012 年和 2014 年欠发达城市制造业上市公司的存货周转率大于非沿海城市,非沿海城市大于沿海城市,2012 年和 2014 年三个区域制造业上市公司的存货周转率的平均水平如表 5-9 所示,2012 年和 2014 年沿海城市平均在 3.4 左右,欠发达城市平均在 5.4 左右,非沿海城市平均在 5 左右。此外 2014 年与 2012 年相比,各区域的存货周转率均有所提高。总之,2012 年和 2014 年欠发达城市存货周转率最高,存货周转能力比较强,沿海城市最低,非沿海城市在两者之间。

2012 年和 2013 年山东省制造业上市公司存货周转率的中位数按照从大到小的顺序依次为:欠发达城市、非沿海城市、沿海城市;2014 年山东省制造业上市公司存货周转率的中位数按照从大到小的顺序依次为:非沿海城市、欠发达城市、沿海城市。从中位数可以看出,在 2012—2014 年山东省制造业上市公司存货周转率在 3～5。在 2012—2014 年山东省欠发达城市和非沿海城市制造业上市公司存货周转率比较高,沿海城市比较低。这与 2012 年和 2014 年从平均数观察,得出的结论相同。从变化趋势看,变化幅度均比较小,2014 年存货周转率相对于 2012 年有所提高。

从总体上看，山东省欠发达城市和非沿海城市制造业上市公司存货周转率比较高，沿海城市比较低。2012—2014年沿海城市和欠发达城市的存货周转能力时增时减，非沿海城市逐年上升，存货周转能力逐步提高。

（3）山东省各地区上市公司流动资产周转率对比分析（见表5-10）

表5-10 山东省各区域制造业上市公司流动资产周转率比较表

统计指标与区域		2012年	2013年	2014年
平均数	沿海城市	1.220	1.224	1.249
	非沿海城市	1.333	1.648	1.698
	欠发达城市	1.675	1.645	1.556
变异系数	沿海城市	0.554	0.526	0.591
	非沿海城市	0.553	0.996	1.088
	欠发达城市	0.509	0.567	0.652
中位数	沿海城市	0.982	1.057	0.999
	非沿海城市	1.194	1.238	1.373
	欠发达城市	1.443	1.436	1.241

2012年山东省制造业上市公司流动资产周转率的平均数按照从大到小的顺序依次为：欠发达城市、非沿海城市、沿海城市；2013年和2014年山东省制造业上市公司流动资产周转率的平均数按照从大到小的顺序依次为：非沿海城市、欠发达城市、沿海城市。

2013年和2014年山东省制造业上市公司流动资产周转率变异系数在不同区域的数值相差较大，非沿海城市流动资产周转率变异系数大于沿海城市和欠发达城市，无法直接比较平均数。2012年山东省制造业上市公司流动资产周转率变异系数在不同区域的数值相差较小，平均数能够一定程度上反映不同区域流动资产周转率的大小，而且变异系数均比较小，平均数也一定程度上能反映不同区域流动资产周转率的平均情况，即2012年欠发达城市制造业上市公司的流动资产周转率大于非沿海城市，非沿海城市大于沿海城市，2012年三个区域制造业上市公司的流动资产周转率的平均水平如上表所示，2012年沿海城市平均为1.220，欠发达城市平均为1.675，非沿海城市平均为1.333。

2012年和2013年山东省制造业上市公司流动资产周转率的中位数按照从大到小的顺序依次为：欠发达城市、非沿海城市、沿海城市；2014年山东省制造业上市公司流动资产周转率的中位数按照从大到小的顺序依次为：非沿海城市、欠发达城市、沿海城市。从中位数可以看出，在2012—2014年山东省制造业上市公司流动资产周转率在0.9～1.5。在2012—2014年山东省欠发达城市和非沿海城市制造业上市公司流动资产周转率比较高，欠发达城市在2014年略小于非沿海城市，沿海城市在2012—2014年均比较低。从变化趋势看，沿海城市在1左右波动，欠发达城市逐年下降，非沿海城市逐年上升。

从总体上看，山东省欠发达城市和非沿海城市制造业上市公司流动资产周转率比较高，沿海城市比较低。2012—2014年沿海城市的流动资产周转能力时增时减，欠发达城市的流动资产周转能力逐年下降，非沿海城市逐年上升，流动资产周转能力逐步提高。

(4) 山东省各地区上市公司固定资产周转率对比分析（见表5-11、图5-4）

表5-11　山东省各区域制造业上市公司固定资产周转率比较表

统计指标与区域		2012年	2013年	2014年
平均数	沿海城市	4.987	4.661	4.355
	非沿海城市	4.798	5.076	12.750
	欠发达城市	3.701	3.223	2.511
变异系数	沿海城市	1.058	1.070	1.030
	非沿海城市	1.809	2.001	5.037
	欠发达城市	0.931	0.914	0.715
中位数	沿海城市	3.000	2.842	2.679
	非沿海城市	2.360	2.137	2.043
	欠发达城市	2.146	1.878	1.642

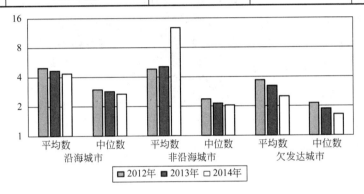

图5-4　山东省各区域制造业上市公司固定资产周转率比较图

2012年山东省制造业上市公司固定资产周转率的平均数按照从大到小的顺序依次为：沿海城市、非沿海城市、欠发达城市；2013年和2014年山东省制造业上市公司固定资产周转率的平均数按照从大到小的顺序依次为：非沿海城市、沿海城市、欠发达城市。2012—2014年山东省制造业上市公司固定资产周转率变异系数在不同区域的数值相差较大，无法直接比较平均数。

2012—2014年山东省制造业上市公司固定资产周转率的中位数按照从大到小的顺序依次为：沿海城市、非沿海城市、欠发达城市。从中位数可以看出，在2012—2014年山东省制造业上市公司固定资产周转率在1.6~3。在2012—2014年山东省沿海城市制造业上市公司固定资产周转率比较高，非沿海城市次之，欠发达城市比较低。从变化趋势看，沿海城市、欠发达城市、非沿海城市均逐年下降。

从总体上看，山东省沿海城市制造业上市公司固定资产周转率比较高，非沿海城市次之，欠发达城市比较低。2012—2014年沿海城市、欠发达城市、非沿海城市均逐年下降，固定资产周转能力下降。

(5) 山东省各地区上市公司总资产周转率对比分析（见表5-12）

表 5-12 山东省各区域制造业上市公司总资产周转率比较表

统计指标与区域		2012 年	2013 年	2014 年
平均数	沿海城市	0.736	0.714	0.705
	非沿海城市	0.677	0.832	0.922
	欠发达城市	0.819	0.758	0.681
变异系数	沿海城市	0.560	0.542	0.631
	非沿海城市	0.448	1.266	1.726
	欠发达城市	0.482	0.507	0.448
中位数	沿海城市	0.614	0.636	0.573
	非沿海城市	0.617	0.635	0.650
	欠发达城市	0.691	0.689	0.651

2012 年山东省制造业上市公司总资产周转率的平均数按照从大到小的顺序依次为：欠发达城市、沿海城市、非沿海城市；2013 年山东省制造业上市公司总资产周转率的平均数按照从大到小的顺序依次为：非沿海城市、欠发达城市、沿海城市；2014 年山东省制造业上市公司总资产周转率的平均数按照从大到小的顺序依次为：非沿海城市、沿海城市、欠发达城市。

2013 年和 2014 年山东省制造业上市公司总资产周转率变异系数在不同区域的数值相差较大，非沿海城市总资产周转率变异系数大于沿海城市和欠发达城市，无法直接比较平均数。2012 年山东省制造业上市公司总资产周转率变异系数在不同区域的数值相差较小，平均数能够一定程度上反映不同区域总资产周转率的大小，而且变异系数均比较小，平均数也一定程度上能反映不同区域总资产周转率的平均情况，即 2012 年欠发达城市制造业上市公司的总资产周转率大于沿海城市，沿海城市大于非沿海城市，2012 年三个区域制造业上市公司的总资产周转率的平均水平如表 5-12 所示，2012 年沿海城市平均为 0.736，欠发达城市平均为 0.819，非沿海城市平均为 0.677。

2012 年和 2014 年山东省制造业上市公司总资产周转率的中位数按照从大到小的顺序依次为：欠发达城市、非沿海城市、沿海城市；2013 年山东省制造业上市公司总资产周转率的中位数按照从大到小的顺序依次为：欠发达城市、沿海城市、非沿海城市。

从中位数可以看出，在 2012—2014 年山东省制造业上市公司总资产周转率在 0.5～0.7。在 2012 年和 2013 年山东省欠发达城市制造业上市公司总资产周转率比较高，非沿海城市和沿海城市比较低，且沿海城市和非沿海城市差距非常小，不到 0.005，2014 年欠发达城市和非沿海城市比较高且两者很接近，沿海城市比较低。从变化趋势看，沿海城市先升后降，欠发达城市逐年下降，非沿海城市逐年上升。

从总体上看，2012—2014 年山东省制造业上市公司总资产周转率在三个区域的差距均比较小，不到 0.1。相对而言，山东省欠发达城市制造业上市公司总资产周转率比较高，非沿海城市和沿海城市比较低。沿海城市先升后降，欠发达城市逐年下降，非沿海城市逐年上升，变化幅度均比较小。

综上所述，欠发达城市制造业上市公司的营运能力大于非沿海城市制造业上市公司的营运能力，非沿海城市制造业上市公司的营运能力大于沿海城市制造业上市公司的营运能力。对于固定资产的周转能力，沿海城市制造业上市公司固定资产周转率比较高，非沿海城市次之,欠发达城市比较低。从总资产周转率来看,三区域的差距较小,欠发达城市制造业上市公司总资产周转率略高,非沿海城市和沿海城市略低。

5.1.3 山东省各地区上市公司盈利能力对比分析

(1) 山东省各地区制造业上市公司市盈率对比分析(见表5-13、图5-5)

表5-13 山东省各区域制造业上市公司市盈率比较表

统计指标与区域		2010年	2011年	2012年	2013年	2014年
平均数	沿海城市	52.55	59.82	31.97	39.38	65.47
	非沿海城市	54.68	21.11	39.50	48.94	89.61
	欠发达城市	56.10	31.01	78.21	118.79	32.68
变异系数	沿海城市	1.13	2.14	0.91	0.65	1.52
	非沿海城市	1.41	4.95	1.92	1.04	2.55
	欠发达城市	0.66	0.75	1.64	1.77	6.94
中位数	沿海城市	51.60	28.71	27.28	33.50	44.37
	非沿海城市	37.25	22.50	30.33	39.63	43.87
	欠发达城市	48.64	28.05	28.17	32.00	23.36

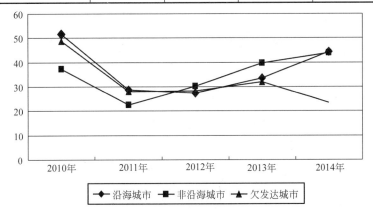

图5-5 山东省各区域制造业上市公司市盈率中位数比较图

2010年至2014年山东省制造业上市公司市盈率的平均数:2010年三区域制造业上市公司的市盈率很接近;2011年沿海城市的市盈率增长,而欠发达城市和非沿海城市的市盈率均下降;2012—2013年而欠发达城市和非沿海城市的市盈率均增加,其中欠发达城市增加的幅度比较大,到2013年增加到了118.79,而沿海城市在2012年下跌后,2013年开始增加;2014年沿海城市和非沿海城市的市盈率继续增加,而欠发达城市急剧下降。

2010—2014年山东省制造业上市公司市盈率变异系数在不同区域的数值相差较大,非沿海城市总资产周转率变异系数大于沿海城市和欠发达城市,无法直接比较平均数。其中,2014年欠发达城市的市盈率的变异系数非常大,达到了6.94,2014年欠发达城市市盈率的最小值为-880.18,对平均数的影响较大,所以2014年其市盈率的平均数骤降。

2010—2014年山东省制造业上市公司市盈率的中位数:从表5-13和图5-5中可以看出,

三区域的市盈率中位数的变化相对平缓，没有出现类似于平均数的大幅度波动，中位数在22~52。2010年到2013年，沿海城市和欠发达城市的市盈率比较接近，相差很小，2011年沿海城市和欠发达城市的市盈率均下降，2012年和2013年沿海城市和欠发达城市的市盈率的变化比较平缓，市盈率在30左右，2014年沿海城市的市盈率增加，而欠发达城市的市盈率减少，增大了两者之间的差距；非沿海城市的市盈率在2010年和2011年低于沿海城市和欠发达城市的市盈率，2011年下降后，2012—2014年逐年增加，2014年非沿海城市的市盈率与沿海城市的市盈率很接近，在44左右。

从中位数可以看出山东省制造业上市公司市盈率在不同区域的大致分布情况，2010年和2011年沿海城市和欠发达城市制造业上市公司市盈率相对较高，2012年和2013年非沿海城市的市盈率相对较高，2014年沿海城市和非沿海城市制造业上市公司市盈率相对较高，欠发达城市较低。从变化趋势来看，2011年三区域均下降，2011年至2013年沿海城市和欠发达城市比较稳定，非沿海城市呈增长的变化，2014年沿海城市和非沿海城市增加，而欠发达城市下降。

市盈率高一定程度上反映了企业良好的发展前景，同时市盈率高，投资者购买成本相对较高。从总体上看，2010年和2011年沿海城市和欠发达城市的市盈率比较高，2012年和2013年非沿海城市的市盈率比较高，2014年沿海城市和非沿海城市的市盈率比较高。在不同的年份，三区域分别处于较高水平。整体上差距比较小。

（2）山东省各地区制造业上市公司总资产净利率对比分析（见表5-14）

表5-14 山东省各区域制造业上市公司总资产净利率比较表

统计指标与区域		2012年	2013年	2014年
平均数	沿海城市	6.3%	5.5%	5.1%
	非沿海城市	3.3%	4.5%	4.0%
	欠发达城市	4.4%	3.9%	3.9%
变异系数	沿海城市	0.794	0.800	0.745
	非沿海城市	3.242	1.711	1.500
	欠发达城市	1.318	1.615	1.718
中位数	沿海城市	5.8%	4.8%	5.4%
	非沿海城市	4.7%	4.0%	3.9%
	欠发达城市	2.3%	1.9%	2.1%

2012年山东省制造业上市公司总资产净利率的平均数按照从大到小的顺序依次为：沿海城市、欠发达城市、非沿海城市；2013年和2014年山东省制造业上市公司总资产净利率的平均数按照从大到小的顺序依次为：沿海城市、非沿海城市、欠发达城市。2012年和2014年山东省制造业上市公司总资产净利率变异系数在不同区域的数值相差较大，无法直接比较平均数。欠发达城市和非沿海城市的变异系数比较大。

2012—2014年山东省制造业上市公司总资产净利率的中位数按照从大到小的顺序依次为：沿海城市、非沿海城市、欠发达城市。从中位数可以看出山东省制造业上市公司总资产净利率在不同区域的大致分布情况，沿海城市制造业上市公司总资产净利率相对较高，欠发达城市制造业上市公司总资产净利率相对较低,非沿海城市在这两者之间。欠发达城市远低于沿海城市和非沿海城市,非沿海城市与沿海城市之间的差距较小。从变化趋势来看,沿海城市和欠发达城市先减后增,欠发达城市增减幅度相对较小,变化较为稳定,非沿海城市逐年下降,2014年下降幅度较小,为0.1%。

从总体上看,沿海城市的总资产净利率大于非沿海城市,非沿海城市大于沿海城市,沿海城市和非沿海城市的差距较小,而欠发达城市明显小于沿海城市和非沿海城市。沿海城市和欠发达城市先减后增,欠发达城市增减幅度相对较小,变化较为稳定,非沿海城市逐年下降,2014年下降幅度较小。沿海城市的盈利能力比较强,欠发达城市的盈利能力比较弱,非沿海城市的盈利能力中等。

(3)山东省各地区制造业上市公司净资产收益率对比分析(见表5-15)

表5-15 山东省各区域制造业上市公司净资产收益率比较表

统计指标与区域		2012年	2013年	2014年
平均数	沿海城市	10.3%	9.4%	8.3%
	非沿海城市	−55.3%	4.1%	5.7%
	欠发达城市	7.1%	5.6%	6.4%
变异系数	沿海城市	0.893	0.979	0.940
	非沿海城市	−7.658	3.146	4.070
	欠发达城市	1.113	1.982	1.859
中位数	沿海城市	8.4%	7.5%	8.0%
	非沿海城市	6.0%	5.0%	5.9%
	欠发达城市	4.8%	4.0%	5.3%

2012—2014年山东省制造业上市公司净资产收益率的平均数按照从大到小的顺序依次为:沿海城市、欠发达城市、非沿海城市。2012年和2014年山东省制造业上市公司净资产收益率变异系数在不同区域的数值相差较大,无法直接比较平均数。非沿海城市的变异系数比较大。2012—2014年山东省制造业上市公司净资产收益率的绝对值超过100%的企业共有两家,均在山东省非沿海城市,分别为恒天海龙和山东金泰,2012年恒天海龙的净资产收益率为负数,其绝对值非常高,为2 988.13%,2014年山东金泰的净资产收益率的绝对值为正数,达116.5%。所以表5-15中非沿海城市制造业上市公司净资产收益率变异系数比较大。其中恒天海龙与净资产收益率有关的内容如表5-16所示。

表5-16 2012年恒天海龙净资产收益相关数据　　　　金额单位:元

代码	简称	净利润	股东权益年初数	股东权益年末数
000677	恒天海龙	1 013 146 811	−804 271 107.20	736 459 799.70

恒天海龙的净资产收益率为负数是因为2012年股东权益平均为负数造成的,而且净利润对于股东权益平均余额的数值比较大,所以净资产收益率比较高。

从表5-15和图5-6中可以看出,2012—2014年山东省制造业上市公司净资产收益率的中位数按照从大到小的顺序依次为:沿海城市、欠发达城市、非沿海城市。从中位数可以看出山东省制造业上市公司净资产收益率在不同区域的大致分布情况，沿海城市制造业上市公司净资产收益率相对较高，欠发达城市制造业上市公司净资产收益率相对较低，非沿海城市在这两者之间。欠发达城市和沿海城市之间的差距逐渐缩小。从变化趋势来看，沿海城市、欠发达城市、非沿海城市均为先下降后升高。

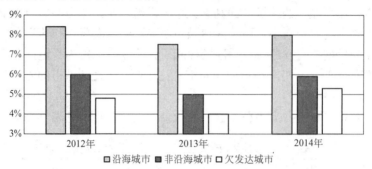

图 5-6 山东省各区域制造业上市公司净资产收益率中位数比较图

从总体上看，沿海城市的净资产收益率大于非沿海城市，非沿海城市大于沿海城市，非沿海城市和欠发达城市的差距较小。沿海城市、欠发达城市、非沿海城市均为先下降后升高。沿海城市的盈利能力比较强，欠发达城市的盈利能力比较弱，非沿海城市的盈利能力中等。

（4）山东省各地区制造业上市公司营业毛利率对比分析（见表 5-17）

表 5-17 山东省各区域制造业上市公司营业毛利率比较表

统计指标与区域		2012 年	2013 年	2014 年
平均数	沿海城市	27.3%	26.0%	25.3%
	非沿海城市	24.0%	23.1%	23.1%
	欠发达城市	20.1%	20.7%	20.8%
变异系数	沿海城市	0.535	0.504	0.494
	非沿海城市	0.733	0.680	0.619
	欠发达城市	0.821	0.715	0.721
中位数	沿海城市	24.8%	23.7%	23.8%
	非沿海城市	20.6%	18.2%	20.2%
	欠发达城市	15.6%	16.8%	17.9%

2012—2014 年山东省制造业上市公司营业毛利率的平均数按照从大到小的顺序依次为：沿海城市、非沿海城市、欠发达城市。2012—2014 年山东省制造业上市公司营业毛利率变异系数在不同区域的数值相差较小，平均数能够一定程度上反映不同区域营业毛利率的大小，而且变异系数均比较小，平均数也一定程度上能反映不同区域营业毛利率的平均情况，即2012—2014 年沿海城市制造业上市公司的营业毛利率大于非沿海城市，非沿海城市大于欠发达城市，2012—2014 年三个区域制造业上市公司的营业毛利率的平均水平如上表所示，三区域在 2012—2014 年的平均数在 20%～28%，没有出现严重偏大或偏小的数值，相对合理。此外，通过平均数也可看出，2012—2014 年，三区域均比较稳定，沿海城市在 26% 左右，欠发

达城市在 20%~21%，非沿海城市在 23%~24%。

2012—2014 年山东省制造业上市公司营业毛利率的中位数按照从大到小的顺序依次为：沿海城市、非沿海城市、欠发达城市。从中位数可以看出山东省制造业上市公司营业毛利率在不同区域的大致分布情况，沿海城市制造业上市公司营业毛利率相对较高，欠发达城市制造业上市公司营业毛利率相对较低，非沿海城市在这两者之间。欠发达城市和沿海城市之间的差距逐渐缩小。从变化趋势来看，沿海城市、欠发达城市、非沿海城市均比较稳定，沿海城市在 24%左右，欠发达城市在 17%左右，非沿海城市在 20%左右，均低于对应的平均数 2%~4%。这与平均数比较的结果以及变化情况均比较接近。

从总体上看，沿海城市的营业毛利率大于非沿海城市，非沿海城市大于欠发达城市，差距比较稳定。沿海城市、欠发达城市、非沿海城市均比较稳定。沿海城市的盈利能力比较强，欠发达城市的盈利能力比较弱，非沿海城市的盈利能力中等，三者的盈利能力都比较稳定。

（5）山东省各地区制造业上市公司营业净利率对比分析（见表 5-18）

表 5-18 山东省各区域制造业上市公司营业净利率比较表

统计指标与区域		2012 年	2013 年	2014 年
平均数	沿海城市	9.7%	7.9%	8.6%
	非沿海城市	7.4%	12.9%	3.5%
	欠发达城市	5.8%	4.8%	4.7%
变异系数	沿海城市	1.113	1.785	0.919
	非沿海城市	8.797	3.736	4.429
	欠发达城市	1.448	1.646	2.255
中位数	沿海城市	7.1%	6.4%	7.0%
	非沿海城市	6.1%	5.0%	4.6%
	欠发达城市	3.8%	3.1%	3.6%

2012 年山东省制造业上市公司营业净利率的平均数按照从大到小的顺序依次为：沿海城市、非沿海城市、欠发达城市；2013 年山东省制造业上市公司营业净利率的平均数按照从大到小的顺序依次为：非沿海城市、沿海城市、欠发达城市。2014 年山东省制造业上市公司营业净利率的平均数按照从大到小的顺序依次为：沿海城市、欠发达城市、非沿海城市。2012 年和 2014 年山东省制造业上市公司营业净利率变异系数在不同区域的数值相差较大，无法直接比较平均数。非沿海城市的变异系数比较大。2012—2014 年山东省制造业上市公司营业净利率的绝对值超过 100%的企业共有两家，均在山东省非沿海城市，分别为山东金泰和中航黑豹，2012 年山东金泰和中航黑豹的营业净利率均为正数，两者的绝对值非常高，前者为 332.1%，后者为 339.2%，2013 年中航黑豹的营业净利率为负数，其绝对值非常高，为 287.4%。所以表中非沿海城市制造业上市公司营业净利率变异系数比较大。

2012—2014 年山东省制造业上市公司营业净利率的中位数按照从大到小的顺序依次为：沿海城市、非沿海城市、欠发达城市。从中位数可以看出山东省制造业上市公司营业净利率在不同区域的大致分布情况，沿海城市制造业上市公司营业净利率相对较高，欠发达城市制造业上市公司营业净利率相对较低,非沿海城市在这两者之间。欠发达城市和非沿海城市之间的差距逐渐缩小。沿海城市和非沿海城市的差距逐年增大。从变化趋势来看,沿海城市和欠发达城市时增时减,非沿海城市逐年降低。

从总体上看,沿海城市的营业净利率大于非沿海城市,非沿海城市大于欠发达城市。沿海城市和欠发达城市时增时减,非沿海城市逐年降低。沿海城市的盈利能力比较强,欠发达城市的盈利能力比较弱,非沿海城市的盈利能力中等,三者的盈利能力变化都比较大。

综上所述,沿海城市制造业上市公司的盈利能力大于非沿海城市制造业上市公司的盈利能力,非沿海城市制造业上市公司的盈利能力大于欠发达城市制造业上市公司的盈利能力。非沿海城市的变异系数比较大。欠发达城市的盈利能力比较弱,有待于进一步加强。

5.1.4 山东省各地区上市公司发展能力对比分析

(1) 山东省各地区制造业上市公司资本积累率对比分析(见表5-19)

表5-19 山东省各区域制造业上市公司资本积累率比较表

统计指标与区域		2012 年	2013 年	2014 年
平均数	沿海城市	21.7%	9.1%	23.1%
	非沿海城市	22.4%	3.6%	23.3%
	欠发达城市	8.5%	11.1%	15.7%
变异系数	沿海城市	2.009	1.066	1.628
	非沿海城市	3.527	6.417	2.661
	欠发达城市	2.318	1.676	2.045
中位数	沿海城市	9.3%	6.9%	8.9%
	非沿海城市	3.7%	2.8%	6.2%
	欠发达城市	5.1%	5.0%	4.5%

2012 年和 2014 年山东省制造业上市公司资本积累率的平均数按照从大到小的顺序依次为:非沿海城市、沿海城市、欠发达城市;2013 年山东省制造业上市公司资本积累率的平均数按照从大到小的顺序依次为:欠发达城市、沿海城市、非沿海城市。2012 年和 2014 年山东省制造业上市公司资本积累率变异系数在不同区域的数值相差较大,无法直接比较平均数。

2012 年和 2013 年山东省制造业上市公司资本积累率的中位数按照从大到小的顺序依次为:沿海城市、欠发达城市、非沿海城市;2014 年山东省制造业上市公司资本积累率的中位数按照从大到小的顺序依次为:沿海城市、非沿海城市、欠发达城市。

从中位数可以看出山东省制造业上市公司资本积累率在不同区域的大致分布情况,沿海城市制造业上市公司资本积累率相对较高,欠发达城市和非沿海城市制造业上市公司资本积累率相对较低。2012 年和 2013 年欠发达城市制造业上市公司资本积累率大于非沿海城市且差距较大,2014 年欠发达城市制造业上市公司资本积累率小于非沿海城市,非沿海城市从连续两年低于欠发达城市变为超过欠发达城市。资本积累率始终处于最高位的是沿海城市。

从总体上看,沿海城市的资本积累率大于非沿海城市和欠发达城市,沿海城市在山东省处于较高水平,非沿海城市和欠发达的资本积累程度大小在不同年份不一样。沿海城市的资本积累程度比较高,资本积累能力比较高,有较好的发展潜力。

(2)山东省各地区制造业上市公司总资产增长率对比分析(见表 5-20)

表 5-20　山东省各区域制造业上市公司总资产增长率比较表

统计指标与区域		2012 年	2013 年	2014 年
平均数	沿海城市	20.2%	15.1%	17.9%
	非沿海城市	16.9%	18.2%	21.6%
	欠发达城市	12.9%	11.7%	10.1%
变异系数	沿海城市	1.381	0.967	1.737
	非沿海城市	2.290	2.747	2.185
	欠发达城市	1.264	1.137	1.485
中位数	沿海城市	11.8%	13.0%	10.6%
	非沿海城市	5.7%	6.8%	9.5%
	欠发达城市	15.1%	7.9%	6.4%

2012 年山东省制造业上市公司总资产增长率的平均数按照从大到小的顺序依次为:沿海城市、非沿海城市、欠发达城市;2013 年山东省制造业上市公司总资产增长率的平均数按照从大到小的顺序依次为:非沿海城市、沿海城市、欠发达城市;2014 年山东省制造业上市公司总资产增长率的平均数按照从大到小的顺序依次为:欠发达城市、沿海城市、非沿海城市。2012 年和 2014 年山东省制造业上市公司总资产增长率变异系数在不同区域的数值相差较大,无法直接比较平均数。

2012 年山东省制造业上市公司总资产增长率的中位数按照从大到小的顺序依次为:欠发达城市、沿海城市、非沿海城市;2013 年山东省制造业上市公司总资产增长率的中位数按照从大到小的顺序依次为:沿海城市、欠发达城市、非沿海城市;2014 年山东省制造业上市公司总资产增长率的中位数按照从大到小的顺序依次为:沿海城市、非沿海城市、欠发达城市。

从中位数可以看出山东省制造业上市公司总资产增长率在不同区域的大致分布情况,沿海城市制造业上市公司总资产增长率相对较高,欠发达城市次之,非沿海城市比较低。2012 年,欠发达城市总资产增长率最高,非沿海城市比较低;2013 年,沿海城市超过欠发达城市,总资产增长率最高,而欠发达城市和非沿海城市相对较低且两者相差较小;2014 年沿海城市依然保持最高的总资产增长率,非沿海城市大幅度提升,超过了欠发达城市。从变化趋势来看,沿海城市时增时减,总体上比较高;欠发达城市逐年降低,非沿海城市逐年增加。与平均数结合来看,沿海城市的平均数在 2012 年超过欠发达城市,而中位数低于欠发达城市,主要是因为 2012 年沿海城市受到区域内总资产增长率较高的企业的影响,所以平均下来比较高。

从总体上看,沿海城市的总资产增长率大于欠发达城市和非沿海城市,沿海城市在山东省处于较高水平,非沿海城市和欠发达城市相对较低。2012—2014 年沿海城市制造业上市公司总资产增长率时增时减,欠发达城市在 2012 年总资产大幅增长后逐年增长幅度下降,非沿海城市则不断增大其总资产的规模,总资产增长率逐年提高。

（3）山东省各地区制造业上市公司营业收入增长率对比分析（见表5-21、图5-7）

表5-21　山东省各区域制造业上市公司营业收入增长率比较表

统计指标与区域		2012年	2013年	2014年
平均数	沿海城市	5.2%	14.0%	14.6%
	非沿海城市	8.4%	228.2%	23.5%
	欠发达城市	12.7%	4.4%	2.4%
变异系数	沿海城市	4.481	1.893	3.452
	非沿海城市	3.881	6.627	2.077
	欠发达城市	1.622	4.932	6.583
中位数	沿海城市	2.1%	11.8%	6.0%
	非沿海城市	1.4%	10.0%	14.0%
	欠发达城市	10.8%	3.9%	2.9%

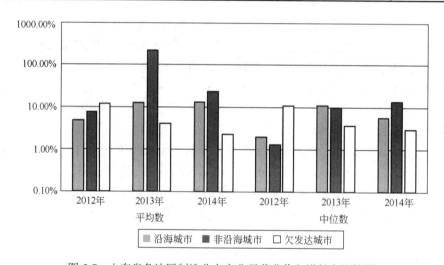

图5-7　山东省各地区制造业上市公司营业收入增长率比较图

2012年山东省制造业上市公司营业收入增长率的平均数按照从大到小的顺序依次为：欠发达城市、非沿海城市、沿海城市；2013年和2014年山东省制造业上市公司营业收入增长率的平均数按照从大到小的顺序依次为：非沿海城市（非常大）、沿海城市、欠发达城市。2012年和2014年山东省制造业上市公司营业收入增长率变异系数在不同区域的数值相差较大，无法直接比较平均数。

2012年山东省制造业上市公司营业收入增长率的中位数按照从大到小的顺序依次为：欠发达城市、沿海城市、非沿海城市；2013年山东省制造业上市公司营业收入增长率的中位数按照从大到小的顺序依次为：沿海城市、非沿海城市、欠发达城市；2014年山东省制造业上市公司营业收入增长率的中位数按照从大到小的顺序依次为：非沿海城市、沿海城市、欠发达城市。

从中位数可以看出山东省制造业上市公司营业收入增长率在不同地区的大致分布情况，

沿海城市制造业上市公司营业收入增长率先增后降，欠发达城市制造业上市公司营业收入增长率逐年降低，非沿海城市制造业上市公司营业收入增长率逐年增加。

从总体上看，山东省制造业上市公司的营业收入水平在 2012——2014 年均提高，非沿海城市制造业上市公司的营业收入增长能力比较强，沿海城市的营业收入增长率变化情况不稳定，先升后降，欠发达城市的营业收入增长率 2012 年比较高，但逐年下降，营业收入的增长能力逐渐减弱。

（4）山东省各地区制造业上市公司营业利润增长率对比分析（见表 5-22）

表 5-22　山东省各区域制造业上市公司营业利润增长率比较表

统计指标与区域		2012 年	2013 年	2014 年
平均数	沿海城市	−17.8%	8.8%	95.7%
	非沿海城市	−148.5%	12.1%	12.8%
	欠发达城市	24.2%	25.5%	−133.1%
变异系数	沿海城市	−11.697	6.568	5.878
	非沿海城市	−4.816	25.041	18.664
	欠发达城市	7.975	6.647	−9.519
中位数	沿海城市	−1.2%	4.3%	8.4%
	非沿海城市	−26.0%	−7.1%	5.8%
	欠发达城市	1.6%	−10.5%	16.7%

2012 年山东省制造业上市公司营业利润增长率的平均数按照从大到小的顺序依次为：欠发达城市、沿海城市、非沿海城市；2013 年山东省制造业上市公司营业利润增长率的平均数按照从大到小的顺序依次为：欠发达城市、非沿海城市、沿海城市；2014 年山东省制造业上市公司营业利润增长率的平均数按照从大到小的顺序依次为：沿海城市、非沿海城市、欠发达城市。2012 年和 2014 年山东省制造业上市公司营业利润增长率变异系数在不同区域的数值相差较大，无法直接比较平均数。

2012 年和 2014 年山东省制造业上市公司营业利润增长率的中位数按照从大到小的顺序依次为：欠发达城市、沿海城市、非沿海城市；2013 年山东省制造业上市公司营业利润增长率的中位数按照从大到小的顺序依次为：沿海城市、非沿海城市、欠发达城市。从中位数可以看出，山东省制造业上市公司营业利润增长率在不同地区的大致变化情况，沿海城市和非沿海城市制造业上市公司营业利润增长率逐年增加，欠发达城市营业利润在 2013 年出现了下降，2014 年增加，且增速超过沿海城市和非沿海城市。

从总体上看，沿海城市的营业利润增长能力相对较高，逐年增加，2012—2014 年没有出现大幅度的下降。2012—2014 年无论从平均数还是中位数来看，营业利润增长率存在负值，说明很多上市公司营业利润出现了负增长。2014 年沿海城市存在营业利润增长率非常高的上市公司，而同期的欠发达城市存在营业利润增长率非常低的上市公司，2012 年非沿海城市存在营业利润增长率非常低的上市公司，而且三个地区营业利润增长率的中位数均出现过负值，说明对应的营业利润为负增长。

（5）山东省各地区制造业上市公司市净率对比分析（见表 5-23、图 5-8）

表 5-23　山东省各区域制造业上市公司市净率比较表

统计指标与区域		2010 年	2011 年	2012 年	2013 年	2014 年
平均数	沿海城市	5.51	3.46	2.60	2.87	3.17
	非沿海城市	4.79	2.38	2.46	4.45	4.72
	欠发达城市	4.04	2.65	2.29	2.63	3.07
变异系数	沿海城市	0.46	0.68	0.48	0.64	0.41
	非沿海城市	1.27	1.79	0.89	2.30	1.22
	欠发达城市	0.57	0.59	0.56	0.63	0.73
中位数	沿海城市	5.20	2.79	2.23	2.62	3.19
	非沿海城市	3.41	2.02	2.06	2.66	3.14
	欠发达城市	3.49	2.24	1.82	1.98	2.43

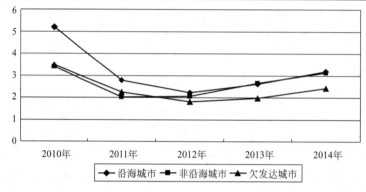

图 5-8　山东省制造业上市公司市净率中位数比较图

2010—2014 年山东省制造业上市公司市净率的平均数变动情况：2012 年各地区制造业上市公司的市净率很接近；2010 年和 2011 年三区域的市净率基本上呈下降的变化趋势；2013 年和 2014 年三区域的市净率呈上升的变化趋势，其中，沿海城市和欠发达城市的市净率变化比较平缓，非沿海城市 2013 年的变动幅度比较大。2010 年和 2011 年沿海城市制造业上市公司的市净率处于较高水平，2012 年各地区制造业上市公司的市净率相差很小，2013 年和 2014 年非沿海城市制造业上市公司的市净率处于较高水平。2010—2014 年山东省制造业上市公司市净率变异系数在不同区域的数值相差较大，无法直接比较平均数。

2010—2014 年山东省制造业上市公司市净率的中位数的变化方向与平均数的变化方向基本相同。2011 年各地区制造业上市公司的市净率均下降，2012—2014 年非沿海城市的市净率逐年增加，而沿海城市和欠发达城市的市净率在 2012 年下降后，2013 年和 2014 年增加，其中欠发达城市增加的幅度比较小。2010 年和 2011 年，非沿海城市和欠发达城市的市净率比较接近，相差很小；2012 年各地区的市净率比较接近，市净率在 2 左右；2013 年和 2014 年沿海城市和非沿海城市的市净率很接近，而欠发达城市的市净率比较低。

从中位数可以看出山东省各地区制造业上市公司市净率的大致分布情况，2010—2012 年非沿海城市制造业上市公司市净率相对较高，2013 年和 2014 年沿海城市和非沿海城市的市净率相对较高，欠发达城市较低。从变化趋势来看，2011 年各地区制造业上市公司市净率均下降，2012—2014年非沿海城市的市净率逐年增加，而沿海城市和欠发达城市的市净率在2012年下降后，2013年和2014年增加。

从总体上看，2010—2014年沿海城市制造业上市公司的市净率比较高，非沿海城市的市净率在2011—2014年逐年增加，在2013年和2014的市净率与沿海城市的市净率持平。

综上所述，沿海城市制造业上市公司的发展能力大于非沿海城市和欠发达制造业上市公司的盈利能力。欠发达城市的发展能力也比较强。非沿海城市的变异系数比较大，存在一些资本积累、营业收入发展比较突出的企业。

5.2 山东省各地区上市公司财务报告数据及财务能力评价

5.2.1 山东省各地区上市公司财务报告数据的评价

（1）选取制造业上市公司进行分析的合理性

在第4章和第5章，对各区域的上市公司进行财务能力分析时，均是选取制造业上市公司的财务数据进行。下面以2012年山东省沿海城市上市公司财务报告数据分析为例，从偿债能力、营运能力、盈利能力、发展能力中各选取了几个指标，简要说明将非制造业上市公司纳入分析体系对山东省沿海城市财务比率的影响，如表5-24所示。

表5-24 2012年山东省沿海城市相关财务比率

指 标	差 异 率	指 标	差 异 率
偿债能力：		营运能力：	
流动比率	-18.2%	应收账款周转率	-43.1%
速动比率	-22.2%	存货周转率	-61.5%
现金比率	-33.1%	流动资产周转率	-42.0%
资产负债率	-7.5%	固定资产周转率	-76.8%
盈利能力：		发展能力：	
总资产净利率	-6.7%	资本积累率	-20.7%
净资产收益率	104.9%	总资产增长率	-15.6%
营业毛利率	-6.0%	营业利润增长率	214.3%
营业净利率	-12.7%	营业收入增长率	-66.1%

注：差异率=（山东省沿海城市制造业上市公司的某一财务指标变异系数-山东省沿海城市上市公司的对应指标变异系数）/山东省沿海城市上市公司的对应指标变异系数的绝对值

从表5-24中可以看出，将山东省非制造业上市公司纳入分析体系会对山东省沿海城市上市公司财务数据的变异性产生比较大的影响，其中，对营运能力各项财务指标的差异率均比较大，达40%以上，对盈利能力中的净资产收益率和发展能力中的营业利润增长率发生了显著的变化。举例说明，山东省沿海城市上市公司中包含一家金融业的企业，其行业特点决定了其一些财务比率明显区别于制造业上市公司，通过其2012—2014年的流动比率分别为8.887、8.199、

16.350，可以看出金融业的流动比率与制造业的流动比率差别很大，不能一概而论。此外，仅山东省沿海城市包含一家金融业行业的企业，非沿海城市和欠发达城市均不含此类企业，所以若将所有行业按照同一标准进行分析，必然会影响分析结果的可比性。另外，在第 4 章中将山东省制造业上市公司与非制造业上市公司的数量与资本额进行了对比，制造业上市公司从这两方面比重均比较大，均在 50%以上，从这个角度也能说明在对山东省各区域内部的分析和区域间的对比分析时可以通过采用山东省制造业上市公司的数据分析。第 6 章将山东省上市公司与全国上市公司的财务数据进行分析时，选取了全部行业进行比较，主要原因是整个山东省的上市公司相对于山东省某一区域的上市公司数量相比比较大，2014 年为 151 家，这样受到极端值的影响就比较小，而且同时对平均数和中位数进行分析，所以更具有可比性。

（2）对分析中样本数量的说明（见表 5-25）

表 5-25　山东省各地区 2010 年—2015 年上市公司数量统计表

地　　区	2015 年 10 月	2014 年 12 月	2013 年 12 月	2012 年 12 月	2011 年 12 月	2010 年 12 月
沿海城市	57	52	51	51	48	40
非沿海城市	76	73	72	72	65	60
欠发达城市	26	26	26	26	26	21
合计	159	151	149	149	139	121

如第 3 章中提到的山东省上市公司的数量情况，2012 年和 2013 年山东省有 149 家上市公司，2014 年有 151 家上市公司，2015 年增加的两家上市公司分别是 2014 年 8 月 1 日上市的山东省沿海城市的康跃科技股份有限公司和 2014 年 6 月 26 日上市的山东省非沿海城市的山东龙大肉食品股份有限公司，从数量上看，这三年的数量变化比较小。而 2012 与 2011 年和 2010 年相比山东省上市公司增加数量比较多。尽管只分析 2012—2014 年山东省上市公司的财务数据，可能会降低数据的全面性，但是出于谨慎性以保证获取的财务数据的可靠性以及成本效益性，本文主要分析了 2012—2014 年山东省上市公司的财务数据。此外通过中国经济年报以及中国物流信息中心发布的官方信息表明，2012 年中国制造业的采购经理人指数发生了一个较大的转折，此后 2012—2014 年该指数变化比较平稳，中国制造业的发展相对比较稳定，如图 5-9 所示。

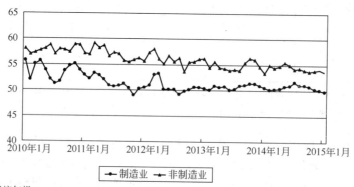

资料来源：中国经济年报

图 5-9　2010 年 1 月—2015 年 1 月中国制造业的采购经理人指数

5.2.2 山东省各地区上市公司财务能力的评价

（1）山东省沿海城市制造业上市公司财务能力的评价

沿海城市制造业上市公司的流动比率、速动比率、现金比率在山东省都处于较高水平，短期偿债能力比较强，但近年来也呈现出下降的趋势；沿海城市制造业上市公司的利息保障倍数、现金流利息到期债务保障倍数在山东省都处于较高水平，长期偿债能力比较强，资金充足，偿还债务及利息的能力强；资产负债率较低，公司的偿债能力较强，同时也说明财务杠杆利用程度较低。各上市公司的长期偿债能力比率变异系数大，存在一些长期偿债能力很强的公司。

沿海城市制造业上市公司的应收账款周转速度较慢，并且呈现出继续下降的态势；存货周转速度较慢，两者导致流动资产周转较慢。沿海城市制造业上市公司的固定资产周转能力比较强。受流动资产周转速度的拖累，总资产周转速度与其他地区基本持平，并且逐年下降。

沿海城市制造业上市公司的总资产净利率、净资产收益率、营业毛利率、营业净利率在山东省都处于较高水平，而且与非沿海城市和欠发达城市的差距比较大，尽管 2012—2014 年有波动，但总体来说比较稳定。沿海城市制造业上市公司整体上盈利能力都比较高，盈利能力优势明显。

沿海城市制造业上市公司的资本积累率、总资产增长率在山东省都处于较高水平，发展能力比较强，2012 年和 2014 年资本积累率、总资产增长率的平均数比较高，存在一些发展能力比较强的公司，公众认可度也高。

（2）山东省非沿海城市制造业上市公司财务能力的评价

非沿海城市制造业上市公司的短期偿债能力极不平衡，平均数比较高，变异系数大，存在一些短期偿债能力很强的公司，同时也应该注意到中位数远低于平均数，说明存在很大一部分公司的短期偿债能力比较弱。非沿海城市制造业上市公司的长期偿债能力尽管在山东省上市公司中居于中游，但平均数比较高，变异系数大，存在一些长期偿债能力很强的公司，但是中位数远低于平均数，说明存在很大一部分公司的长期偿债能力比较弱。

非沿海城市制造业上市公司的存货周转能力比较强，而且比较稳定，2012—2014 年基本持平。流动资产周转能力和总资产增长率呈现稳定增长的趋势。

非沿海城市制造业上市公司的营业毛利率、营业净利率的平均数比较高，存在一些盈利能力比较强的公司。非沿海城市制造业上市公司的盈利能力在山东省处于中游，但有关财务比率的变异系数大，其中不乏盈利水平高的公司，但总体上不均衡。从市盈率的变化也能看出，市盈率波动较大，说明具有一定的风险。

非沿海城市制造业上市公司的营业收入增长率比较高，营业收入增长速度比较快，而且非沿海城市制造业上市公司 2012 年和 2014 年资本积累率的平均数比较高，存在一些资本积累增加比较多的公司，同时，2012 年和 2014 年总资产增长率、营业收入增长率的平均数比较高，存在一些发展能力比较强的公司。

（3）山东省欠发达城市上市公司财务能力的评价

欠发达城市制造业上市公司的短期偿债能力比较均衡，在不同公司间的差距较小。欠发达城市制造业上市公司的现金流利息到期债务保障倍数平均数远高于其中位数，变异系数大，存在一些现金流支付到期债务的能力比较强的公司。短期偿债能力较低。尽管近年来有所提高，但仍处于三个区域中的末位。欠发达城市制造业上市公司的长期偿债能力在山东省表现较弱，但综合考虑制造业公司的特点，长期偿债能力一般，偿还债务及利息的能力较弱。

欠发达城市制造业上市公司的应收账款周转率、存货周转率、流动资产周转率、总资产周转率在山东省都处于较高水平，营运能力比较强，应收账款周转率变异系数比较大，存在一些长期应收账款周转能力很强的公司，存货周转率、流动资产周转率、总资产周转率变异系数比较小，说明欠发达城市制造业上市公司短期资金的营运能力普遍比较高。欠发达城市制造业上市公司的固定资产周转速度比较慢。综合考虑流动资产与固定资产的周转情况，欠发达城市制造业上市公司的总资产周转速度略高于其他地区。

欠发达城市制造业上市公司的总资产净利率平均数远高于其中位数，存在一些盈利能力比较有强的公司。但总体来说，欠发达城市制造业上市公司的盈利能力比较弱，在山东省处于较低水平，也应该看到，逐步减少与其他地区的差异特别是营业毛利率、营业净利率在提高，但净资产与总资产的获利能力还较弱，其中变异系数也较大。市盈率的平均数比较高，公众对上市公司的认同度较高。

欠发达城市制造业上市公司的营业收入增长率平均数与其中位数比较接近，不同公司的营业收入增长率比较均衡。欠发达城市制造业上市公司发展能力在山东省处于较低水平。

第 6 章

山东省上市公司的综合数据分析——基于财务能力

6.1 山东省上市公司综合偿债能力分析

6.1.1 山东省上市公司短期偿债能力分析

山东省上市公司短期偿债能力相关指标如表 6-1 所示。

表 6-1 山东省上市公司短期偿债能力相关指标表

指标	平均数			中位数		
	2012 年	2013 年	2014 年	2012 年	2013 年	2014 年
流动比率	2.722	2.242	2.173	1.614	1.423	1.451
速动比率	2.165	1.735	1.667	1.060	0.966	1.025
现金比率	1.180	0.856	0.746	0.394	0.284	0.247
现金到期债务比率	17.376	58.082	1.995	0.693	0.860	0.706

（1）山东省上市公司流动比率分析

2012—2014 年山东省上市公司流动比率平均数在 2 以上，呈逐年下降的变化趋势；流动比率中位数在 1.5 左右，2013 年减少后 2014 年略微增加；流动比率的平均数高于中位数。下面将山东省上市公司 2012—2014 年的流动比率与全国上市公司的流动比率进行比较，如表 6-2 所示。

表 6-2 山东省上市公司与全国上市公司流动比率比较

统计量	2012 年			2013 年			2014 年		
	山东省	全国	差异率	山东省	全国	差异率	山东省	全国	差异率
平均数	2.722	3.090	−11.91%	2.242	2.678	−16.28%	2.173	2.497	−12.98%
变异系数	1.498	1.518	−1.29%	1.313	1.467	−10.51%	1.462	1.565	−6.58%
中位数	1.614	1.674	−3.58%	1.423	1.632	−12.81%	1.451	1.548	−6.27%

2012—2014 年山东省上市公司流动比率的平均数均小于全国对应数值。2012—2014 年山东省上市公司和全国的变异系数数值相差较小，反映两者受极端值影响的程度比较接近，

所以平均数能够一定程度上反映两者的大小,即2012—2014年山东省上市公司流动比率均小于全国对应数值。从中位数来看,2012—2014年山东省上市公司流动比率均小于全国对应数值,2012年小于3.58%,2013年小于12.81%,2014年小于6.58%,相差均比较小。从平均数来看两者变化趋势基本相同,都是逐年递减;从中位数来看,山东省2013年减少,2014年略微增加,而全国逐年递减,短期偿债能力减弱。综上所述,2012—2014年山东省上市公司流动比率略小于全国对应数值,短期偿债能力比较弱。

(2) 山东省上市公司速动比率分析

山东省上市公司速动比率平均数在2012年比较高,在2以上,呈逐年下降的变化趋势,2013年下降比较明显;速动比率中位数在1左右,2013年减少后2014年增加,变化幅度比较小。下面将山东省上市公司2012—2014年的速动比率与全国上市公司2012—2014年速动比率进行比较,如表6-3所示。

表6-3 山东省上市公司与全国上市公司速动比率比较表

统计量	2012年			2013年			2014年		
	山东省	全国	差异率	山东省	全国	差异率	山东省	全国	差异率
平均数	2.165	2.479	−12.67%	1.735	2.120	−18.16%	1.667	1.940	−14.07%
变异系数	1.767	1.741	1.53%	1.640	1.737	−5.61%	1.832	1.921	−4.64%
中位数	1.060	1.088	−2.57%	0.966	1.160	−16.72%	1.025	1.064	−3.67%

2012—2014年山东省上市公司速动比率的平均数均小于全国对应数值。2012—2014年山东省上市公司和全国的变异系数数值相差较小,不到5%。所以平均数能够一定程度上反映两者的大小,即2012—2014年山东省上市公司速动比率的平均数均小于全国对应数值。从中位数来看,2012—2014年山东省上市公司速动比率均小于全国对应数值,2012年和2014年的差距比较小,不到4%,2013年的差距比较大,为16.72%。从平均数来看,两者变化趋势相同,都是逐年递减;从中位数来看,两者的变化趋势也相同,均为2013年小幅度减少后,2014年小幅度增加,增加到和2012年很相近的水平。综上,2012—2014年山东省上市公司速动比率略小于全国对应数值,短期偿债能力比较弱。

(3) 山东省上市公司现金比率分析

山东省上市公司现金比率平均数在2012年比较高,在1以上,呈逐年下降的变动趋势,2013年下降稍微大一些;现金比率中位数在0.3左右,呈逐年下降的变动趋势。下面将山东省上市公司2012—2014年的现金比率与全国上市公司的现金比率进行比较,如表6-4所示。

表6-4 山东省上市公司与全国上市公司现金比率比较表

统计量	2012年			2013年			2014年		
	山东省	全国	差异率	山东省	全国	差异率	山东省	全国	差异率
平均数	1.180	1.413	−16.49%	0.856	1.029	−16.81%	0.746	0.857	−12.95%
变异系数	2.530	2.209	14.49%	2.739	2.546	7.59%	3.280	2.480	32.29%
中位数	0.394	0.408	−3.43%	0.284	0.361	−21.33%	0.247	0.300	−17.67%

2012—2014年山东省上市公司现金比率的平均数均小于全国对应数值,差距在12%~

17%。2012 年和 2013 年山东省上市公司现金比率和全国的变异系数数值相差较小，所以平均数能够一定程度上反映两者的大小，即 2012 年和 2013 年山东省上市公司现金比率小于全国对应数值。2014 年两者的变异系数相差较大，无法直接比较平均数。从中位数来看，2012—2014 年山东省上市公司现金比率均小于全国对应数值，2012 年两者的差异较小，为 3.43%，2013 年和 2014 年的差异率比较大，在 15%以上。从平均数和中位数来看，两者变化趋势都相同，都是逐年递减。综上，2012—2014 年山东省上市公司现金比率小于全国对应数值，短期偿债能力比较弱。

（4）山东省上市公司现金到期债务比率分析

山东省上市公司现金到期债务比率的平均数在不同年份的差别比较大，现金到期债务比率时增时减；现金到期债务比率中位数在 0.69～0.9，先升高后降低，中位数的变化幅度小于平均数的变化幅度。下面将山东省上市公司 2012—2014 年的现金到期债务比率与全国上市公司现金到期债务比率进行比较，如表 6-5 所示。

表 6-5 山东省上市公司与全国上市公司现金到期债务比率比较

统计量	2012 年			2013 年			2014 年		
	山东省	全国	差异率	山东省	全国	差异率	山东省	全国	差异率
平均数	17.376	15.008	15.78%	58.082	40.415	43.71%	1.995	12.272	−83.74%
变异系数	9.051	9.632	−6.04%	7.939	15.589	−49.07%	19.520	9.472	106.08%
中位数	0.693	0.592	17.06%	0.860	0.481	78.79%	0.706	0.501	40.92%

2012 年和 2013 年山东省上市公司现金到期债务比率的平均数均大于全国对应数值，2013 年两者的差异率比较大，2014 年山东省上市公司现金到期债务比率的平均数远小于全国对应数值。2012 年山东省上市公司和全国的变异系数数值相差较小，平均数能够一定程度上反映两者的大小，即 2012 年山东省上市公司现金到期债务比率大于全国对应数值。2013 年和 2014 年山东省上市公司和全国的变异系数数值相差较大，无法直接比较平均数。从中位数来看，2012 年和 2014 年山东省上市公司现金到期债务比率均大于全国对应数值。两者变化趋势不同，前者先增后减，后者先减后增，前者基本上大于 0.7，后者三年均在 0.6 以下。综上，2012—2014 年山东省上市公司现金到期债务比率高于全国对应数值，经营活动产生的现金偿付到期债务和利息支出能力比较强。

6.1.2 山东省上市公司长期偿债能力分析

山东省上市公司长期偿债能力相关指标如表 6-6 所示。

表 6-6 山东省上市公司长期偿债能力相关指标表

指标	平 均 数			中 位 数		
	2012 年	2013 年	2014 年	2012 年	2013 年	2014 年
资产负债率	49.80%	44.40%	44.70%	39.60%	42.20%	43.60%
产权比率	1.166	1.330	1.277	0.655	0.729	0.772
利息保障倍数	18.642	46.810	16.647	6.728	5.233	4.075

(1) 山东省上市公司资产负债率分析

山东省上市公司资产负债率平均数在 44%～50%,2013 年下降幅度比较大,2014 年和 2013 年比较接近;资产负债率中位数在 42%左右,逐年增加。下面将山东省上市公司 2012—2014 年的资产负债率与全国上市公司年的资产负债率进行比较,如表 6-7、图 6-1 所示。

表 6-7　山东省上市公司与全国上市公司资产负债率比较

统计量	2012 年			2013 年			2014 年		
	山东省	全国	差异率	山东省	全国	差异率	山东省	全国	差异率
平均数	49.8%	49.1%	1.43%	44.4%	46.0%	−3.48%	44.7%	51.2%	−12.70%
变异系数	197.6%	136.0%	45.23%	49.8%	75.9%	−34.39%	47.2%	287.1%	−83.56%
中位数	39.6%	43.2%	−8.33%	42.2%	43.2%	−2.31%	43.6%	44.4%	−1.80%

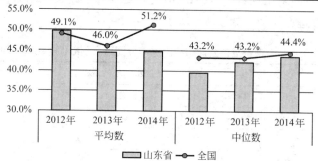

图 6-1　山东省上市公司与全国上市公司资产负债率比较图

2012 年山东省上市公司资产负债率的平均数略大于全国对应数值,2013 年和 2014 年山东省上市公司资产负债率的平均数小于全国对应数值,差异率在逐年增大。2012—2014 年山东省上市公司和全国的变异系数数值相差较大,无法直接比较平均数。从中位数来看,2012—2014 年山东省上市公司资产负债率略小于全国对应数值,而且两者的差距逐年缩小,2013 年和 2014 年不到 3%。山东省上市公司资产负债率逐年稳步增加,全国上市公司 2013 和 2012 年的资产负债率相同,2014 年小幅度增加,两者的变化幅度均比较小。综上,2012—2014 年山东省上市公司资产负债率低于全国对应数值,在 42%左右,该指标比较低,说明上市公司能够利用财务杠杆,债务负担比较小,财务风险比较小,总体偿债能力比较高。

(2) 山东省上市公司产权比率分析

山东省上市公司产权比率平均数在 1.1～1.4,2013 年上升,2014 年下降;产权比率中位数在 0.7 左右,逐年增加。下面将山东省上市公司 2012—2014 年的产权比率与全国上市公司年的产权比率进行比较,如表 6-8 所示。

表 6-8　山东省上市公司与全国上市公司产权比率比较

统计量	2012 年			2013 年			2014 年		
	山东省	全国	差异率	山东省	全国	差异率	山东省	全国	差异率
平均数	1.166	1.240	−5.97%	1.330	1.379	−3.55%	1.277	1.645	−22.37%
变异系数	1.310	2.020	−35.17%	1.291	3.518	−63.30%	1.243	4.081	−69.55%
中位数	0.655	0.710	−7.75%	0.729	0.745	−2.15%	0.772	0.751	2.80%

2012—2014 年山东省上市公司产权比率的平均数均小于全国对应数值，2012 年和 2013 年的差异率比较小，2014 的差异率比较大。2012—2014 年山东省上市公司和全国的变异系数数值相差较大，无法直接比较平均数。从中位数来看，2012 和 2013 年山东省上市公司产权比率均略小于全国对应数值，2014 年山东省上市公司产权比率略大于全国对应数值，差异率为 2.8%。山东省上市公司与全国上市公司产权比率的中位数的变化趋势相同，均为逐年增加，山东省上市公司和全国上市公司产权比率的中位数的变化幅度均比较小。综上，2012—2014 年山东省上市公司产权比率与全国对应数值相差不大，该值在 0.7 左右，该指标比较低，说明上市公司债务负担比较小，财务风险比较小，总体偿债能力比较高，但是同时举债经营的能力会受到影响。

（3）山东省上市公司利息保障倍数分析

山东省上市公司利息保障倍数平均数比较高，在不同年份的差别比较大，2012 年和 2014 年相近，2013 年非常高，达到了 46.810，利息保障倍数时增时减；利息保障倍数中位数在 5 左右，逐年下降，如表 6-9 所示。

表 6-9　山东省上市公司与全国上市公司利息保障倍数比较

统计量	2012 年			2013 年			2014 年		
	山东省	全国	差异率	山东省	全国	差异率	山东省	全国	差异率
平均数	18.642	18.184	2.52%	46.810	30.236	54.82%	16.647	59.646	−72.09%
变异系数	2.384	4.059	−41.26%	7.822	7.042	11.08%	2.645	17.169	−84.59%
中位数	6.728	3.897	72.65%	5.233	4.137	26.49%	4.075	4.236	−3.80%

2012 年和 2013 年山东省上市公司利息保障倍数的平均数大于全国对应数值，2012 年差异较小，2013 年差异较大；2014 年山东省上市公司利息保障倍数的平均数低于全国对应数值，且差异较大。2012 年和 2014 年山东省上市公司和全国的变异系数数值相差较大，无法直接比较平均数。2013 年山东省上市公司和全国的变异系数数值相差较小，可以看出 2013 年山东省上市公司的平均利息保障倍数大于全国。从中位数来看，2012 年和 2013 年山东省上市公司利息保障倍数均大于全国对应数值，2012 年的差异率较大，为 72.65%。2014 年山东省上市公司利息保障倍数略小于全国对应数值。平均数与中位数分析均可以发现，2012 年和 2013 年山东省上市公司利息保障倍数大于全国对应数值，2014 年相反。从平均数来看，山东省上市公司利息保障倍数先升高后降低，全国则持续升高；从中位数来看，山东省上市公司利息保障倍数逐年降低，而全国逐年增加。总体而言，2012 年和 2013 年，山东省上市公司利息保障倍数高于全国对应数值，支付利息的能力比较强，但是山东省上市公司利息保障倍数呈下降的变化趋势，到 2014 年时，山东省上市公司利息保障倍数低于全国对应数值，长期偿债能力有所降低。

总体上，山东省上市公司的短期偿债能力略小于全国上市公司的短期偿债能力，偿还短期债款的能力比较弱。此外，山东省上市公司的短期偿债能力同全国上市公司的短期偿债能力比较相似，大体上呈逐年小幅度递减的变化趋势。山东省上市公司的长期偿债能力高于全国上市公司的长期偿债能力，资产负债率和产权比率与全国相差较小，而利息保障倍数高于全国，长期偿债的能力比较强。此外，山东省上市公司的长期偿债能力同全国上市公司的长期偿债能力在 2012—2014 年变化均比较小。

6.2 山东省上市公司综合运营能力分析（见表 6-10）

表 6-10 山东省上市公司运营能力相关指标表

指 标	平 均 数			中 位 数		
	2012 年	2013 年	2014 年	2012 年	2013 年	2014 年
应收账款周转率	902.028	1 078.404	337.965	8.415	8.334	7.682
存货周转率	6.292	8.262	6.637	4.141	4.086	4.120
流动资产周转率	1.662	1.783	1.776	1.161	1.183	1.237
固定资产周转率	9.869	10.022	10.212	2.478	2.310	2.160
总资产周转率	0.736	0.751	0.754	0.609	0.618	0.597

（1）山东省上市公司应收账款周转率分析

2012—2014 年山东省上市公司应收账款周转率平均数非常大，尤其是 2012 年和 2013 年在 1000 附近；应收账款周转率中位数在 8 左右，远小于平均数，呈逐年下降的变动趋势。下面将山东省上市公司 2012—2014 年的应收账款周转率与全国上市公司的应收账款周转率进行比较，如表 6-11 所示。

表 6-11 山东省上市公司与全国上市公司应收账款周转率比较

统 计 量	2012 年			2013 年			2014 年		
	山东省	全国	差异率	山东省	全国	差异率	山东省	全国	差异率
最大值	57 849.5	242 798.2	−76.2%	91 332.0	253 127.9	−63.9%	42 165.5	24 778.4	70.2%
最小值	0.8	0.4	118.0%	1.1	0.1	1 132.3%	0.9	0.0	3 448.0%
极差	57 848.7	242 797.8	—	91 330.9	253 127.8	—	42 164.6	24 778.4	—
平均数	902.0	336.1	168.4%	1 078.404	535.729	101.3%	338.0	89.9	275.9%
变异系数	7.2	23.2	−68.8%	7.9	17.6	−54.7%	10.2	10.4	−2.4%
中位数	8.4	6.6	27.9%	8.334	6.474	28.7%	7.7	5.6	37.4%

2012—2014 年山东省上市公司应收账款周转率的平均数非常高，大于全国上市公司应收账款周转率 100% 以上。从表 6-11 中可以看出，2012—2014 年山东省上市公司和全国上市公司的应收账款最大值非常大，达到了五位数及以上，而最小值比较小，所以极差非常大。此外，不考虑极端值时，2012—2014 年山东省上市公司应收账款周转率的中位数均高于全国对应数值，且差异率在 27% 以上。受到极端值的影响，2012—2014 年山东省上市公司和全国的应收账款周转率变异系数比较大，且两者的数值相差比较大，所以平均数代表性较低。从中位数来看，2012—2014 年山东省上市公司应收账款周转率的中位数均高于全国对应数值，在 27% 以上，两者变化趋势相同，都是逐年递减，前者 2012—2014 年在 8 左右，后者在 6 左右。综上，2012—2014 年山东省上市公司应收账款周转率大于全国对应数值，应收账款周转能力比较强。

(2) 山东省上市公司存货周转率分析

2012—2014 年山东省上市公司存货周转率平均数在 6 以上，2012 年增加后 2013 年减少；存货周转率中位数略大于 4，小于平均数，变化比较稳定。下面将山东省上市公司 2012—2014 年的存货周转率与全国上市公司 2012—2014 年的存货周转率进行比较，如表 6-12 所示。

表 6-12　山东省上市公司与全国上市公司存货周转率比较

统计量	2012 年			2013 年			2014 年		
	山东省	全国	差异率	山东省	全国	差异率	山东省	全国	差异率
平均数	6.292	35.276	−82.16%	8.262	27.519	−69.98%	6.637	23.891	−72.22%
变异系数	1.437	22.083	−93.49%	2.975	11.006	−72.97%	1.625	11.897	−86.35%
中位数	4.141	3.362	23.17%	4.086	3.688	10.79%	4.120	3.514	17.25%

2012—2013 年山东省上市公司存货周转率的平均数均远小于全国对应数值，差异率达 69%以上。2012—2014 年山东省上市公司存货周转率和全国的变异系数数值相差较大，差异率在 72%以上，无法直接比较平均数。从中位数来看，2012—2014 年山东省上市公司存货周转率均高于全国对应数值，差异率在 10%~25%。综上，2012—2014 年山东省上市公司存货周转率大于全国对应数值，存货周转能力比较强，存货管理得比较好。

(3) 山东省上市公司流动资产周转率分析

2012—2014 年山东省上市公司流动资产周转率平均数在 1.6 以上，2012 年增加后 2013 年减少，变化幅度比较小；流动资产周转率中位数在 1.1~1.3，小于平均数，该比率逐年小幅度增加，变化比较稳定。下面将山东省上市公司 2012—2014 年的流动资产周转率与全国上市公司的流动资产周转率进行比较，如表 6-13 所示。

表 6-13　山东省上市公司与全国上市公司流动资产周转率比较

统计量	2012 年			2013 年			2014 年		
	山东省	全国	差异率	山东省	全国	差异率	山东省	全国	差异率
平均数	1.662	1.224	35.78%	1.783	1.302	36.94%	1.776	1.246	42.54%
变异系数	1.274	0.869	46.60%	1.351	1.007	34.13%	1.487	0.959	55.05%
中位数	1.161	0.943	23.12%	1.183	0.986	19.98%	1.237	0.966	28.05%

2012—2014 年山东省上市公司流动资产周转率的平均数大于全国对应数值，差异率逐年增大，2014 年增幅较大。2013 和 2014 年山东省上市公司流动资产周转率和全国的变异系数数值相差较大，差异率在 34%以上，平均数没有代表性。从中位数来看，2012—2014 年山东省上市公司流动资产周转率均高于全国对应数值，差异率在 19%~30%。山东省上市公司流动资产周转率在稳定增加，说明流动资产周转能力在稳定增强。综上，2012—2014 年山东省上市公司流动资产周转率大于全国对应数值，流动资产周转能力比较强，流动资产管理得比较好。

(4) 山东省上市公司固定资产周转率分析

2012—2014 年山东省上市公司固定资产周转率平均数在 10 左右，逐年增加，变化幅度比较小；固定资产周转率中位数在 2.2 左右，远小于平均数，该比率逐年减少。下面将山东省上市公司 2012—2014 年的固定资产周转率与全国上市公司的固定资产周转率进行比较,如表 6-14 所示。

表 6-14　山东省上市公司与全国上市公司固定资产周转率比较

统计量	2012 年			2013 年			2014 年		
	山东省	全国	差异率	山东省	全国	差异率	山东省	全国	差异率
平均数	9.869	11.129	−11.32%	10.022	11.966	−16.25%	10.212	15.620	−34.62%
变异系数	4.906	4.917	−0.22%	4.982	5.776	−13.74%	5.012	7.442	−32.65%
中位数	2.478	3.111	−20.35%	2.310	3.215	−28.15%	2.160	2.873	−24.82%

2012—2014 年山东省上市公司固定资产周转率的平均数均小于全国对应数值,差异率逐年增大。2012 年两者的变异系数相差很小,仅为 0.22%,所以 2012 年平均数能在一定程度上比较两者的大小,根据平均数可得 2012 年山东省上市公司固定资产周转率的平均数均小于全国对应数值。2013 年至 2014 年两者的变异系数相差较大,无法直接比较平均数。从中位数来看,2012—2014 年山东省上市公司固定资产周转率均低于全国对应数值,差异率在 20%～30%。山东省上市公司固定资产周转率逐年递减,说明固定资产周转能力在逐步减弱。综上,2012—2014 年,山东省上市公司固定资产周转小于全国对应数值,固定资产周转能力比较弱,固定资产管理有待进一步加强。

(5)山东省上市公司总资产周转率分析

2012—2014 年山东省上市公司总资产周转率平均数在 0.75 左右,逐年增加,变化幅度比较小;总资产周转率中位数在 0.6 左右,先增后减,变化幅度较小。下面将山东省上市公司 2012—2014 年的总资产周转率与全国上市公司总资产周转率进行比较,如表 6-15、图 6-2 所示。

表 6-15　山东省上市公司与全国上市公司总资产周转率比较

统 计 量	2012 年			2013 年			2014 年		
	山东省	全国	差异率	山东省	全国	差异率	山东省	全国	差异率
平均数	0.736	0.650	13.23%	0.751	0.673	11.59%	0.754	0.630	19.68%
变异系数	0.730	0.949	−23.14%	0.985	0.938	5.09%	1.342	0.992	35.29%
中位数	0.609	0.525	16.00%	0.618	0.537	15.08%	0.597	0.508	17.52%

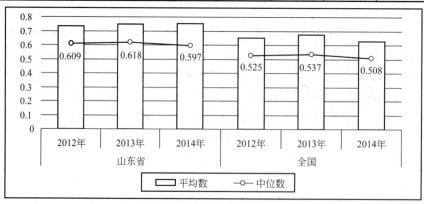

图 6-2　山东省上市公司与全国上市公司总资产周转率比较图

2012—2014 年山东省上市公司总资产周转率的平均数大于全国对应数值,差异率小于

20%。2012 年和 2014 年两者的变异系数相差较大，无法直接比较平均数。2013 年山东省上市公司总资产周转率变异系数和山东省的比较接近，差异率仅为 5.09%，平均数比较能够比较两者的大小，说明 2013 年山东省上市公司总资产周转率大于全国。从中位数来看，2012—2014 年山东省上市公司总资产周转率均高于全国对应数值，差异率在 16% 左右。山东省上市公司总资产周转率变化均比较稳定，在 2012—2014 年增减幅度比较小。综上，2012—2014 年山东省上市公司总资产周转率大于全国对应数值，总资产周转能力比较强，总资产周转速度快。

总体上，山东省上市公司的营运能力大于全国上市公司的营运能力，周转能力比较强，周转速度比较快。山东省上市公司的应收账款周转率、存货周转率、流动资产周转率、总资产周转率均高于全国上市公司的对应的营运能力，差异率在 10% 以上。但是山东省上市公司固定资产周转能力比较差，低于全国平均水平，差异率在 20% 以上，有待于进一步加强。

6.3 山东省上市公司综合盈利能力分析（见表 6-16）

表 6-16 山东省上市公司盈利能力相关比率表

指标	平均数			中位数		
	2012 年	2013 年	2014 年	2012 年	2013 年	2014 年
营业毛利率	24.6%	23.9%	23.5%	20.6%	20.5%	20.6%
营业净利率	9.4%	10.0%	6.8%	6.0%	5.7%	5.4%
净资产收益率	−17.9%	6.7%	7.3%	7.7%	6.7%	6.9%
总资产净利率	4.9%	4.5%	4.2%	4.8%	3.4%	3.8%
基本每股收益	0.419	0.366	0.367	0.340	0.260	0.244

（1）山东省上市公司营业毛利率分析

2012—2014 年山东省上市公司营业毛利率平均数在 24% 左右，逐年降低，变化幅度比较小；营业毛利率中位数 2012 年和 2014 年均为 20.6%，2013 年为 20.5%，三年的变化非常小。下面将山东省上市公司 2012—2014 年的营业毛利率与全国上市公司的营业毛利率进行比较，如表 6-17 所示。

表 6-17 山东省上市公司与全国上市公司营业毛利率比较

统计量	2012 年			2013 年			2014 年		
	山东省	全国	差异率	山东省	全国	差异率	山东省	全国	差异率
平均数	24.6%	26.8%	−8.21%	23.9%	26.1%	−8.43%	23.5%	24.3%	−3.29%
变异系数	0.667	0.694	−3.94%	0.690	0.709	−2.60%	0.604	3.358	−82.01%
中位数	20.6%	23.3%	−11.59%	20.5%	22.5%	−8.89%	20.6%	23.8%	−13.45%

2012—2014 年山东省上市公司营业毛利率的平均数小于全国对应数值，差异比较小，差异率在 10% 以下。2012 年和 2013 年山东省上市公司营业毛利率和全国的变异系数数值相差较小，在 5% 以下，所以平均数能够在一定程度上反映两者的大小，即 2012 年和 2013 年山东省上市公司营业毛利率略小于全国对应数值。2014 年两者的变异系数相差较大，差异率达

到了 82.01%，无法直接比较平均数。同时，2012—2014 年山东省上市公司营业毛利率变异系数比较小，平均数比较有代表性，说明 2012 年和 2013 年山东省上市公司营业毛利率平均分别为 24.6%、23.9%。从中位数来看，2012—2014 年山东省上市公司营业毛利率同平均数一样均小于全国对应数值，差异率小于 15%。两者在 2012—2014 年的变化都比较小，山东省上市公司的营业毛利率在 20.6%左右，全国上市公司的营业毛利率在 23%左右。综上，2012—2014 年山东省上市公司营业毛利率小于全国对应数值，营业能力比较弱。

（2）山东省上市公司营业净利率分析

2012—2014 年山东省上市公司营业净利率平均数先增加后降低，2014 年变化幅度比较大；营业净利率中位数 2012—2014 年在 5.7%左右，逐年稳定降低。下面将山东省上市公司 2012—2014 年的营业净利率与全国上市公司营业净利率进行比较，如表 6-18 所示。

表 6-18　山东省上市公司与全国上市公司营业净利率比较

统计量	2012 年			2013 年			2014 年		
	山东省	全国	差异率	山东省	全国	差异率	山东省	全国	差异率
最大值	287.4%	9 706.1%	−97.0%	339.2%	581.3%	−41.6%	132.5%	817.7%	−83.8%
最小值	−332.1%	−663.3%	−49.9%	−65.8%	−432.2%	−84.8%	−86.4%	−3 643.7%	−97.6%
平均数	9.4%	20.0%	−53.0%	10.0%	6.8%	47.1%	6.8%	−0.3%	−2 366.7%
变异系数	4.170	16.845	−75.2%	3.100	6.044	−48.7%	2.574	−468.000	−100.5%
中位数	6.0%	6.0%	0.0%	5.7%	5.2%	9.6%	5.4%	5.4%	0.0%

2013 年和 2014 年山东省上市公司营业净利率的平均数大于全国对应数值，2013 年的差距比较大，为 47.1%，2012 年和 2014 年的差异更大，达到了 80%以上。2012—2014 年差异率逐渐缩小。2012—2014 年两者的变异系数相差较大，无法直接比较平均数。从中位数来看，2012 年和 2014 年山东省上市公司营业净利率等于全国对应数值，差异率为 0。2013 年山东省上市公司营业净利率略大于全国对应数值，差距很小，2012—2014 年平均数与中位数得出的结论差异很大。从最大值和最小值可以看出，山东省上市公司营业净利率的最值虽然小于对应全国的最值，但是其最值绝对值非常大，对平均数的影响比较大。两者在 2012—2014 年的变化都比较小。综上，2012—2014 年山东省上市公司营业净利率接近于全国对应数值，营业能力处于平均水平。

（3）山东省上市公司净资产收益率分析

2012—2014 年山东省上市公司净资产收益率平均数逐年增加，2012 年为负值，2013 年为正值，与 2012 年相比变化幅度比较大，2014 年与 2013 年相差相对较小；净资产收益率中位数 2012—2014 年在 7%左右，2013 年下降幅度比较大，2014 年增加幅度比较小。下面将山东省上市公司 2012—2014 年的净资产收益率与全国上市公司净资产收益率进行比较，如表 6-19 所示。

表 6-19　山东省上市公司与全国上市公司净资产收益率比较

统计量	2012 年			2013 年			2014 年		
	山东省	全国	差异率	山东省	全国	差异率	山东省	全国	差异率
平均数	−17.9%	2.9%	−717.24%	6.7%	5.1%	31.37%	7.3%	2.7%	170.37%
变异系数	−14.263	37.483	−138.05%	1.701	17.451	−90.25%	2.123	48.370	−95.61%
中位数	7.7%	6.0%	28.33%	6.7%	5.6%	19.64%	6.9%	5.7%	21.05%

2012 年山东省上市公司净资产收益率的平均数为负值，远小于全国对应数值，2012 年差异率达到了 700%多，2013 年和 2014 年山东省上市公司净资产收益率的平均数大于全国对应数值，2013 年的差异相对较小，2014 的差异比较大，为 170.37%。2013 年至 2014 年山东省上市公司净资产收益率和全国的变异系数数值相差较大，在 90%以上，无法直接比较平均数。从中位数来看，2012—2014 年山东省上市公司净资产收益率均大于全国对应数值，差异率在 19%以上。2013 年山东省上市公司净资产收益率下降幅度比较大，2014 年比较小，全国上市公司净资产收益率在 2012—2014 年比较稳定。综上，2012—2014 年山东省上市公司净资产收益率高于全国对应数值，净资产盈利能力比较高。

（4）山东省上市公司总资产净利率分析

2012—2014 年山东省上市公司总资产净利率平均数逐年降低，变化幅度比较小；2012—2014 年山东省上市公司总资产净利率中位数先降低后升高，2013 年变化幅度比较大。下面将山东省上市公司 2012—2014 年的总资产净利率与全国上市公司总资产净利率进行比较，如表 6-20 所示。

表 6-20　山东省上市公司与全国上市公司总资产净利率比较

统计量	2012 年			2013 年			2014 年		
	山东省	全国	差异率	山东省	全国	差异率	山东省	全国	差异率
平均数	4.9%	3.7%	32.43%	4.5%	4.2%	7.14%	4.2%	2.0%	110.00%
变异系数	1.571	4.541	−65.39%	1.422	7.857	−81.90%	1.238	26.200	−95.27%
中位数	4.8%	3.0%	60.00%	3.4%	2.9%	17.24%	3.8%	2.7%	40.74%

2012—2014 年山东省上市公司总资产净利率的平均数均大于全国对应数值，2013 年差异率比较小，2012 年和 2014 年差异率较大，尤其是 2014 年达到了 100%以上。2012—2014 年山东省上市公司总资产净利率和全国的变异系数数值相差较大，在 65%以上，无法直接比较平均数。从中位数来看，2012 年和 2014 年山东省上市公司总资产净利率大于全国对应数值，2012 年和 2014 年差异率比较大，2013 年差异率相对较小。2012—2014 年山东省上市公司总资产净利率先降低再升高，上市公司总资产净利率逐年降低。综上，2012—2014 年山东省上市公司总资产净利率高于全国对应数值，总资产盈利能力比较强。

（5）山东省上市公司基本每股收益分析

2013 年山东省上市公司基本每股收益平均数降低，2014 年变化幅度非常小；2012—2014 年山东省上市公司基本每股收益中位数逐年降低，变化幅度比较小。下面将山东省上市公司 2012—2014 年的基本每股收益与全国上市公司基本每股收益进行比较，如表 6-21 所示。

表 6-21　山东省上市公司与全国上市公司基本每股收益比较

统计量	2012 年			2013 年			2014 年		
	山东省	全国	差异率	山东省	全国	差异率	山东省	全国	差异率
平均数	0.419	0.285	47.02%	0.366	0.265	38.11%	0.367	0.270	35.93%
变异系数	1.196	2.253	−46.92%	1.366	2.042	−33.08%	1.289	2.800	−53.97%
中位数	0.340	0.210	61.90%	0.260	0.200	30.00%	0.244	0.190	28.42%

2012—2014 年山东省上市公司基本每股收益的平均数均大于全国对应数值,差距比较大,差异率在 35%～50%。2012—2014 年山东省上市公司基本每股收益和全国的变异系数数值相差较大,无法直接比较平均数。从中位数来看,2012 年和 2014 年山东省上市公司基本每股收益均大于全国对应数值,2012 年差异率比较大,2013 年和 2014 年的差异率相对较小。从变化趋势上看,2012—2014 年山东省上市公司基本每股收益和全国的比较相似,均为逐年降低,且变化幅度比较小。综上,2012—2014 年,山东省上市公司基本每股收益高于全国对应数值,每股盈利能力比较强,如图 6-3 所示。

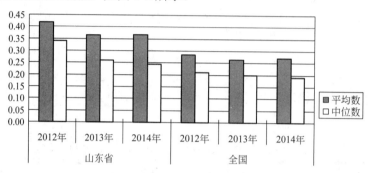

图 6-3　山东省上市公司与全国上市公司基本每股收益比较图

总体上,2012—2014 年山东省上市公司营业毛利率小于全国对应数值,营业毛利水平比较低。营业净利率接近于全国对应数值,处于平均水平。净资产收益率高于全国对应数值,净资产盈利能力比较高,总资产净利率高于全国对应数值,总资产盈利能力比较强,基本每股收益高于全国对应数值,每股盈利能力比较强。总之,山东省上市公司的盈利能力比较强。

6.4　山东省上市公司综合发展能力分析(见表 6-22)

表 6-22　山东省上市公司发展能力相关指标比较表

指　　标	平　均　数			中　位　数		
	2012 年	2013 年	2014 年	2012 年	2013 年	2014 年
资本积累率	16.6%	7.7%	19.2%	6.8%	5.1%	6.7%
总资产增长率	15.6%	16.1%	16.0%	10.1%	8.6%	9.5%
营业利润增长率	−28.6%	−27.0%	8.3%	−9.3%	−3.4%	3.1%
营业收入增长率	10.8%	84.7%	14.5%	5.1%	9.7%	7.3%

(1)山东省上市公司资本积累率分析

2013 年山东省上市公司资本积累率平均数降低,幅度很大,2014 年山东省上市公司资本积累率平均数升高,变化幅度比较大;2012—2014 年山东省上市公司资本积累率中位数先降低后升高。下面将山东省上市公司 2012—2014 年的资本积累率与全国上市公司资本积累率进行比较,如表 6-23 所示。

表 6-23 山东省上市公司与全国上市公司资本积累率比较

统 计 量	2012 年			2013 年			2014 年		
	山东省	全国	差异率	山东省	全国	差异率	山东省	全国	差异率
平均数	16.6%	7.9%	110.13%	7.7%	11.2%	−31.25%	19.2%	55.5%	−65.41%
变异系数	3.271	34.278	−90.46%	2.364	5.286	−55.28%	2.286	20.903	−89.06%
中位数	6.8%	4.8%	41.67%	5.1%	4.5%	13.33%	6.7%	5.8%	15.52%

2012 年山东省上市公司资本积累率的平均数大于全国对应数值，差异率比较大，达到了 110.13%，2013 年和 2014 年前者小于后者，差异率也比较大。2012—2014 年山东省上市公司资本积累率和全国的变异系数数值相差较大，无法直接比较平均数。从中位数来看，2012 年和 2014 年山东省上市公司资本积累率大于全国对应数值，2012 的差异率比较大，2013 年和 2014 年的差异率比较小。从变化趋势上看，两者均为先降低后升高。综上，2012—2014 年山东省上市公司资本积累率大于零，高于全国对应数值，表明企业的资本积累比较多，应付风险、持续发展的能力比较强。

（2）山东省上市公司总资产增长率分析

2013 年山东省上市公司总资产增长率平均数增加，幅度比较小，2014 年山东省上市公司总资产增长率与 2013 年基本持平，2012—2014 年平均数大约为 16%；2012—2014 年山东省上市公司总资产增长率中位数先降低后升高，2012—2014 年中位数大约为 9.5%，小于平均数。下面将山东省上市公司 2012—2014 年的总资产增长率与全国上市公司的总资产增长率进行比较，如表 6-24 所示。

表 6-24 山东省上市公司与全国上市公司总资产增长率比较

统 计 量	2012 年			2013 年			2014 年		
	山东省	全国	差异率	山东省	全国	差异率	山东省	全国	差异率
平均数	15.6%	17.6%	−11.36%	16.1%	13.5%	19.26%	16.0%	25.2%	−36.51%
变异系数	1.827	2.330	−21.58%	2.224	2.126	4.59%	2.100	7.833	−73.19%
中位数	10.1%	9.1%	10.99%	8.6%	8.6%	0.00%	9.5%	8.5%	11.76%

2012 年和 2014 年山东省上市公司总资产增长率的平均数均小于全国对应数值，2013 年山东省上市公司总资产增长率的平均数大于全国对应数值。2012 年和 2014 年山东省上市公司总资产增长率和全国的变异系数数值相差较大，无法直接比较平均数。2013 年两者的变异系数相差较小，仅为 4.59%，可以在一定程度上反映 2012 年山东省上市公司总资产增长率和全国对应数值的平均数受极端值影响的程度相差较小，可以简单比较两者的平均数大小，说明 2013 年前者大于后者。从中位数来看，2012 年和 2014 年山东省上市公司总资产增长率大于全国对应数值，差异率比较小。2013 年两者相等。前者先降后升，后者持续下降。综上，2012—2014 年山东省上市公司总资产增长率总资产增长率高于全国对应数值，资本规模增加且增加幅度比较大。

（3）山东省上市公司营业利润增长率分析

2012 年和 2013 年山东省上市公司营业利润增长率为负值，营业利润出现了负增长。2013 年山东省上市公司营业利润增长率平均数增加，幅度比较小，2014 年山东省上市公司营业利润增长率增加比较大,由负转为正。2012—2014 年山东省上市公司营业利润增长率中位数逐年增加,前两年为负数,2014 年转为正数。下面将山东省上市公司 2012—2014 年的营业利润增长率与全国上市公司的营业利润增长率进行比较,如表 6-25 所示。

表 6-25　山东省上市公司与全国上市公司营业利润增长率比较

统计量	2012 年			2013 年			2014 年		
	山东省	全国	差异率	山东省	全国	差异率	山东省	全国	差异率
平均数	−28.6%	−25.5%	12.16%	−27.0%	−388.5%	−93.05%	8.3%	−204.6%	−104.06%
变异系数	−106.626	−57.035	86.95%	−14.996	−41.296	−63.69%	80.699	−38.698	−308.54%
中位数	−9.3%	−22.3%	−58.30%	−3.4%	−9.5%	−64.21%	3.1%	0.1%	3 000.00%

2012 年山东省上市公司营业利润增长率的平均数小于全国对应数值,差异率比较小,2013 年和 2014 年山东省上市公司营业利润增长率的平均数远大于全国对应数值,差异率在 90%以上。2012—2014 年山东省上市公司营业利润增长率和全国的变异系数数值相差较大,无法直接比较平均数。从中位数来看,2012—2014 年山东省上市公司营业利润增长率均大于全国对应数值,差异率比较大,尤其是 2014 年,差异率达到了 3 000%。两者的发展趋势相同,均为逐年增加,且增加幅度均比较大。综上,2012—2014 年山东省上市公司营业利润增长率营业利润增长率高于全国对应数值,呈现出逐渐好转的变化趋势。

(4)山东省上市公司营业收入增长率分析

2012—2014 年山东省上市公司营业收入增长率平均数先增加后降低,变化幅度比较大;2012—2014 年山东省上市公司营业收入增长率中位数先增加后降低,相对于平均数而言,变化幅度比较小。下面将山东省上市公司 2012—2014 年的营业收入增长率与全国上市公司的营业收入增长率进行比较,如表 6-26、图 6-4 所示。

表 6-26　山东省上市公司与全国上市公司营业收入增长率比较

统计量	2012 年			2013 年			2014 年		
	山东省	全国	差异率	山东省	全国	差异率	山东省	全国	差异率
平均数	10.8%	14 326.9%	−99.92%	84.7%	47.9%	76.83%	14.5%	14.6%	−0.68%
变异系数	3.213	30.628	−89.51%	10.353	13.797	−24.96%	3.221	5.993	−46.26%
中位数	5.1%	4.9%	4.08%	9.7%	8.5%	14.12%	7.3%	5.9%	23.73%

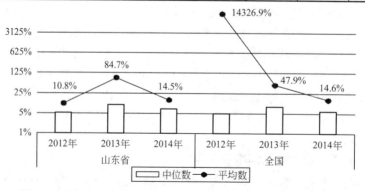

图 6-4　山东省上市公司与全国上市公司营业收入增长率比较图

2012年和2014年山东省上市公司营业收入增长率的平均数小于全国对应数值,2012年差异率比较大,2014年差异率很小。2013年山东省上市公司营业收入增长率的平均数为正数,营业收入增加,而全国上市公司营业收入增长率的平均数虽为正数,但下降幅度很大。2012—2014年山东省上市公司营业收入增长率和全国的变异系数数值相差较大,无法直接比较平均数。从中位数来看,2012—2014年山东省上市公司营业收入增长率均大于全国对应数值,且差异率逐年增加,说明山东省的营业收入增长很快,在全国处于较高水平。综上所述,2012—2014年山东省上市公司营业收入增长率营业收入增长率大于全国对应数值,在全国营业收入增长处于较高水平,营业收入增长速度逐渐快,发展潜力比较好。

总体上,2012—2014年山东省上市公司资本积累率高于全国对应数值,表明企业的资本积累比较多,应对风险、持续发展的能力比较大。总资产增长率高于全国对应数值,资本规模增加且增加幅度比较大。营业利润增长率高于全国对应数值,呈现逐渐好转的变化。营业收入增长率大于全国对应数值,营业收入增长速度逐渐加快,发展潜力比较好。山东省上市公司在全国增长中处于较高水平,发展能力比较强。

第 7 章

山东省上市公司的综合数据分析
——基于财务质量

山东省是一个超级大省,山东省上市公司是山东省的领头羊,山东省上市公司经营情况的好坏关系到山东省经济发展状况。本章选取 2012 年—2014 年山东省上市公司相关的数据,通过对比资产质量、利润质量、资本结构质量、现金流量质量来分析山东省上市公司财务质量。分析数据除特别标注外,均根据国泰安数据库相关财务数据处理所得。

7.1 山东省上市公司资产质量分析

资产质量是指特定资产在企业管理的系统中发挥作用的质量,具体表现为变现质量、被利用质量、与其他资产组合增值的质量以及为企业发展目标做出贡献的质量等方面。资产质量是衡量一个企业发展状况的重要指标,一个企业的资产代表了这个企业将来的发展,资产分为流动资产和非流动资产。下面分别从资产结构、资产获现能力、资产获利能力、资产价值等方面来分析山东省上市公司的资产质量。

7.1.1 山东省上市公司资产结构分析(见表 7-1)

表 7-1 2012—2014 年山东省上市公司资产结构相关比率表

指标	平 均 数			中 位 数		
	2012 年	2013 年	2014 年	2012 年	2013 年	2014 年
流动资产比重	0.550	0.534	0.532	0.570	0.518	0.544
非流动资产比重	0.450	0.466	0.468	0.430	0.482	0.456
固定资产比重	0.279	0.289	0.285	0.249	0.267	0.265

(1)山东省上市公司流动资产比重分析

2012—2014 年山东省上市公司的流动资产比重的平均数从 0.550 降低到 0.532,降低了 2.91%,但是从总体来看,这三年的流动资产占总资产的比率平均数在 0.5 左右,平均数并没有发生很大的变化,尤其是 2013—2014 年的流动资产比重基本没有发生变化。再从中位数来看,2012—2014 年山东省上市公司的流动资产比重的中位数呈现出先降低后上升的势态,连续三年的流动资产比重的中位数也处于 0.5 左右,2012 年流动资产比重的中位数为 0.570,

2013 年下降后 2014 年又上升，上升幅度还是小于下降的幅度。山东省上市公司流动资产占总资产的比率的变异系数比较大，2012 年和 2014 年的平均数低于对应的中位数，而 2013 年的平均数高于对应的中位数，平均数受到极端值的影响比较大，而中位数不受极端值的影响。所以总体上来看，山东省上市公司流动资产比重平均数和中位数都在 0.5 左右，说明可以用来偿还债务的流动资产充足，偿债能力较强。但由于流动资产的获得能力低于长期资产，因此也应关注资产的获得能力，如表 7-2、表 7-3 所示。

表 7-2　2012—2014 年山东省上市公司流动资产比重比较表

统计指标与区域		2012 年	2013 年	2014 年
平均数	山东省	0.55	0.534	0.532
	其中：制造业	0.562	0.545	0.544
	差异率	−2.18%	−2.06%	−2.26%
中位数	山东省	0.57	0.518	0.544
	其中：制造业	0.58	0.531	0.554
	差异率	−1.75%	−2.51%	−1.84%

表 7-3　山东省上市公司与制造业上市公司的流动资产比重统计表

统计量	山 东 省			制 造 业		
	2012 年	2013 年	2014 年	2012 年	2013 年	2014 年
样本个数	149	149	151	112	112	114
最大值	0.995	0.988	0.976	0.95	0.914	0.931
最小值	0.044	0.044	0.072	0.133	0.156	0.156
标准偏差	0.219	0.212	0.209	0.181	0.166	0.164
T 统计量	30.594	30.706	31.245	32.886	34.829	35.525
变异系数	0.399	0.398	0.393	0.322	0.304	0.301

2012—2014 年山东省制造业上市公司的流动资产比重的平均数一直呈下降的变动趋势，这三年的差异率变化不是很大。标准偏差是反映组内个体间的离散程度，反映数值相对于平均值的离散程度，所以标准偏差也是一种平均数。从标准偏差来看，2012—2014 年山东省上市公司的流动资产比重标准偏差均高于制造业上市公司的标准偏差。从变异系数来看，2012—2014 年山东省上市公司和制造业上市公司本身的变异系数相差不是很大，两者之间相差也不是很大，这说明制造业上市公司变异程度与山东省上市公司相符。从中位数来看，2012—2014 年山东省上市公司的流动资产比重的中位数也均低于全省制造业上市公司的流动资产比重的中位数，制造业上市公司的流动资产比重的中位数最大的一年是 2012 年为 0.580，最小的一年是 2013 年为 0.531，变动幅度不大。从中位数的差异率来看，相差最大的一年是 2013 年，差异率为 2.51%，这两年的差异率变化幅度不是很大。通过比较中位数和平均数的差异率，2013 年的中位数的差异率大于平均数，而 2012 年和 2014 年的中位数的差异率是小于平均数的。总体上看，山东省制造业上市公司流动资产比重与全省比较接近，在全省处于平均水平，总体的偿还债务的能力比较强，资产流动性强。

（2）山东省上市公司非流动资产比重分析

非流动资产是指流动资产以外的资产，主要包括长期股权投资、固定资产、无形资产、长期待摊费用、在建工程、工程物资、研发支出等。

2012—2014年山东省上市公司的非流动资产占总资产比重的平均数呈上升的变动趋势，与流动资产比重的平均数变化趋势截然相反，说明流动资产在减少，而非流动资产在增加，但是流动资产占比还是大于非流动资产占比。从中位数来看，2012—2014年山东省上市公司的非流动资产比重中位数是先上升后下降的，与流动资产的变化幅度也是相反的，与平均数的变化趋势有所不同，2012年的中位数为0.430，2013年上升了10.79%，2014年下降了5.39%，下降的幅度远低于上升的幅度。从总体来看，2012—2014年，山东省上市公司非流动资产比重的平均数和中位数很相近，相差不是很大，离散程度变化不是很大，如表7-4所示。

表7-4 山东省上市公司与制造业上市公司的非流动资产比重比较表

统计指标与区域		2012年	2013年	2014年
平均数	山东省	0.45	0.466	0.468
	其中：制造业	0.438	0.455	0.456
	差异率	2.67%	2.36%	2.56%
中位数	山东省	0.43	0.482	0.456
	其中：制造业	0.42	0.469	0.446
	差异率	2.33%	2.70%	2.19%

2012—2014年山东省制造业上市公司非流动资产比重平均数是呈上升的变动，与全省上市公司的平均数相同，但是全省的非流动资产比重平均数变化幅度均高于制造业上市公司。制造业上市公司平均数最大的一年是2014年，达到0.456，2012年和2013年分别为0.438和0.455，这三年相差不是很大。山东省上市公司的非流动资产比重平均数均大于制造业上市公司的。从差异率来看，2012年差异率比2013年和2014年高，达到2.67%，说明这三年的离散程度大体一致；同时可以看出，这三年山东省上市公司和制造业上市公司平均数相差不是很大，都在0.4左右。从中位数来看，2012—2014年制造业上市公司中位数是先下降后上升的变动，与山东省上市公司的中位数变化趋势一致，制造业上市公司中位数最大的一年是2013年的0.469，山东省上市公司与制造业上市公司的中位数相差不是很大，都在0.4左右。从差异率来看，三年的非流动资产比重差异率相差不是很大，说明制造业上市公司的非流动资产比重的中位数与山东省上市公司相比，基本上没有多大的变化。2012—2014年山东省上市公司的非流动资产比重保持在比较稳定的状态，如表7-5所示。

表7-5 山东省上市公司与制造业上市公司的非流动资产比重统计表

统计量	山东省			制造业		
	2012年	2013年	2014年	2012年	2013年	2014年
样本个数	149	149	151	112	112	114
最大值	0.956	0.956	0.928	0.867	0.844	0.844
最小值	0.005	0.012	0.024	0.05	0.086	0.069
标准偏差	0.219	0.212	0.209	0.181	0.166	0.164

续表

统计量	山 东 省			制 造 业		
	2012年	2013年	2014年	2012年	2013年	2014年
T统计量	25.025	26.762	27.484	25.629	29.072	29.742
求和	67.041	69.388	70.665	49.055	50.955	51.95
求方差	0.048	0.045	0.044	0.033	0.027	0.027
变异系数	0.488	0.456	0.447	0.413	0.364	0.359
偏度	0.15	0.104	0.1	0.146	0.015	0.022
峰度	−0.761	−0.601	−0.548	−0.753	−0.609	−0.247
众数	0.005	0.012	0.024	0.05	0.086	0.069

2012—2014年山东省上市公司非流动资产比重的最大值和最小值相差的幅度变化不是很大，这说明了平均数这三年来相差不是很大，制造业上市公司也体现出这一特点。三年的标准偏差均在0.21左右，说明这三年的非流动资产比重离散程度相差不大，基本上处在一个离散程度的水平上；制造业上市公司标准偏差比山东省上市公司略低，离散程度更小。从方差来看，2012—2014年山东省各上市公司非流动资产比重的方差变化不大，说明其离散程度没有发生较大的变化；山东省上市公司非流动资产比重的方差要高于制造业上市公司的方差，这说明山东省上市公司的离散程度要高于制造业上市公司。从变异系数来看，山东省上市公司的变异系数的最大值也是2012年，2013年和2014年的变异系数相差不大；制造业上市公司在2012年的变异系数是最高的，达到0.413，说明2012年的离散程度要高，2013年和2014年的变异系数相差不大，山东省制造业上市公司与山东省上市公司的变化幅度相符；总体来看，全省的变异系数在0.4～0.5，这说明全省的变异系数较小。从偏度、峰度和众数来看，2012年山东省上市公司和制造业上市公司的偏度是最大的，峰度是最小的，说明分布形态比2013年和2014年比较陡峭的。

总体来看，无论从平均数还是中位数，2012—2014年山东省上市公司的非流动资产比重基本处于比较稳定的状态，非流动资产在慢慢地增加，制造业上市公司与全省上市公司相比，没有较大的差异。非流动资产比重的平均数、中位数要低于流动资产比重，这说明流动资产要比非流动资产多，但是非流动资产比重不断增加，说明流动资产在减少。

（3）山东省上市公司固定资产比重分析

固定资产是企业的劳动手段，也是企业赖以生产经营的主要资产。通过分析固定资产比重，可以揭示企业资产流动的快慢，分析企业营运能力高低以及企业的获利能力。

2012—2014年山东省上市公司的固定资产比率呈先上升后下降的变化趋势，2013年和2014年变化不是很大。从中位数来看，2012—2014年也是呈先上升后下降的变化趋势，变化趋势与平均数相同。与非流动资产比重相比，固定资产占了非流动资产一半以上，如表7-6、表7-7所示。

表7-6　2012—2014年山东省上市公司固定资产比重比较表

统计指标与区域		2012年	2013年	2014年
平均数	山东省	0.279	0.289	0.285
	其中：制造业	0.283	0.296	0.294
	差异率	−1.43%	−2.42%	−3.16%

续表

统计指标与区域		2012 年	2013 年	2014 年
中位数	山东省	0.249	0.267	0.265
	其中：制造业	0.249	0.273	0.272
	差异率	0.00%	−2.25%	−2.64%

表 7-7　山东省上市公司与制造业上市公司的固定资产比重统计表

统计量	山东省			制造业		
	2012 年	2013 年	2014 年	2012 年	2013 年	2014 年
样本个数	149	149	151	112	112	114
最大值	0.937	0.866	0.77	0.639	0.672	0.766
最小值	0.004	0.002	0.003	0.006	0.006	0.003
标准偏差	0.185	0.182	0.174	0.159	0.158	0.154
T 统计量	18.436	19.434	20.091	18.855	19.803	20.4
变异系数	0.662	0.628	0.612	0.561	0.534	0.525

2012—2014 年山东省制造业上市公司固定资产比重的平均数变化趋势与山东省上市公司是一致的，都是先上升后下降，下降的幅度小于上升的幅度。从差异率来看，相差最大的一年是 2014 年，达到 3.16%。总体来看，2012—2014 年山东省制造业上市公司与山东省上市公司的平均数相差不大。从中位数来看，制造业上市公司的中位数是先上升后下降的，2013 年和 2014 年的中位数大体相同，与 2012 年有较大的变化，2012 年制造业上市公司和山东省上市公司的中位数是一样的，均为 0.249，2013 年和 2014 年山东省上市公司均低于制造业上市公司的中位数，2013 年和 2014 年的差异率分别为 2.25%和 2.64%。

平均数易受极端值和样本个数的影响，所以可以从最大值和最小值得出平均数变化情况，2012 年山东省上市公司固定资产比重的最大值和最小值相差比较大。从标准偏差来看，2012—2014 年山东省上市公司的标准偏差呈下降的变化趋势，但是下降的幅度不大；山东省制造业上市公司也是这种变化趋势，同时离散程度变化也不是很大。从变异系数来看，2012—2014 年山东省上市公司的变异系数呈下降的变化趋势，制造业上市公司也是这种变化趋势。山东省上市公司的样本个数比较大，且其中非制造业上市公司的固定资产比率相对于制造业上市公司要小，因此其平均数小于制造业上市公司。尽管 2012 至 2014 年山东省上市公司固定资产比率略低于制造业上市公司，总体来说山东省上市公司固定资产占非流动资产的 50%以上，固定资产比率相对来说比较稳定。考虑到山东省上市公司固定资产周转率较低，说明固定资产没有充分被利用。

7.1.2　山东省上市公司资产获现能力分析

资产现金回收率是衡量某一经济行为发生损失大小的一个指标，回收率越高，说明收回的资金占付出资金的比例高，损失小，回收率低则损失较大，如表 7-8 所示。

资产现金回收率=经营现金净流量/平均资产总额×100%

表 7-8 2012—2014 年山东省上市公司和制造业上市公司资产现金回收率表

区　域	2012 年	2013 年	2014 年
山东省	4.49%	3.27%	3.42%
制造业	3.58%	3.14%	4.11%

2012—2014 年山东省上市公司的资产现金回收率是先下降后上升的变化，最大的一年是 2012 年，达 4.49%。制造业上市公司的资产现金回收率是先下降后上升的变化，与山东省上市公司的变化趋势一致。从山东省上市公司和制造业上市公司的资产现金回报率比较来看，2012 年和 2013 年山东省上市公司的资产现金回报率高于制造业上市公司的资产现金回报率，说明山东省上市公司的收回资金占付出资金的比例高，资产获现能力强，2014 年则恰巧相反。总体来看，山东省上市公司的资产现金回报率比较高，资产获现能力较强。

7.1.3　山东省上市公司资产获利能力分析

总资产报酬率是指企业总资产取得收益的能力，可用来来检测企业投入产出的效能。一般说，资产质量越好，投入产出的效能也就越佳，如表 7-9 所示。

总资产报酬率 ROA ＝（利润总额＋利息支出）/ 平均资产总额×100%

表 7-9　2012—2014 年山东省上市公司和制造业上市公司总资产报酬率表

区　域	2012 年	2013 年	2014 年
山东省	6.34%	5.84%	5.29%
制造业	5.76%	5.88%	5.44%

2012—2014 年山东省上市公司的总资产报酬率呈逐年下降的变化，最高值是 2012 年的 6.34%，2014 年的 5.29%，2013 年的下降幅度小于 2014 年的下降幅度。制造业上市公司呈现先上升后下降的变化，最大值是 2013 年的 0.058 8。从发展的角度看，制造业上市公司的资产报酬率逐年提高，2014 年已高于山东省上市公司的平均水平。说明制造业上市公司资产利用效率较高，公司在增加收入、节约资金使用等方面取得了良好的效果，但是山东省上市公司还需要提高销售利润率，加速资金周转，提高企业经营管理水平。

7.1.4　山东省上市公司资产价值分析

下面通过山东省上市公司的市值与账面价值之比、资产减值准备与减值损失占总资产比重及市净率分析全省上市公司的资产价值，如表 7-10 所示。

（1）山东省上市公司的账面市值比分析

账面市值比＝资产总计/市值

表 7-10　2014 年山东省制造业上市公司的账面市值比

指　标	山　东　省	制　造　业
平均数	0.956	0.856
中位数	0.684	0.643

从平均数来看，2014 年山东省上市公司的账面市值比为 0.956，而制造业上市公司相比

较小，为 0.856；从中位数来看，山东省上市公司的账面市值比为 0.684，与制造业上市公司相差不大。总体来看，无论是平均数还是中位数，山东省上市公司的账面市值比均大于制造业上市公司，说明投资者对制造业上市公司的认可程度更高。

（2）山东省上市公司资产减值损失占总资产比重分析（见表 7-11）

表 7-11　2014 年山东省与制造业上市公司的资产减值损失占总资产比重比较表

统计指标与区域		2014 年
平均数	山东省	0.48%
	其中：制造业	0.51%
中位数	山东省	0.31%
	其中：制造业	0.36%

从平均数来看，在 2014 年山东省上市公司资产减值损失占总资产比重为 0.48%，而制造业上市公司所占比例为 0.51%，说明制造业上市公司的资产减值损失要比山东省上市公司大，但是不管是山东省上市公司还是制造业上市公司，资产减值损失占总资产比值都不大。从中位数来看，山东省上市公司的资产减值损失占总资产比重为 0.31%，制造业上市公司稍高一些，达 0.36%，说明了制造业上市公司的资产减值损失要高于山东省上市公司。无论是从平均数来说还是从中位数来说，山东省上市公司的资产减值损失占总资产比重均低于制造业上市公司，而且平均数要高于中位数；即山东省上市公司资产减值损失较小，资产可回收金额基本上都高于其账面价值。

（3）山东省上市公司市净率分析

市净率是指股票的股价与资产净值之比，又称为市账率。从投资者的角度，通过市净率可以评断股票投资价值；从企业的角度，通过市净率可以评断企业价值，如表 7-12 所示。

市净率=每股股价/每股净资产

表 7-12　2014 年山东省上市公司和制造业上市公司的市净率比较表

指　标	山　东　省	制　造　业
平均数	4.30	3.84
中位数	3.11	3.04

从平均数来看，2014 年山东省上市公司市净率的平均数为 4.30，而制造业上市公司为 3.84，山东省上市公司市净率高于制造业上市公司。从中位数来看，山东省上市公司的市净率为 3.11，制造业上市公司的市净率为 3.04，两者相差不大。与平均数相比，无论是山东省上市公司市还是制造业上市公司，市净率的平均数均大于中位数。

总体来看，山东省上市公司资产质量相对较好，资产结构相对稳定，全省的资产获现能力和获利能力都比较强。从投资的角度看，山东省上市公司投资风险大于单纯的制造业上市公司；从资产质量角度看，市值远远高于账面净资产，说明资产质量较高。

7.2　山东省上市公司利润质量分析

利润质量是指企业利润的形成过程以及利润结果的合规性、效益性及公允性。高质量的企业利润,应当表现为资产运转状况良好,企业所开展的业务具有较好的市场发展前景,企业有良好的购买能力、偿债能力、交纳税金及支付股利的能力。高质量的企业利润能够为企业未来的发展奠定良好的资产基础。反之,低质量的企业利润,则表现为资产运转不畅,企业支付能力、偿债能力减弱,甚至影响企业的生存能力。下面分别从利润的构成、利润的获现性、利润的稳定性和利润的可持续性的角度来分析山东省上市公司的利润质量。

7.2.1 山东省上市公司利润构成分析

企业的利润主要由核心利润、投资收益和其他利润构成。下面主要通过核心利润(核心利润=营业收入−营业成本−营业税金及附加−期间费用)占利润的比和投资收益占利润的比来分析利润构成。

(1) 山东省上市公司核心利润比重分析(见表7-13)

表7-13　2014年山东省与制造业上市公司核心利润比重表　　　单位:%

指　　标	山　东　省	制　造　业
平均数	1.24	1.12
中位数	0.83	0.90

从平均数来看,2014年山东省上市公司的核心利润为1.6亿元,核心利润占利润的比为1.24%,而制造业上市公司实现核心利润1.36亿元,占山东省上市公司核心利润的85%,核心利润占利润的比为1.12%,核心利润大于利润,说明投资收益和其他利润为负值;但通过与中位数相比发现,平均数与中位数相差较大,说明平均数可能受极端值的影响,从而导致平均数的不合理,同时从投资收益为正数的角度,也验证了平均数的不可靠。从中位数来看,山东省上市公司的核心利润的中位数为0.40亿元,核心利润占利润的0.83%,而制造业上市公司的核心利润的中位数为0.46亿元,高于山东省上市公司的中位数,核心利润占利润的0.90%,说明在2014年山东省上市公司的核心利润比较高,上市公司的利润主要依靠核心利润即自己的经营获得,与对应的经营性资产相比,说明其资产的质量与利润的质量比较好。

(2) 山东省上市公司投资收益比重分析(见表7-14、表7-15)

表7-14　2014年山东省上市公司与制造业上市公司投资收益比重表

指　　标	山　东　省	制　造　业
平均数	0.23	0.38
中位数	0.09	0.09

表7-15　2014年山东省上市公司与制造业企业投资性资产的比重表

指　　标	山东省	制造业
平均数	0.07	0.06
中位数	0.01	0.01

从平均数来看,山东省上市公司的投资收益占利润的比重为0.23,而制造业上市公司的投资收益占利润的比重为0.38,制造业上市公司的投资收益比重明显高于山东省上市公司,

但平均数远远大于中位数,说明平均数可能受极端值的影响,从而导致平均数的不合理。从中位数来看,山东省上市公司的投资收益占利润的比重与制造业上市公司的投资收益占利润的比重相同,均为 0.09,这与核心利润比重相对应。总体来说,山东省上市公司的投资收益占利润的比较小,远低于核心利润占利润的比,这也与投资性资产的比重相对应,投资性资产的获得能力高于经营性资产的获利能力。

7.2.2 山东省上市公司利润获现性分析

盈利的获现性是指企业利润增长同时带来相应比例现金流量的增加。如果一家企业在利润数据增长的同时能够伴随着相应比例现金流量的增加,就说明这家企业的利润获现能力较强,利润质量较好;而如果一家企业在利润增长大于现金流量的增加,甚至出现了减少,说明这家企业利润获现能力较低,利润质量较差。由于山东省上市公司的利润主要来源于核心利润,因此本文采用净利润现金比率对山东省上市公司利润的获现性进行分析评价,如表 7-16 所示。

净利润现金比率=经营现金流量净额/净利润

表 7-16 山东省上市公司与制造业上市公司净利润现金比率比较表

统计指标与区域		2012 年	2013 年	2014 年
平均数	山东省	2.078	2.051	1.195
	其中:制造业	2.663	2.157	1.128
	差异率	−28.15%	−5.17%	5.61%
中位数	山东省	0.799	1.027	1.010
	其中:制造业	0.802	1.156	0.903
	差异率	−0.38%	−12.56%	10.59%

从平均数来看,2012—2014 年山东省上市公司净利润现金比率的平均数是下降的走势,下降了 43.04%。从中位数来看,2012—2014 年山东省上市公司净利润现金比率的中位数与平均数的变化趋势有所不同,是先上升后下降,但总体波动不大。2012—2014 年山东省上市公司净利润现金比率中位数均低于平均数,尤其是 2012 年,平均数与中位数相差比较大,平均数可能受极端值的影响。总的来看,山东省上市公司的净利润现金比率有所下降,但是经营现金流量净额比较大,公司经营的实际获利能力还是比较强的。

从平均数来看,2012—2014 年制造业上市公司的净利润现金比率的变化是呈下降的状态,与山东省上市公司变动趋势一致,但下降的幅度要高于山东省上市公司;从差异率来看,相差最大的一年是 2012 年,差异率达到 28.15%,变动较大。从中位数来看,制造业上市公司的净利润现金比率的中位数呈现先上升后下降的变化趋势,但总体的变化不是很大,与山东省上市公司比较接近;从差异率来看,相差最大的一年是 2013 年,差异率为 12.56%,小于平均数的差异率。

总体来说,制造业上市公司的净利润现金比率与山东省上市公司的净利润现金比率近两年相差不大,山东省上市公司的获利能力还是大部分靠制造业,也说明了制造业是全省的支柱,如表 7-17 所示。

表 7-17　山东省上市公司与制造业上市公司的净利润现金比率统计表

统计量	山 东 省			制 造 业		
	2012 年	2013 年	2014 年	2012 年	2013 年	2014 年
样本个数	149	149	151	112	112	114
最大值	48.694	62.430	28.098	48.694	62.430	28.098
最小值	−18.694	−39.374	−38.480	−11.895	−39.374	−38.480
标准偏差	7.389	8.066	5.798	8.033	8.770	6.332
变异系数	3.556	3.933	4.851	3.011	4.065	5.613
T 统计量	3.433	3.104	2.533	3.509	2.604	1.902

山东省上市公司净利润现金比率的平均数最大的一年是 2012 年，样本个数为 149 家，最大值与最小值均出现在 2013 年，同样，制造业上市公司净利润现金比率波动也较大，变异系数较大，说明极端值对平均数产生了较大的影响，采用平均数进行分析，影响结论的合理性。同时从标准偏差来看，山东省上市公司净利润现金比率的标准偏差最大值为 8.066，在 2013 年达到最大，说明山东省上市公司的净利润现金比率数值偏离平均数较大，制造业上市公司也是符合这种情况。从变异系数来看，与以前所分析的有所不同，山东省上市公司的变异系数最大值并不是标准偏差的最大值所处的年份，而出现在 2014 年，这可能是由一些外在因素造成的，制造业也是如此。

总体来看，山东省上市公司的净利润现金比率平均数和中位数大都在 1%左右，净利润与经营现金流量净额相当，说明山东省上市公司利润的获现能力较强。

7.2.3　山东省上市公司利润稳定性分析

利润的稳定性是指企业经营活动的盈利能力受经济环境恶化的影响不明显。如果一家企业在经济环境恶化的时候经营活动的盈利能力变化不大，就说明这家企业的利润质量较好；而如果一家企业在经济环境恶化的时候经营活动的盈利能力出现明显变差的现象，就说明这家企业的利润质量较差。利润的稳定性通常采用营业净利率、净资产收益率等指标进行衡量。

山东省上市公司营业净利率与净资产收益率已在第 6 章分析，此处不再赘述。

7.2.4　山东省上市公司利润持续性分析

利润的持续性是指企业利润数据的增长是伴随着良好的财务情况而进行的。如果一家企业利润数据在增长的同时，财务情况出现明显好转或者出现好转的迹象，说明这家企业的利润质量较好；而如果一家企业利润数据在增长的同时，财务情况转差，说明这家企业的利润质量较差。下面选取流动比率、资产负债率、资本保值增值率、流动负债保障率等指标对山东省上市公司利润的持续性进行分析评价，如表 7-18 所示。

表 7-18　2012—2014 年山东省上市公司利润持续性相关比率表

指　　标	平　均　数			中　位　数		
	2012 年	2013 年	2014 年	2012 年	2013 年	2014 年
流动比率	2.722	2.242	2.173	1.614	1.423	1.451
资产负债率	0.498	0.444	0.447	0.396	0.422	0.436

续表

指标	平均数			中位数		
	2012 年	2013 年	2014 年	2012 年	2013 年	2014 年
资本保值增值率	1.166	1.077	1.192	1.068	1.051	1.067
流动负债保障率	0.280	0.250	0.179	0.146	0.128	0.123

山东省上市公司流动比率与资产负债率已在第 6 章分析，此处不再赘述。

（1）山东省上市公司资本保值增值率分析

资本保值增值率=所有者权益本期期末值/所有者权益本期期初值×100%

资本保值增值率也是评价利润质量的重要指标之一。若计算的资本保值增值等于 1，说明年末所有者权益与年初所有者权益相等，称为资本保值；若计算的资本保值增值大于 1，说明年末所有者权益比年初所有者权益增加，称为资本增值，此比率越大，说明所有者权益增加越大。

2012—2014 年山东省上市公司的资本保值增值率平均数是呈现先下降后上升的变化趋势，上升的幅度要高于下降的幅度，但是这三年基本上都处于 1.1 左右，变化不是很大。从中位数来看，山东省上市公司的资本保值增值率也是呈现先下降后上升的变化趋势，上升的幅度接近于下降的幅度；中位数均低于平均数，中位数基本上在 1.0 左右，说明山东省上市公司的所有者权益在原有基础上实现了增值，如表 7-19 所示。

表 7-19　山东省上市公司与制造业上市公司的资本保值增值率比较表

统计指标与区域		2012 年	2013 年	2014 年
平均数	山东省	1.166	1.077	1.192
	其中：制造业	1.192	1.071	1.217
	差异率	−2.23%	0.56%	−2.10%
中位数	山东省	1.068	1.051	1.067
	其中：制造业	1.054	1.047	1.064
	差异率	1.31%	0.38%	0.28%

山东省制造业上市公司的资本保值增值率的平均数变化趋势与山东省上市公司相符，均在 1 左右上下波动；与山东省上市公司相比，山东省制造业上市公司的资本保值增值率在 2012 年和 2014 年高于山东省上市公司的平均数，在 2013 年低于山东省上市公司的平均数；从差异率来看，差异率相差不是很大，相差较大的一年是 2012 年，差异率只有 2.23%。从中位数来看，制造业上市公司资本保值增值率变化趋势先下降后上升，这三年中位数的变化不是很大，同时与山东省上市公司差别也不是很大，但是还是比山东省上市公司的中位数略低，如表 7-20 所示。

总体来看，无论是平均数还是中位数，山东省上市公司的资本保值增值率都在 1 左右，山东省上市公司处于一个相对稳定的资本增值状态，且增值率略大于净资产收益率水平，山东省上市公司比较注重内部的积累。

表 7-20　山东省上市公司与制造业上市公司的资本保值增值率统计表

统计量	山东省			制造业		
	2012 年	2013 年	2014 年	2012 年	2013 年	2014 年
样本个数	149	149	151	112	112	114
最大值	4.334	1.801	4.118	4.334	1.747	4.118
最小值	−0.916	−0.051	0.522	−0.916	−0.051	0.522
标准偏差	0.543	0.182	0.439	0.592	0.187	0.489
变异系数	0.466	0.169	0.369	0.497	0.174	0.402
T 统计量	26.209	72.244	33.332	21.313	60.676	26.550

对山东省上市公司与制造业上市公司的资本保值增值率统计表分析发现，山东省各上市公司资本保值增值率变化较大，2012—2014 年有的上市公司是增值，有的公司是减值，2012 年和 2014 年表现得尤为突出。从标准偏差来看，最大偏差值均出现在 2012 年，相对而言，2014 年的偏差值较小。变异系数的变化情况与标准偏差的变动情况相符。

总体来说，山东省上市公司的资本保值增值率较高，说明山东省上市公司的资本增值状况良好，增值水平略大于获利水平，所有者权益增长较快，利润的持续性较强。

（2）山东省上市公司流动负债保障率分析

流动负债保障率=经营活动现金流量净额/流动负债总额×100%

山东省上市公司流动负债保障率的平均数呈下降的变化趋势，2012—2014 年总计下降了 39.11%。从中位数来看，山东省上市公司的中位数也是这种变化趋势，但下降的幅度趋缓，2012—2014 年下降了 15.75%。山东省上市公司流动负债保障率的平均数远远高于中位数，之间的差值也随着时间的推移在逐步减少，说明山东省上市公司流动负债保障率的平均数受极端值的影响较大，但随着时间的推移，极端值在减少，如表 7-21 所示。

表 7-21　山东省上市公司与制造业上市公司流动负债保障率比较表

统计指标与区域		2012 年	2013 年	2014 年
平均数	山东省	0.280	0.250	0.179
	其中：制造业	0.218	0.218	0.201
	差异率	22.14%	12.80%	−12.29%
中位数	山东省	0.146	0.128	0.123
	其中：制造业	0.138	0.138	0.131
	差异率	5.48%	−7.81%	−6.50%

通过对山东省上市公司与制造业上市公司流动负债保障率比较分析发现，2012—2014 年山东省制造业上市公司流动负债保障率平均数基本上没有多大的变化，2012 年和 2013 年同为 0.218，2014 年下降到 0.201，下降幅度很小。尽管平均数不能体现流动负债保障率的实际水平，但却揭示了其变动的趋势。同样的变化也体现在中位数上，同样是 2012 年和 2013 年制造业上市公司中位数相同，同为 0.138，而 2014 年下降到 0.131；从差异率来看，相差最大的一年是 2013 年，差异率为 7.81%，如表 7-22 所示。

表 7-22 山东省上市公司与制造业上市公司流动负债保障率统计表

统 计 量	山 东 省			制 造 业		
	2012 年	2013 年	2014 年	2012 年	2013 年	2014 年
样本个数	149	149	151	112	112	114
最大值	3.742	3.602	4.480	2.497	2.497	4.480
最小值	−0.906	−0.475	−2.957	−0.475	−0.475	−0.603
标准偏差	0.569	0.504	0.539	0.360	0.360	0.483
变异系数	0.209	0.203	0.279	0.211	0.183	0.223
T 统计量	5.994	6.054	4.080	6.402	6.402	4.450

2012—2014 年山东省上市公司流动负债保障率的最大值与最小值之间相差较大，而且山东省上市公司的差异大于制造业上市公司，说明制造业的流动负债保障率波动小于山东省上市公司。从标准偏差来看，山东省上市公司的最大值为 0.569，该最大值处于 2012 年，而制造业上市公司最大值处于 2014 年，与平均数的表现有一定的差别，也就是说，山东省上市公司和制造业上市公司流动负债保障率的数值偏离平均数较大的年份不同。从变异系数来看，与标准偏差的变化情形相同。但总体而言，山东省上市公司经营活动现金流量净额保障流动负债支付的水平较高，利润的可持续性较强。

综上以上分析，山东省上市公司有足够能力来保障债权人的利益，资产变现能力强，短期偿债能力强，营业收入创造净利润的能力较强，企业的获利能力较强，盈利能力较强，资本保全状况好，所有者权益增长快，债权人的债务有保障，山东省上市公司利润质量较好，发展后劲强。

7.3 山东省上市公司资本结构质量分析

资本结构质量是指企业资本结构与企业当前以及未来经营和发展活动相适应的质量。资本结构分析的主要内容包括负债与权益的对比关系分析、资本成本与资产报酬的对比关系分析、资金来源期限与资产结构的配比关系分析以及所有者权益内部构成状况分析等。

7.3.1 山东省上市公司负债与权益的对比关系分析

负债与权益的对比关系通常用负债权益比率表示，又称产权比率，反映所有者权益对债权人权益的保障程度，如表 7-23 所示。

负债权益比率=负债总额/股东权益

表 7-23 2012—2014 年山东省上市公司负债权益比率表

指 标	负债权益比率		
	2012 年	2013 年	2014
平均数	1.166	1.330	1.276
中位数	0.655	0.729	0.772

2012—2014 年山东省上市公司负债权益比率的平均数是呈现先上升后下降的变动，下降

的幅度小于上升的幅度，呈现出上升的变动。从中位数来看，三年的变化趋势与平均数有所不同，呈现逐年上升的状态，2012—2014 年上升了 17.86%。各年的负债权益比率中位数的变化程度也趋于一致，都在 0.6~0.8。但山东省上市公司负债权益比率的平均数与中位数相差较大，平均数可能受到极端值的影响比较大。从中位数看，总体来看，2012—2014 年山东省上市公司负债权益比率逐年上升，结合资产负债率分析，山东省上市公司的偿还长期债务的能力比较强，如表 7-24 所示。

表7-24 山东省上市公司与制造业上市公司负债权益比率的统计表

统计量	山 东 省			制 造 业		
	2012 年	2013 年	2014 年	2012 年	2013 年	2014 年
样本个数	149	149	151	112	112	114
最大值	11.45	12.486	12.683	4.750	6.777	9.643
最小值	−1.09	0.048	0.027	−1.090	0.048	0.027
标准偏差	1.527	1.717	1.586	0.940	1.137	1.214
T 统计量	9.318	9.455	9.885	10.563	10.282	9.537
中位数	0.655	0.729	0.772	0.630	0.693	0.694
平均数	1.166	1.33	1.276	0.938	1.105	1.084

2012—2014 年制造业上市公司负债权益比率平均数是呈先上升后下降的变化趋势，与山东省上市公司负债权益比率的平均数相比，2012—2014 年，制造业上市公司略低。制造业上市公司负债权益比率的中位数呈上升的变化趋势，与山东省上市公司的相符，但总体水平仍低于山东省上市公司的中位数。从标准偏差来看，山东省上市公司的标准偏差最大的一年是2013 年，2012 年和 2014 年基本相同，说明 2013 年山东省上市公司的负债与权益比的数值偏离平均数较大，同时制造业上市公司也是如此。

总体来说，山东省上市公司的负债与权益比稍高一些，而制造业上市公司负债与权益比稍低且均低于 1.2，这说明山东省上市公司的偿还长期债务的能力不如制造业上市公司的。

7.3.2 山东省上市公司财务杠杆分析

财务杠杆又叫筹资杠杆或融资杠杆，是指由于固定债务利息和优先股股利的存在而导致普通股每股利润变动幅度大于息税前利润变动幅度的现象，如表 7-25 所示。

财务杠杆=(净利润+所得税费用+财务费用)/(净利润+所得税费用)

表7-25 2012—2014 年山东省上市公司财务杠杆表

指 标	2012 年	2013 年	2014 年
平均数	1.069	1.705	1.277
中位数	1.071	1.105	1.105

2012—2014 年山东省上市公司财务杠杆的平均数是呈先上升后下降的变化趋势，2012年为 1.069，2013 年上升了 59.49%达到 1.705，2014 年又降低到 1.277，下降了 25.10%，

下降的幅度小于上升的幅度。从中位数来看，山东省上市公司的平均数变化不大，呈上升的变化趋势，但上升的幅度较小，这三年财务杠杆的中位数都在 1.1 左右。山东省上市公司财务杠杆平均数与中位数相比，2013 年山东省上市公司的平均数比中位数相差较大，平均数可能受到极端值的影响。近三年山东省上市公司的财务杠杆的中位数均在 1.1 左右徘徊，说明山东省上市公司能够利用财务杠杆的作用进行运营，结合负债权益比率的分析，山东省上市公司财务费用支出不高，控制费用支出能力较强，财务风险较小，如表 7-26 所示。

表 7-26 山东省上市公司与制造业上市公司财务杠杆的统计表

统计量	山东省			制造业		
	2012 年	2013 年	2014 年	2012 年	2013 年	2014 年
样本个数	149	149	151	112	112	114
最大值	18.528	25.588	15.899	18.528	14.263	15.899
最小值	−66.705	−3.348	−29.582	−66.705	−3.348	−29.582
标准偏差	5.938	2.663	3.013	6.841	2.027	3.447
T 统计量	2.198	7.816	5.210	1.524	8.474	3.845
中位数	1.071	1.105	1.105	1.044	1.086	1.086
平均数	1.069	1.705	1.277	0.985	1.623	1.241

2012—2014 年制造业上市公司财务杠杆平均数的变化趋势与山东省上市公司一致，都呈现出先上升后下降的变化趋势，与山东省上市公司相比，制造业上市公司财务杠杆平均数均小于山东省上市公司的平均数；制造业上市公司财务杠杆中位数也是呈上升的变化趋势，与山东省上市公司的中位数相比，均小于山东省上市公司的中位数。山东省上市公司和制造业上市公司财务杠杆的最大值均出现在 2013 年，最小值出现在 2012 年，最大值与最小值相关最大的是 2012 年，这与标准偏差的统计结果相印证。在 2012 年山东省上市公司的财务杠杆偏离平均数较大，离散程度比其他两年要大。

剔除 2013 年平均数受到极端值的影响，山东省上市公司和制造业上市公司的财务杠杆都不大，财务风险较小，但应该注意，与资产负债率比较，山东省上市公司的财务费用略高一些。

7.3.3 山东省上市公司所有者权益内部构成分析

所有者权益是指企业资产扣除负债后由所有者享有的剩余权益。包括实收资本(或股本)、资本公积、盈余公积和未分配利润，在股份制企业又称为股东权益。所有者权益内部结构是分析资本结构质量的重要内容之一，如表 7-27 所示。

表 7-27 山东省上市公司与制造业所有者权益内部构成比较表

所有者权益内部构成	山东省			制造业		
	2012 年	2013 年	2014 年	2012 年	2013 年	2014 年
股本/所有者权益	0.388	0.387	0.400	0.296	0.313	0.357
资本公积/所有者权益	0.545	0.496	0.529	0.528	0.475	0.523
其他综合收益/所有者权益	0.006	0.009	0.013	0.004	0.005	0.013

续表

所有者权益内部构成	山东省			制造业		
	2012年	2013年	2014年	2012年	2013年	2014年
盈余公积/所有者权益	0.069	0.069	0.075	0.069	0.071	0.078
未分配利润/所有者权益	−0.008	0.039	−0.017	0.103	0.136	0.029

2012—2014年山东省上市公司的股本比重呈现先下降后上升的变化趋势。2012年为0.388，2013年下降了0.05%，为0.387，2014年上升了3.18%，为0.400，这三年山东省上市公司的股本比重都处于0.3左右，变化不是很大，相对比较稳定。山东省上市公司的资本公积比重呈现先下降后上升的变化趋势，2012年为0.545，2013年下降到0.496，2014年上升到0.529，上升的幅度小于下降的幅度；与股本比重相比，山东省上市公司的资本公积比重均大于股本比重，资本公积是股本的1.3倍以上，说明山东省上市公司股本溢价较大，对于上市公司而言可利用资金较多，且支付股利的压力相对减小。山东省上市公司的其他综合收益比重逐年上升，但是这三年的数值都很小，且均为正数，代表了直接计入所有者权益的利得大于损失。山东省上市公司的盈余公积比重也是逐年上升，上升了8.7%，占股本不到20%，说明在所有者权益中，主要是投入资本，企业的积累较少。山东省上市公司未分配利润比重呈现先上升后下降的变化，2012年和2014年为负值，分别为−0.008和−0.017，而2013年为0.039，下降的幅度大于上升的幅度，说明山东省上市公司在2014年，获得的最终利润在减少，未分配利润占所有者权益的比重相对较小。

2012—2014年制造业上市公司的股本比重呈上升的变化趋势，2012年为0.296，2013年上升到0.313，上升了5.74%，2014年上升了14.1%，达到0.357，这三年基本比较稳定，没有发生较大的变化。山东省上市公司与制造业上市公司相比，山东省上市公司的股本比重均高于制造业上市公司。制造业上市公司的资本公积比重，2012—2014年呈现先下降后上升的变化趋势，与山东省上市公司一致，变化幅度小于山东省上市公司的变化幅度，这三年，资本公积比重数值基本没有发生变化，都在0.5左右。其他综合收益的比重，制造业上市公司呈上升的变化，这三年的数值都不是很高，分别为0.004、0.005和0.013，与山东省上市公司相比，制造业上市公司略低，这与制造业上市公司的资产特点相吻合。制造业上市公司的盈余公积比重也是呈上升的变化趋势，上升13.04%，这三年上升的幅度不大；与山东省上市公司相比，制造业上市公司均略高于山东省水平，基本上都在0.6~0.8。2012—2014年制造业上市公司未分配利润比重都为正数，这三年是先上升后下降的变化趋势，相对于山东省而言，制造业上市公司的未分配利润高于山东省，在获利能力基本一致的情况下，制造业上市公司出于自身发展的资金需求，留用利润更多。

总体而言，山东省上市公司所有者权益中主要为投入资本（包括股本和资本公积），盈余公积占股本不足20%。资本公积与盈余公积在所有者权益中所占的比重比较低，这与前期的增发、转增等股利政策有关。

7.4　山东省上市公司现金流量质量分析

现金净流量是指现金流入与现金流出的差额。如果是正数，则为净流入；如果是负数，则为净流出。现金净流量反映了企业各类活动形成的现金流量的最终结果。现金流量分为三大类：经营活动现金流量、投资活动现金流量和筹资活动现金流量。

7.4.1 山东省上市公司现金流量构成分析

山东省上市公司现金流量构成分析（见表7-28）

表7-28 山东省上市公司与制造业上市公司现金流量构成比较表

指 标	制造业（单位：亿元）			山东省（单位：亿元）		
	2012年	2013年	2014年	2012年	2013年	2014年
经营活动现金净流量/总现金净流量	43.582	1.876	−9.419	31.507	1.038	−34.496
投资活动现金净流量/总现金净流量	−237.745	0.490	24.763	−177.747	1.514	−115.298
筹资活动现金净流量/总现金净流量	195.163	−1.366	−14.344	147.240	−1.552	150.794

2012—2014年山东省上市公司的现金净流量构成中，经营活动现金净流量、投资活动现金净流量及筹资活动净现金净流量的比重发生了较大的变化，制造业上市公司也呈现这种变化，只是各组成部分的变动幅度不同。制造业上市公司投资活动现金净流量的比重不断增加，而经营活动和筹资活动的现金净流量的比重不断减少。2012年投资活动所需要的现金支出少部分是经营活动现金流入，主要依靠对外筹资来满足。随着时间的推移，经营活动、投资活动带来的现金流量在减少，同时也看到，筹资活动的现金流量由流入量大于流出量转换成流入量小于流出量，2014年由于经营活动产生的现金净流量为负，上市公司的现金再次出现紧缺，上市公司不得不再次依靠对外筹资来满足资金的需求。总体来说，山东省上市公司现金流量结构稳定性较差。

7.4.2 山东省上市公司的经营活动现金流量质量分析

经营活动产生的现金流入量主要来源于销售商品、提供劳务收到的现金，流出量主要为购买商品、接受劳务支付的现金。经营活动现金流量质量分析主要包括充足性分析和稳定性分析。充足性分析用来揭示企业是否具有足够的经营活动现金流量满足正常的运转和规模扩张；稳定性分析用来揭示企业经营活动现金流量是否稳定和持续。

（1）山东省上市公司经营活动现金流量主要项目分析（见表7-29）

表7-29 山东省上市公司投资活动产生的现金流入量与流出量表

指 标	销售商品、提供劳务收到的现金（单位：亿元）			买商品、接受劳务支付的现金（单位：亿元）		
	2012年	2013年	2014年	2012年	2013年	2014年
平均数	29.77	40.56	31.5	22.38	30.37	23.69
中位数	9.7	9.45	9.77	6.42	6.79	6.53

从平均数来看，2012—2014年销售商品、提供劳务收到的现金呈先上升后下降的变化趋势，2012年为29.77亿元，2013年上升了36.24%，2014年下降到31.5亿元，下降了22.34亿元，下降的幅度小于上升的幅度；购买商品、接受劳务支付的现金也是这种变化趋势，2012年为22.38亿元，2013年上升到30.37亿元，上升了35.7%，2014年下降了22%，下降到23.69亿元；2012—2014年经营活动现金流入与流出相比，流入大于流出。从中位数来看，2012—2014

年，销售商品、提供劳务收到的现金的中位数在 9 亿元左右，没有发生较大的变化，在 2013 年，从 9.7 亿元降到 9.45 亿元；购买商品、接受劳务支付的现金的中位数在 6 亿元左右，与流入一样，没有较大的变化。近三年经营活动现金净流量的中位数均小于平均数。总体来说，2012—2014 年山东省上市公司经营活动产生的现金流入量与流出量比较稳定，如表 7-30 所示。

表 7-30 山东省上市公司与制造业销售商品、提供劳务收到的现金比较表

指标	山东省（亿元）			制造业（亿元）		
	2012 年	2013 年	2014 年	2012 年	2013 年	2014 年
平均数	29.77	40.56	31.5	29.1	38.4	32.11
中位数	9.7	9.45	9.77	10.12	10.6	10.97

2012—2014 年制造业上市公司销售商品、提供劳务收到的现金呈先上升后下降的变化趋势，与山东省上市公司的变动趋势一致。2012 年为 29.1 亿元，2013 年达到 38.4 亿元，2014 年下降为 32.11 亿元；2014 年制造业上市公司平均数高于山东省上市公司，但是在 2012 年和 2013 年，制造业上市公司平均数低于山东省上市公司。从中位数来看，制造业上市公司售商品、提供劳务收到的现金呈上升的变化趋势，2012 年为 10.12 亿元，2014 年上升了 8.02%，达到 10.97 亿元，低于制造业上市公司平均数；与山东省上市公司的中位数相比，高于山东省上市公司的中位数。总体来说，山东省上市公司的销售商品、提供劳务收到的现金比较多，基本上变化不大，比较稳定，与近几年销售及利润的增长相比，山东省上市公司的销售商品、提供劳务收到的现金相对降低，如表 7-31 所示。

表 7-31 山东省上市公司与制造业购买商品、接受劳务支付的现金比较表

指标	山东省（亿元）			制造业（亿元）		
	2012 年	2013 年	2014 年	2012 年	2013 年	2014 年
平均数	22.38	30.37	23.69	22.93	29.11	25.15
中位数	6.42	6.79	6.53	6.86	7.88	7.58

2012—2014 年，制造业上市公司购买商品、接受劳务支付的现金呈先上升后下降的变化趋势，与山东省上市公司的变化趋势相同。2012 年和 2014 年山东省上市公司购买商品、接受劳务支付的现金的平均数低于制造业上市公司平均数。从中位数来看，制造业上市公司呈现先上升后下降的变化趋势，均高于山东省上市公司的平均数。山东省上市公司的购买商品、接受劳务支付的现金较多，现金流出量较稳定，现金流出量与流入量相对应。

（2）山东省上市公司经营活动现金流量充足性分析

下面通过现金流量资本支出比率来分析经营活动现金流量质量的充分性，如表 7-32 所示。

表 7-32 山东省上市公司与制造业上市公司的现金流量资本支出比率比较表

指标	山东省（亿元）			制造业（亿元）		
	2012 年	2013 年	2014 年	2012 年	2013 年	2014 年
平均数	0.116 1	0.115 2	0.112 6	0.060 4	0.084	0.084 3
中位数	0.076 7	0.076 2	0.082 4	0.070 7	0.079 7	0.084 8

从平均数来看，2012—2014年山东省上市公司的现金流量资本支出比率平均数呈下降的变化趋势，2012年为0.1161，到2014年下降到0.1126，下降了3.01%，近三年的数值在0.11左右；而制造业上市公司的现金流量资本支出比率呈上升的变化趋势，与山东省上市公司截然相反，2012年为0.0604，到2014年上升到0.0843，上升了39.56个百分点，并且小于山东省上市公司的平均数。从中位数来看，山东省上市公司的现金流量资本支出比率是呈先下降后上升的变化趋势，2012年为0.0767，2013年下降到0.0762，下降了0.65%，到2014年为0.0824，上升了8.14%；而制造业是呈上升的变化趋势，2012年为0.0707，到2014年上升到0.0848，上升了19.94%；与山东省上市公司相比，2012年小于山东省上市公司的水平，而在2013年和2014年，大于山东省上市公司的水平。

总体而言，山东省上市公司的现金流量资本支出比率比较稳定，说明山东省上市公司的发展能力比较稳定，山东省上市公司利用经营活动产生的净现金流量维持或扩大生产经营规模的能力较强。

（3）山东省上市公司经营活动现金流量稳定性分析

下面通过现金流量结构比率来分析经营活动现金流量质量的稳定性。

2012—2014年经营活动现金净流量比重呈下降的变化趋势，这三年下降的幅度都很大，下降了209.49%，到2014年达到-34.496%，说明2014年山东省上市公司的经营活动现金净流量在减少，不能满足现金的需求；导致整体水平为负数的原因是个别企业在2014年发生经营现金流入小于现金流出，从国泰安有关数据显示，如晨鸣纸业、万华化学等企业经营现金流出异常高于流入。投资活动实现的现金净流量比重呈先上升后下降的变化趋势，2012年为-177.747，2013年为1.514，上升的幅度很大，到2014年下降到-155.298，下降的幅度小于上升的幅度，但是最终还是为负数。从国泰安有关数据显示，在2012年山东金泰的投资活动现金净流量占经营、投资和筹资活动现金净流量的比例异常，从而影响了2012年的数值。2012—2014年山东省上市公司筹资活动现金净流量比重呈先下降后上升的变化，筹资活动获得的现金净流量在现金净流量中所占的比重不断加大，上市公司只单单依靠经营活动产生的现金净流量已远远不能满足公司发展的需求，筹资活动现金净流量仍是公司现金净流量的重要来源。

2012—2014年制造业上市公司经营活动现金净流量比重呈下降的变化趋势，下降幅度比较大，到2014年为-9.419，有个别企业经营现金净流量出现异常；与山东省上市公司相比较高。2012—2014年制造业上市公司投资活动现金净流量的比重呈上升的变化趋势，这说明制造业上市公司的投资在不断扩大；与山东省上市公司相比，投资现金净流量比重在增加。2012—2014年制造业上市公司筹资活动现金净流量比重呈下降的变化趋势，说明制造业筹资活动现金净流量在减少；与山东省上市公司相比，在2012年和2013年，均大于山东省上市公司水平，而在2014年，小于山东省上市公司水平。

总体来看，山东省上市公司的经营活动现金流量质量的稳定性不是很好，每年山东省上市公司在经营、投资和筹资方面都有不同的举措。

7.4.3 山东省上市公司投资活动现金流量质量分析

通过比较投资活动产生的现金流入量与流出量的大小来分析投资活动现金流量质量，如表7-33所示。

表 7-33 1 山东省上市公司固定资产、长期资产与其他长期资产的现金流入、流出比较表

指标	流入量（亿元）			流出量（亿元）		
	2012 年	2013 年	2014 年	2012 年	2013 年	2014 年
平均数	0.063 5	0.172 1	0.091 63	5.199 8	4.314 3	5.401 2
中位数	0.002 4	0.003 2	0.004 1	1.221 0	1.089 8	0.946 5

从平均数来看，山东省上市公司固定资产、长期资产与其他长期资产等投资活动现金流入量呈先上升后下降的变化趋势，上升的幅度大于下降的幅度；山东省上市公司固定资产、长期资产与其他长期资产等投资活动流出量是先下降后上升的变化趋势；与流入量相比，2012—2014 年流出量均高于流入量。从中位数来看，山东省投资活动现金流入量比较小，呈上升的变化趋势；而流出量变化较大，与流入量的变化趋势相反，且流出量均高于流入量。平均数与中位数相比，无论是流入量还是流出量，山东省固定资产、长期资产与其他长期资产的平均数高于中位数。

山东省上市公司近三年投资活动的现金流入量小于流出量，上市公司购建固定资产、长期资产与其他长期资产能力较强，上市公司在内部扩大再生产能力较强，考虑到固定资产占总资产的比重在 30%以下，上市公司对内长期投资仍将任重道远。

7.4.4　山东省上市公司筹资活动现金流量质量分析（见表 7-34）

表 7-34　山东省上市公司的筹资活动现金流入、流出与净流量比较表

指标	流入量（亿元）			流出量（亿元）			净流量		
	2012 年	2013 年	2014 年	2012 年	2013 年	2014 年	2012 年	2013 年	2014 年
平均数	18.51	17.83	22.11	14.9	16.21	17.93	3.61	1.62	4.18
中位数	4.97	4.66	6.24	3.27	4.55	6	1.7	0.11	0.24

从平均数来看，山东省上市公司筹资活动现金流入量呈先下降后上升的变化趋势，2012 年为 18.51 亿元，2013 年下降了 3.67%，达 17.83 亿元，2014 年上升为 22.11 亿元，上升了 24%，上升的幅度大于下降的幅度；2012—2014 年山东省上市公司的筹资活动现金流出量逐年上升，2012 年为 14.9 亿元，2014 年达到 17.93 亿元，上升了 20.34%；两者相抵，筹资活动现金净流量呈下降后上升的变化趋势，净流量的数值均为正，说明筹资活动的现金流入量大于流出量。从中位数来看，2012 年和 2013 年，山东省上市公司的筹资活动现金流入量的中位数基本相同，2014 年为 6.24 亿元，也是呈先下降后上升的变化趋势，2012 年为 4.97 亿元，2013 年为 4.662 亿元，2014 年上升了 33.85%，为 6.24 亿元；山东省上市公司的筹资活动现金流出量逐年上升，从 3.27 亿元上升到 6 亿元，上升了 83.49%；而现金净流量是呈先下降后上升的变化趋势，下降的幅度大于上升的幅度，平均数与中位数的变动趋势一致。总体来看，山东省上市公司的筹资活动现金流入量相对较大，也说明山东省上市公司的筹集资金的能力较强；山东省上市公司的筹资活动现金流出量近两年的变化幅度不大，山东省上市公司的现金流出在筹资活动方面比较稳定。

山东省上市公司的筹资活动现金流入量高于山东省上市公司的筹资活动现金流出量，筹资活动现金净流量是正值，山东省上市公司为满足发展的需要，积极筹资，应注意内部积累。

第 8 章

山东省上市公司的综合财务分析与评价

8.1 山东省上市公司的综合财务分析

前几章已经分别分析了山东省上市公司的概况、山东省各地区上市公司的财务能力（包括偿债能力、运营能力、盈利能力和发展能力）、山东省上市公司的财务质量（包括资产质量、利润质量、资本结构质量和现金流量质量），所采用的分析方法和财务指标都比较单一，它们之间的联系程度比较小，为了能够更加直观地分析山东省上市公司的财务状况、经营成果和现金流量，因此，应采用财务报告综合分析方法将各项单独的财务指标统一起来，全面、综合、系统地剖析企业整体的财务状况和经营成果。

净资产收益率是杜邦分析法的核心指标，通过销售净利率、总资产周转率和平均权益乘数来计算净资产收益率，所以在分析净资产收益率时，就要先计算销售净利率、总资产周转率和平均权益乘数，如表 8-1 所示。

表 8-1 2013 年和 2014 年山东省上市公司杜邦分析涉及的主要指标计算表

指 标	2013 年	2014 年
净利润（亿元）	2.13	1.34
总资产（亿元）	71.56	70.92
销售净利率	5.01%	4.12%
总资产周转率	0.594	0.458
总资产净利率	2.97%	1.89%
平均权益乘数	2.33	2.276
净资产收益率	6.93%	4.30%

根据上述计算结果绘制 2013—2014 年杜邦分析图，见图 8-1。

2013 年与 2014 年山东省上市公司的净资产收益率发生了较大的变化，净资产获利水平有较大幅度的降低，从 2013 年的 6.93%降低到 2014 年的 4.30%，降低了 2.63%，降低率为 38%。究其原因，一方面是权益乘数发生了变化，即上市公司的资本结构发生了变化，权益乘数从 2013 年的 2.33 下降到 2014 年的 2.276，降低了 2.32%，从而使净资产收益率下降了 0.11%，说明由于权益乘数的变动对净资产收益率变动的影响较小；另一方面是总资产净利率发生了变化，总资产净利率由 2013 年的 2.97%降低到 2014 年的 1.89%，降低了 1.08%，降低率达 36.36%，从而影响净资产收益率下降了 2.52%，可以说总资产净利率下降是导致净资产收益率发生变化的主要原因，如图 8-1 所示。

第8章 山东省上市公司的综合财务分析与评价

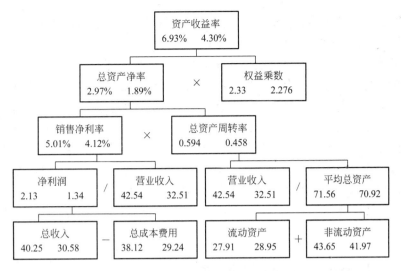

图 8-1 2013 年和 2014 年山东省上市公司杜邦分析对比图（金额单位：亿元）

总资产净利率进一步分解，总资产净利率主要受销售净利率和总资产周转率的影响。山东省上市公司的销售净利率由 2013 年的 5.01%下降至 2014 年的 4.12%，下降了 0.89%，下降率为 17.76%，从而使总资产净利率下降了 0.52%；同时总资产周转率也是呈下降的变化，由 2013 年的 0.594 下降至 2014 年的 0.458，下降了 0.136，下降率为 22.9%，从而使总资产净利率下降了 0.56%。两者共同影响，使总资产净利率下降了 1.08%。

进一步分析销售净利率和总资产周转率下降的原因。销售净利率下降了 0.89%，其中一方面是山东省上市公司销售收入的下降影响的，山东省上市公司销售收入总额由 2013 年的 42.54 亿元下降到 2014 年的 32.51 亿元，下降了 10.03 亿元，下降率为 23.58%；另一方面山东省上市公司净利润也是呈下降的变化趋势，且下降的幅度较大，由 2013 年的 2.13 亿元下降到 2014 年的 1.34 亿元，下降了 0.79 亿元，下降率为 37%。由于净利润下降的幅度远远大于销售收入下降的幅度，致使销售净利率下降了 0.89%。同时，总资产周转率下降了 0.136，一方面是销售收入的下降影响的；另一方面是受平均资产总额的影响。山东省上市公司平均资产总额由 2013 年的 71.56 亿元下降至 2014 年的 70.92 亿元。尽管平均资产总额下降的幅度较小，但由于销售收入下降的幅度较大，总体影响，仍使总资产周转率下降了 0.136。

在此基础上，可以进一步分析净利润及平均资产总额的变动原因。净利润在数额上为总收入与总成本之差。2013—2014 年山东省上市公司总收入下降幅度较大，达 9.67 亿元，下降了 24%，主要原因是营业收入下降了 10.03 亿元，而同期总成本降低幅度小于总收入的下降幅度，下降了 23.3%。在营业收入大幅下降时，平均总资产仅下降了 0.8%，也就是说，几乎同样的资产但能够实现的营业收入却下降了 23.58%。具体从总资产的构成情况分析发现，在营业收入下降时，流动资产的数额在增加，因而总资产周转水平下降。

综上所述，杜邦分析法以净资产收益率为主线，将企业在 2013 年和 2014 年的经营成果以及资产利用情况系统地联系在一起，一步一步地分解，层层地深入，组成一个较为合理全面的分析系统。杜邦分析法能够准确地发现企业财务和经营中存在的问题，能够及时地改善企业发展状况，并为企业提供很有价值的财务管理信息，因而在现实的工作中，被很多企业使用，得到广泛的应用。对于山东省上市公司而言，当前最主要的任务就是要努力增加总收入，同时也要继续削减各项成本支出，提高销售利润率。在保证销售利润率的基础上，努力提高总资产周转率，进而提高净资产收益率。

当然，任何分析方法都有不可避免的缺陷和不足之处，都不是尽善尽美的，杜邦分析法也不例外，在其实际应用中也存在一些问题。因为杜邦分析法一般用于单一企业的净资产收益率分析，本文在运用时是采用山东省上市公司整体的数据进行，希冀通过杜邦分析体系揭示山东省上市公司的发展状况、经营能力和盈利能力之间的关系。但是在分析时发现净资产收益率的数值与前几章不同，本章是运用杜邦分析法一步一步计算得出的，而前几章所得出的净资产收益率的数值是利用国泰安数据中心统计出来的数据。这种误差主要是由于极端值对平均值的影响造成的，例如在计算总收入和总成本时，有个别企业的总收入和总成本数值出现异常，如宏达矿业、山东地矿和康跃科技等企业，另一个原因是个别企业总资产出现异常，如龙大肉食、康跃科技。

8.2 山东省上市公司综合财务评价

8.2.1 山东省上市公司财务优势

从山东省上市公司的规模和实力来看，从1991年到2014年以来，山东省上市公司的规模在不断扩大，股本规模和总资产规模也在不断扩张，山东省上市公司通过改造股票、公司债券、可转换债券等多种渠道筹集资金，融资方式多样，总资产规模实力在不断地增强，山东省上市公司的总股本、总市值和总GDP在全国名列前茅，带动了山东省的经济发展，同时提高了全省市民的消费水平，这说明山东省上市公司整体的经营能力得到了很大的发展。从行业和地域分布来看，制造业是山东省主流行业，也是带动山东省经济发展的龙头行业。山东省上市公司基本上大部分分布在中部地区，也有一部分分布在沿海地区，主要集中在济南、淄博、青岛和烟台这些比较发达的地区，这也说明山东省上市公司带动了当地地区的经济发展，而地区经济的发展势必提高企业的竞争力，企业更希望和更能够通过公开发行股票、股票上市的形式募集资金，实现地区经济与上市公司之间互为依托、相互促进的良性循环。

2012—2014年山东省上市公司的长期偿债能力高于全国上市公司的长期偿债能力，资产负债率和产权比率与全国比相差较小，财务风险比较小，而利息保障倍数高于全国，长期偿债的能力比较强。此外，2012—2014年山东省上市公司的长期偿债能力比较稳定。从营运能力来看，2012—2014年山东省上市公司的营运能力大于全国上市公司的营运能力，周转能力比较强，周转速度比较快。山东省上市公司的应收账款周转率、存货周转率、流动资产周转率、总资产周转率均高于全国上市公司的对应的营运能力10%以上，营运能力比较强。从盈利能力来看，2012—2014年山东省上市公司的净资产收益率高于全国对应数值，净资产盈利能力比较高，总资产净利率高于全国对应数值，总资产盈利能力比较强，基本每股收益高于全国对应数值，盈利能力比较强。从发展能力来看，2012—2014年山东省上市公司资本积累率高于全国对应数值，表明上市公司的资本积累比较多，应付风险、持续发展的能力比较大。总资产增长率高于全国对应数值，资本规模增加且增加幅度比较大。营业利润增长率高于全国对应数值，呈现逐渐好转的趋势。营业收入增长率大于全国对应数值，营业收入增长速度逐渐加快，发展潜力比较好。山东省上市公司在全国增长处于较高水平，发展能力比较强。

山东省上市公司资产结构较稳定，资产利用率较高，与其他资产组合增值的质量较强，资产运转状况良好，总体来说，上市公司具有良好的购买能力、偿债能力、交纳税金及支付股利的能力，市场发展前景较好，资产质量和利润质量较好。山东省上市公司资本结构与当前以及未来经营和发展活动相适应，财务风险较小。

8.2.2 山东省上市公司财务劣势

与上海、广东、浙江和江苏相比，山东省上市公司数量偏少。山东省上市公司在区域经济协调发展方面相对薄弱，山东省上市公司分布不均匀、不平衡，上市公司的数量集中在中部和东部地区，西部地区分布较少，一些城市至今还是没有上市公司，尤其是莱芜、菏泽和枣庄。山东省的产业分布不均衡，产业结构不合理，山东省上市公司基本上集中在第二产业，如制造业、采矿业和批发零售等行业，第一产业和第三产业分布较少，这说明，山东省上市公司大多数是劳动密集型的产业，对于山东具有优势的产业如农、林、牧、渔业，还有一些新兴的、具有高附加值的产业，山东省上市公司并没有发展起来。

山东省上市公司的经营状况存在严重的两极分化。山东省存在许多强势公司和劣势公司，一些上市公司在上市不久，就出现了亏损，在发生亏损后，还是不及时治理，从而导致其倒闭，如济南的5家上市企业ST小鸭、ST金泰、ST渤海、ST轻骑和ST济百。

山东省股权、债券筹资方式比较单一，融资金额还是较小，尤其是直接融资，股权结构有待完善，上市公司的内部控制力度不够大，没有充分发挥山东省证券市场的作用，证券化率较低。如何优化上市公司的股权结构、提高山东省上市公司的竞争实力，是山东省目前最为重要不可忽视的问题。

2012—2014年山东省上市公司的短期偿债能力略小于全国上市公司的短期偿债能力，偿还短期债款的能力比较弱，而且山东省上市公司的短期偿债能力大体上呈逐年小幅度递减的变化，短期偿债能力减弱。同时，2012—2014年山东省上市公司的资产负债率基本上低于全国上市公司的资产负债率，这可能会导致企业不能很好地发挥杠杆作用，有一定的负面影响。从周转能力来看，2012—2014年山东省上市公司的固定资产周转能力比较差，低于全国平均水平，差异率在20%以上，根据固定资产周转率的计算公式，可知固定资产周转率低的原因可能是营业收入比较低或者固定资产比较大。结合其应收账款周转率、存货周转率等指标，可以得出固定资产周转率低的原因主要是固定资产相对较大，山东省上市公司对固定资产的管理能力有待于进一步加强。从盈利能力来看，营业毛利只扣除经营消耗中的营业成本，因此2012—2014年山东省上市公司的营业毛利能较好地反映商品生产销售过程单位营业收入的边际利润，而山东省上市公司的营业毛利率小于全国对应数值，说明其单位营业收入的边际利润相对比较低，营业成本对营业利润的影响比较大，导致其营业收入形成的营业利润比较低。

2012年投资活动所需要的现金支出少部分是经营活动现金流入，主要依靠对外筹资来满足。随着时间的推移，经营活动、投资活动带来的现金流量在减少，同时也看到，筹资活动的现金流量由流入量大于流出量转换成流入量小于流出量，2014年由于经营活动产生的现金净流量为负，上市公司的现金再次出现紧缺，上市公司不得不再次依靠对外筹资来满足资金的需求。总体来说，山东上市公司主要依靠对外筹资来满足现金的需求，经营活动和投资活动现金净流量出现负值，说明山东省上市公司现金流量结构稳定性有待加强。

第9章

对山东省上市公司发展的建议

山东省是我国的经济和人口大省,山东省的上市公司是山东省经济发展的带头羊。山东省上市公司壮大起来,山东省才能强大。基于山东省上市公司财务报表数据的分析,结合未来发展的需求,提出以下发展建议。

9.1 统筹区域经济发展,提高上市公司的质和量

从山东省上市公司的数量、总股本和总资产规模来看,山东省还有很大的发展空间,山东省应该大力推进具有潜力的公司进行股票上市,增加山东省上市公司的数量,并同时治理好已上市公司,提高公司的核心竞争力。虽然上市公司的数量增加对于山东省来说,在一定程度上缓解了全省资金方面的不足,但是对于公司上市要严加管理还是必不可少的。也就是说,要把上市公司的质与量相结合,把握好这个尺度,提升山东省上市公司的整体实力;同时,政府应该依靠当地丰富的资源,充分发挥宏观调控的功能,开发适合当地的产业,培养具有当地特色的企业,如:临沂市是沂蒙老区,就可以依托这个特点,大力开发沂蒙旅游;山东省西部地区欠发达,这需要投入大量的资金开发当地具有创新型的企业,并引进一些外资企业来带动当地的经济发展,并将当地闲置的劳动力利用起来,多引进一些人才,来培养当地人民的专业素质,提高他们的专业技能,同时还要与东中部地区结合起来,让发达地区来带动欠发达地区,进而落实李克强总理号召的"大众创业,万众创新"。

9.2 优化产业结构,开发新型高附加值产业

山东省通过开拓进取,不断创新,经济总量在全国名列前茅。但是,与东南沿海的发达城市相比较,山东省仍然面临较多的问题,其中最为明显的就是东西发展的不均衡问题,这一问题如果持续存在并逐步加深的话,必将不利于整个山东省经济的发展。所以,缩小区域之间经济发展不平衡的因素成为山东省实现经济发展所面临的最迫切的问题。山东省在面对产业比较单一、分布不均衡的问题上,需要深入地研究山东省上市公司的产业结构。制造业占据上市公司的绝大部分,要利用这个优势来带动其他产业的发展。从政府角度看,山东省应该利用制造业这个强大的产业所获得的资金,向其他行业转移,推动信息传输、软件和信息技术服务业、科学研究和技术服务业的发展,进而带动相关产业的发展。山东省是农业大省,然而仅有六家农、林、牧、渔业的上市公司,其中沿海城市有5家,非沿海城市有1家,欠发达城市没有。现代农业已不同于传统落后的农业。山东省的农业资源、自然条件优越,

得天独厚，要想促进经济的发展，应充分利用已有的资源，在此基础上提高资源利用率。政府应依托山东省农业方面的优势，推进农、林、牧、渔业的发展，引进这方面的人才，加大固定资产和先进技术的投入，可以与一些农业类院校进行合作，建立长期友好合作关系。国内有一些农业企业与农业高校合作办企业成功的范例，山东省的农业企业可以借鉴，比如温氏集团。强化高校与农业的合作，可以聘请专家学者实地考察，并对当地农业发展提出一些建议，实现产学研一体化，促进与高校的友好合作，实现农业现代化。引入先进的农业生产设备和生产理念，学习先进国家、先进地区发展农业的经验，为我所用，发展因地制宜的新型农业。此外，鼓励当地人民学习有关农业方面的知识，最终学会自己管理自己的企业。将单一的产业结构多样化，将西部地区产业与东中部地区产业联系起来，形成一个具有资金流动的产业链；政府应该投入人力物力，开发创新高附加值、高质量的产业。

9.3 改进经营管理，提高盈利水平

目前市场上多数产品供大于求，竞争相当激烈，同时消费者的需求更理性、个性化、购买方式更多元化。在这种市场环境下，要提高企业的营业毛利，一方面需要提高企业的营业收入；另一方面需要控制费用，降低成本，实现增收与节支并举。提高企业的营业收入，首先企业生产出能够满足和引领消费者的优质产品，只有这样才能获得消费者的青睐，才能提高销售额。其次，企业只有不停地适应和引领消费者，不断地生产出更适合消费者的创新产品，才能够在产品上保持竞争的优势，从而更好地提高销售额。根据产品特点和市场需求而不断进行市场的转移和调整。不断创新，迎合顾客，为消费者创造新的价值。控制费用，降低成本，要科学地降低企业投入的成本，这是企业提高营业利润的重要途径。企业可以通过降低采购成本，提高工作效率，降低单位消耗，加强管理，节约资源，提高产出率等方面来降低成本。同时应注意到山东省上市公司的固定资产周转率偏低的问题。固定资产规模过大，可能会造成资源的闲置和浪费，从而降低固定资产使用的效率；固定资产规模过小，生产能力会受到限制，难以形成规模效益，影响企业的生产和经营。企业要想提高固定资产周转率，就应当加强对固定资产的管理，做到固定资产投资规模得当、结构合理。同时，应减少对非生产性固定资产的投资，加强对企业固定资产的维护、保养和更新，对生产落后、消耗较高、效益偏低的固定资产及时处理，以免因固定资产影响企业的生产经营；引进技术水平高、生产能力强，质量合格，性价比高的固定资产，并且要加强对固定资产的维护保管。

如果上市公司的基础不牢，即使上市，也不能解决内部存在的管理问题，反而会埋下祸根，盲目追求外表光鲜亮丽，可能会削弱企业的发展能力，或者上市之后企业的经营管理出现问题，又没有采取有效的措施去解决，原本发展比较好的企业也会面临危机。对于劣势企业的整顿势在必行，及时发现企业经营存在问题的根源，采取有力措施，将劣势企业转变为财务状况良好的企业，进而促进山东省整体经济水平的提高。山东省不乏财务状况非常好的企业，将优秀企业的管理经验与优势资源进行共享，与经济相对较弱但是有发展前景的企业合作，优势互补，会促进彼此的经济发展。对于一些难以挽救的缺乏竞争力的严重制约山东省整体经济效益的提高和资本的有序流动的劣势企业，应考虑成本效益原则及退出障碍等，对症下药，及时整顿。

9.4 优化股权结构，拓展融资方式

　　山东省上市公司应提高短期偿债能力。首先提高各类资产的质量，在日常的经营管理中，应充分保持各类资产较好的质量水平。其次，合理举债，优化资本结构，同时避免过高的财务风险。另外，企业在借款之前，要事先进行合理的筹划，综合考虑各方面的因素，将各种举债方式的优缺点与企业自身的实际需要、承受能力、未来可能产生的收益以及对自身资本结构的风险影响程度相结合，选择适合企业的，既能满足经营的需要，又不会影响偿债能力的借款方式。企业事先应制定合理科学的资金预算，做到有备无患，让企业的生产经营计划、偿债计划、资金链三者之间能充分配合，尽量使企业有限的资金通过时间及转换上的合理安排，依次满足日常经营及每个偿债时点的需要，事先深入分析预计负债，认真评估风险和可行性，一旦实施，就应建立健全企业的应急机制。企业应有充分的资金预算和控制机制，依据市场规律，科学有效地进行分析决策，提高资金的流动性，合理规划现金流量结构。

　　山东省上市公司的股权、债权筹资规模的壮大，能够促进山东省经济的增长，对提高全省的 GDP 起到至关重要的促进作用。但是全省上市公司的融资金额较少，要想增加融资金额，就要优化股权结构，拓展融资方式。从政府角度来看，山东省应该积极向外筹资，增加与其他省市的股票、债券投资，增强与国外的交流，吸收国外资金。从企业角度来看，加强对筹资方式的管理，增强直接融资，并同时扩大间接融资，加大企业内部控制力度，优化股权结构，实现筹资方式多样化。山东整体经济发展需要多渠道筹集资金，山东省应该利用当地的特色，尤其是资源比较丰富，资源类产业众多等给企业直接融资带来了优越条件，企业应该通过资本市场实现经济大发展，这样会在一定程度上改善山东省经济发展资金不足的局面，大力振兴具有地方特色和丰富资源的大省。

附表

山东省各地区上市公司行业分布

截至 2014 年 12 月

		沿海城市（东部）地区		
序 号	代 码	公 司 名 称	简 称	所 属 行 业
1	002041	山东登海种业股份有限公司	登海种业	农、林、牧、渔业
2	002234	山东民和牧业股份有限公司	民和股份	农、林、牧、渔业
3	002458	山东益生种畜禽股份有限公司	益生股份	农、林、牧、渔业
4	002086	山东东方海洋科技股份有限公司	东方海洋	农、林、牧、渔业
5	600467	山东好当家海洋发展股份有限公司	好当家	农、林、牧、渔业
6	600766	烟台园城黄金股份有限公司	园城黄金	采矿业
7	002726	山东龙大肉食品股份有限公司	龙大肉食	制造业
8	300175	朗源股份有限公司	朗源股份	制造业
9	002481	烟台双塔食品股份有限公司	双塔食品	制造业
10	000869	烟台张裕葡萄酿酒股份有限公司	张裕A	制造业
11	600600	青岛啤酒股份有限公司	青岛啤酒	制造业
12	600735	新华锦股份有限公司	新华锦	制造业
13	002094	青岛金王股份有限公司	青岛金王	制造业
14	002643	烟台万润精细化工股份有限公司	万润股份	制造业
15	600309	万华化学集团股份有限公司	万华化学	制造业
16	002675	烟台东诚生化股份有限公司	东诚药业	制造业
17	300110	华仁药业股份有限公司	华仁药业	制造业
18	002254	烟台泰和新材料股份有限公司	泰和新材	制造业
19	000599	青岛双星集团有限公司	青岛双星	制造业
20	300224	烟台正海磁性材料股份有限公司	正海磁材	制造业
21	002237	山东恒邦冶炼股份有限公司	恒邦股份	制造业
22	600219	山东南山铝业股份有限公司	南山铝业	制造业
23	002026	山东威达机械股份有限公司	山东威达	制造业
24	002374	山东丽鹏股份有限公司	丽鹏股份	制造业
25	002545	东方铁塔股份有限公司	东方铁塔	制造业
26	000811	烟台冰轮股份有限公司	烟台冰轮	制造业
27	002248	威海华东数控股份有限公司	华东数控	制造业
28	002537	海立美达股份有限公司	海立美达	制造业

续表

沿海城市（东部）地区					
序 号	代 码	公 司 名 称	简 称	所属行业	
29	002073	软控股份有限公司	软控股份	制造业	
30	002111	威海广泰空港设备股份有限公司	威海广泰	制造业	
31	002353	烟台杰瑞石油服务集团股份有限公司	杰瑞股份	制造业	
32	300308	山东中际电工装备股份有限公司	中际装备	制造业	
33	002283	天润曲轴股份有限公司	天润曲轴	制造业	
34	002355	山东兴民钢圈股份有限公司	兴民钢圈	制造业	
35	002363	山东隆基机械股份有限公司	隆基机械	制造业	
36	600760	中航黑豹股份有限公司	中航黑豹	制造业	
37	000682	东方电子股份有限公司	东方电子	制造业	
38	002498	汉缆股份有限公司	汉缆股份	制造业	
39	300001	特锐德股份有限公司	特锐德	制造业	
40	300105	烟台龙源电力技术股份有限公司	龙源技术	制造业	
41	300208	恒顺电气股份有限公司	恒顺众昇	制造业	
42	600336	澳柯玛股份有限公司	澳柯玛	制造业	
43	600690	青岛海尔股份有限公司	青岛海尔	制造业	
44	002376	山东新北洋信息技术股份有限公司	新北洋	制造业	
45	600060	海信电器股份有限公司	海信电器	制造业	
46	002589	山东瑞康医药股份有限公司	瑞康医药	批发和零售业	
47	600180	瑞茂通供应链管理股份有限公司	瑞茂通	批发和零售业	
48	600017	日照港股份有限公司	日照港	交通运输	
49	603167	渤海轮渡股份有限公司	渤海轮渡	交通运输	
50	300183	东软载波股份有限公司	东软载波	信息传输	
51	000416	民生控股股份有限公司	民生控股	金融业	
52	600777	烟台新潮实业股份有限公司	新潮实业	综合	
欠发达城市（西部）地区					
序 号	代 码	公 司 名 称	简 称	所属行业	
1	600188	兖州煤业股份有限公司	兖州煤业	采矿业	
2	000639	西王食品股份有限公司	西王食品	制造业	
3	002286	保龄宝生物股份有限公司	保龄宝	制造业	
4	002604	山东龙力生物科技股份有限公司	龙力生物	制造业	
5	002072	凯瑞德控股股份有限公司	凯瑞德	制造业	
6	002193	山东济宁如意毛纺织股份有限公司	山东如意	制造业	
7	600448	华纺股份有限公司	华纺股份	制造业	
8	002078	山东太阳纸业股份有限公司	太阳纸业	制造业	
9	000830	鲁西化工集团股份有限公司	鲁西化工	制造业	
10	002470	山东金正大生态工程股份有限公司	金正大	制造业	
11	002588	史丹利化肥股份有限公司	史丹利	制造业	
12	300121	山东阳谷华泰化工股份有限公司	阳谷华泰	制造业	

续表

欠发达城市（西部）地区				
序号	代码	公司名称	简称	所属行业
13	600426	山东华鲁恒升化工股份有限公司	华鲁恒升	制造业
14	600727	山东鲁北化工股份有限公司	鲁北化工	制造业
15	601678	滨化集团股份有限公司	滨化股份	制造业
16	000423	山东东阿阿胶股份有限公司	东阿阿胶	制造业
17	000915	山东山大华特科技股份有限公司	山大华特	制造业
18	600789	山东鲁抗医药股份有限公司	鲁抗医药	制造业
19	002379	山东鲁丰铝箔股份有限公司	鲁丰环保	制造业
20	002359	山东齐星铁塔科技股份有限公司	齐星铁塔	制造业
21	300185	通裕重工股份有限公司	通裕重工	制造业
22	000680	山推工程机械股份有限公司	山推股份	制造业
23	000957	中通客车控股股份有限公司	中通客车	制造业
24	600960	山东滨州渤海活塞股份有限公司	渤海活塞	制造业
25	002580	山东圣阳电源股份有限公司	圣阳股份	制造业
26	600212	山东江泉实业股份有限公司	江泉实业	综合
非沿海城市（中部）地区				
序号	代码	公司名称	简称	所属行业
1	200992	山东省中鲁远洋渔业股份有限公司	中鲁B	农、林、牧、渔业
2	000409	山东地矿股份有限公司	山东地矿	采矿业
3	000655	山东金岭矿业股份有限公司	金岭矿业	采矿业
4	600532	山东宏达矿业股份有限公司	宏达矿业	采矿业
5	600882	山东华联矿业控股股份有限公司	华联矿业	采矿业
6	600547	山东黄金矿业股份有限公司	山东黄金	采矿业
7	000506	中润资源投资股份有限公司	中润资源	采矿业
8	002330	山东得利斯食品股份有限公司	得利斯	制造业
9	000726	鲁泰纺织股份有限公司	鲁泰A	制造业
10	002083	孚日集团股份有限公司	孚日股份	制造业
11	002485	希努尔男装股份有限公司	希努尔	制造业
12	000488	山东晨鸣纸业集团股份有限公司	晨鸣纸业	制造业
13	002521	齐峰新材料股份有限公司	齐峰新材	制造业
14	600308	山东华泰纸业股份有限公司	华泰股份	制造业
15	600966	山东博汇纸业股份有限公司	博汇纸业	制造业
16	002117	东港股份有限公司	东港股份	制造业
17	000407	山东胜利股份有限公司	胜利股份	制造业
18	000822	山东海化股份有限公司	山东海化	制造业
19	002217	合力泰科技股份有限公司	合力泰	制造业
20	002408	淄博齐翔腾达化工股份有限公司	齐翔腾达	制造业
21	002476	山东宝莫生物化工股份有限公司	宝莫股份	制造业
22	002581	山东未名生物医药股份有限公司	未名医药	制造业

续表

		非沿海城市（中部）地区		
序 号	代 码	公 司 名 称	简 称	所 属 行 业
23	300214	山东日科化学股份有限公司	日科化学	制造业
24	300243	山东瑞丰高分子材料股份有限公司	瑞丰高材	制造业
25	300285	山东国瓷功能材料股份有限公司	国瓷材料	制造业
26	300343	山东联创节能新材料股份有限公司	联创股份	制造业
27	600319	潍坊亚星化学股份有限公司	亚星化学	制造业
28	000756	山东新华制药股份有限公司	新华制药	制造业
29	002107	山东沃华医药科技股份有限公司	沃华医药	制造业
30	300233	山东金城医药化工股份有限公司	金城医药	制造业
31	600385	山东金泰集团股份有限公司	山东金泰	制造业
32	000677	恒天海龙股份有限公司	恒天海龙	制造业
33	002382	山东蓝帆塑胶股份有限公司	蓝帆医疗	制造业
34	300321	山东同大海岛新材料股份有限公司	同大股份	制造业
35	002088	山东鲁阳股份有限公司	鲁阳节能	制造业
36	002671	山东龙泉管道工程股份有限公司	龙泉股份	制造业
37	600529	山东省药用玻璃股份有限公司	山东药玻	制造业
38	600586	山东金晶科技股份有限公司	金晶科技	制造业
39	600022	山东钢铁股份有限公司	山东钢铁	制造业
40	000617	济南柴油机股份有限公司	石油济柴	制造业
41	000880	潍柴重机股份有限公司	潍柴重机	制造业
42	002270	山东法因数控机械股份有限公司	法因数控	制造业
43	002598	山东省章丘鼓风机股份有限公司	山东章鼓	制造业
44	300391	康跃科技股份有限公司	康跃科技	制造业
45	002490	山东墨龙石油机械股份有限公司	山东墨龙	制造业
46	002526	山东矿机集团股份有限公司	山东矿机	制造业
47	002595	山东豪迈机械科技股份有限公司	豪迈科技	制造业
48	300099	尤洛卡矿业安全工程股份有限公司	尤洛卡	制造业
49	600587	山东新华医疗器械股份有限公司	新华医疗	制造业
50	000338	潍柴动力股份有限公司	潍柴动力	制造业
51	000951	中国重汽集团济南卡车股份有限公司	中国重汽	制造业
52	300237	山东美晨科技股份有限公司	美晨科技	制造业
53	002242	九阳股份有限公司	九阳股份	制造业
54	002339	积成电子股份有限公司	积成电子	制造业
55	000977	浪潮电子信息产业股份有限公司	浪潮信息	制造业
56	002241	歌尔声学股份有限公司	歌尔声学	制造业
57	002655	山东共达电声股份有限公司	共达电声	制造业
58	600076	潍坊北大青鸟华光科技股份有限公司	康欣新材	制造业
59	000720	山东新能泰山发电股份有限公司	新能泰山	电力
60	600027	华电国际电力股份有限公司	华电国际	电力

续表

		非沿海城市（中部）地区		
序号	代码	公司名称	简称	所属行业
61	000498	山东高速路桥集团股份有限公司	山东路桥	建筑业
62	600986	科达集团股份有限公司	科达股份	建筑业
63	000554	中国石化山东泰山石油股份有限公司	泰山石油	批发和零售业
64	600858	银座集团股份有限公司	银座股份	批发和零售业
65	600898	三联商社股份有限公司	三联商社	批发和零售业
66	600350	山东高速股份有限公司	山东高速	交通运输
67	200152	山东航空股份有限公司	山航B	交通运输
68	600756	浪潮软件股份有限公司	浪潮软件	信息传输
69	600223	鲁商置业股份有限公司	鲁商置业	房地产业
70	600807	山东天业恒基股份有限公司	天业股份	房地产业
71	002469	山东三维石化工程股份有限公司	三维工程	科学研究
72	600783	鲁信创业投资集团股份有限公司	鲁信创投	综合
73	600784	鲁银投资集团股份有限公司	鲁银投资	综合

注：所属行业中交通运输指交通运输、仓储和邮政业；科学研究指科学研究和技术服务业；信息传输指信息传输、软件和信息技术服务业；电力指电力、热力、燃气及水生产和供应业。

参 考 文 献

[1] 荆新,王化成,刘俊彦. 财务管理学 [M]. 7版. 北京:中国人民大学出版社,2015.
[2] 张新民,钱爱民. 财务报表分析 [M]. 3版. 北京:中国人民大学出版社,2014.
[3] 张先治,陈友邦. 财务分析 [M]. 7版. 大连:东北财经大学出版社,2014.
[4] 魏亚平. 财务报告分析 [M]. 厦门:厦门大学出版社,2012.
[5] 王淑萍. 财务报告分析 [M]. 3版. 北京:清华大学出版社,2011.
[6] 武晓玲,田高良. 企业财务分析 [M]. 北京:北京大学出版社,2013.
[7] 张惠忠,裘益政,胡素华. 财务报告分析 [M]. 北京:科学出版社,2011.
[8] 张涛,刘兴云. 财务分析与绩效评价 [M]. 北京:经济科学出版社,2011.
[9] 罗伯特,C·希金斯. 财务管理分析 [M]. 8版. 北京:北京大学出版社,2009.
[10] 冯海虹. 财务报告改革与财务分析体系重构的互动研究 [D]. 青岛:中国海洋大学,2012.
[11] 宗绍军. M时装有限公司财务报表分析 [D]. 西安:陕西师范大学大学,2013.
[12] 齐静. 财务报表分析 [D]. 北京:中国财政科学研究院,2013.
[13] 董文文. 山东省上市公司对区域经济发展贡献的研究 [D]. 济南:山东大学,2012.
[14] 李明. X公司基于葛洲坝公司的投资价值策略研究 [D]. 西安:西北大学,2011.
[15] 祁辉. 我国制造业上市公司财务危机预警研究 [D]. 大连:东北财经大学,2013.
[16] 李文华. 市场歧视对城镇正规就业与非正规就业工资差异的影响 [D]. 成都:西南财经大学,2014.
[17] 朱君. 上市公司对区域经济发展的影响研究 [D]. 长春:东北师范大学,2014.
[18] 索慧. 上市公司募集资金投向与产业结构调整 [D]. 济南:山东财经大学,2012.
[19] 李慧. 我国上市公司公允价值应用问题研究 [D]. 太原:山西财经大学,2012.
[20] 王倩. 农村信用社改革绩效评价 [D]. 合肥:安徽大学,2010.
[21] 刘国军. 涉农中小企业信用评级体系研究 [D]. 北京:中国农业科学院,2013.
[22] 齐文. 控制权转移对企业资产质量的影响研究 [D]. 乌鲁木齐:石河子大学,2014.
[23] 陈桂东. 机构投资者与企业价值相关性研究 [D]. 哈尔滨:哈尔滨工业大学,2011.
[24] 曾雯雯. 基于价值创造的企业综合财务分析体系探讨 [D]. 南昌:江西财经大学,2006.
[25] 郭静. 基于XBRL的财务报表分析系统设计与开发 [D]. 沈阳:东北大学,2007.
[26] 许松涛. 论财务报告分析 [D]. 武汉:武汉理工大学,2003.
[27] 朱勇栋. 中国联通股份公司财务分析与评价 [D]. 北京:北京邮电大学,2006.
[28] 李秋良. 新会计准则下财务分析指标体系的构建 [D]. 南昌:华东交通大学,2009.
[29] 张媛春. 关于我国上市公司资本结构的理论解释 [D]. 郑州:郑州大学,2005.
[30] 彭颖. 上市公司财务报表分析与案例 [D]. 成都:西南交通大学,2007.
[31] 王卫. 企业财务报表分析在财务管理中的作用 [J]. 财经届,2015.
[32] 孟娟. 关于企业财务报表分析的几点探讨 [J]. 会计师,2014.
[33] 李艳丽. 对企业财务报表分析的思考 [J]. 时代金融,2014.

[34] 高文芳. 论财务报告分析 [J]. 科技信息, 2011.

[35] 马晓敏. 由我国上市公司信息披露思考审计质量提高 [J]. 中国外资, 2012.

[36] 冯彩霞. 对新形势下铁路运输企业资产质量管理的思考 [J]. 经济师, 2013.

[37] 钟凤英, 赵晋. 企业财务状况质量的综合分析方法 [J]. 现代商业, 2012.

[38] 李岚. 财务报表分析方法探索 [J]. 经济师, 2009.

[39] 张先治. 构建中国财务分析体系的思考 [J]. 会计研究, 2001.

[40] 桑士俊, 吕斐适. 分部报告的分析与利用——兼论我国有关企业分部信息披露的要求 [J]. 会计研究, 2002.

[41] 马良渝, 潘维斯. ROE 的重新分解:构建创新的财务分析综合体系 [J]. 财会通讯, 2004.

[42] 姚正海. 财务报告分析基本问题研究 [J]. 当代财经, 2003.

[43] 王莉. 关于财务新解的分析 [J]. 经济师, 2008.

[44] 张玲. 浅析企业现金流量表 [J]. 黑龙江财专学报, 2000.

[45] 邵子山. 现金流量表财务比率分析 [J]. 辽宁经济, 2003.

[46] 王秀丽, 张新民. 上市公司财务状况质量的综合分析 [J]. 国际商务, 2003.

[47] 钟凤英, 赵晋. 企业财务状况质量的综合分析方法 [J]. 现代商业, 2012.

[48] 黄仁佳. 上市公司财务报表分析新探 [J]. 经济研究导刊, 2013.

[49] Anonymous. Research and Markets: Bhanero Textile Mills Limited: Quantitative Analysis of Financial Statements [J]. M2 Presswire, 2009.

[50] Bennett May. Use of ratios in financial statement analysis [J]. Seminars for nurse managers, 2003.